本书受到南开大学亚洲研究中心著作出版资助

南开公共管理研究丛书

历史文化视野中的
金砖国家高等教育演变研究

On the Evolution of
Higher Education in BRICS from
the Historical and Cultural Perspective

陈·巴特尔◎著

天津出版传媒集团

天津人民出版社

图书在版编目（CIP）数据

历史文化视野中的金砖国家高等教育演变研究 / 陈
·巴特尔著. —— 天津：天津人民出版社，2023.4
（南开公共管理研究丛书）
ISBN 978-7-201-16033-7

Ⅰ. ①历… Ⅱ. ①陈… Ⅲ. ①高等教育－教育史－研
究－世界 Ⅳ. ①G649.1

中国国家版本馆 CIP 数据核字（2023）第 047132 号

历史文化视野中的金砖国家高等教育演变研究
LISHI WENHUA SHIYE ZHONG DE JINZHUAN GUOJIA GAODENG JIAOYU YANBIAN YANJIU

出　　版	天津人民出版社
出 版 人	刘　庆
地　　址	天津市和平区西康路 35 号康岳大厦
邮政编码	300051
邮购电话	（022）23332469
电子信箱	reader@tjrmcbs.com
责任编辑	王佳欢
装帧设计	卢炀炀
印　　刷	天津新华印务有限公司
经　　销	新华书店
开　　本	710 毫米×1000 毫米　1/16
印　　张	21.5
插　　页	2
字　　数	280 千字
版次印次	2023 年 4 月第 1 版　2023 年 4 月第 1 次印刷
定　　价	98.00 元

总　序

　　改革开放以来,中国行政学恢复研究已经历了三十多年。三十多年来,行政学伴随着改革开放的发展而发展,在与行政改革和行政发展实践的互动中奠定了理论根基,并不断地开拓自身的研究疆域,在中国社会科学的学术土壤上茁壮成长,如今已成为最富有生机和活力的学科之一。

　　作为学科,其建设至少包含研究队伍、科学研究、人才培养和学术声誉四个要素,它们综合水平的高低体现着该学科的整体实力。从较为宏观的角度来看,行政学作为社会科学重要的组成部分,其研究队伍从改革开放初期的从无到有、从弱到强,已经完成了从"转行"出身到"科班"出身的转换,一大批中青年的专业研究人才崭露头角,成为行政学研究领域的重要力量。在科学研究方面,各个梯次的研究队伍伴随着当代中国行政改革实践的发展,深入地探讨了行政系统各个内在要素及其相互之间的关系、行政系统与其环境之间的关系,全方位地探讨了与行政发展相关的重大问题,并形成了较为丰富的研究成果。这些成果源于行政改革实践,并对行政改革实践发挥着重要的指导意义。从人才培养来看,随着中国行政管理专业人才需求的增长,高等学校陆续设置了相关专业,至今已经形成了包括本科、硕士(专业硕士)和博士在内的完整的人才培养体系,为行政学的学科发展培育了一大批新生的学术力量,也为提高政府机关的整体素质提供了有力的保障。在学术声誉方面,行政学科自恢复研究以来,以其理论与实际相结合,积极构建中国特色行政学科,主动参与行政改革实践,努力解决当今中国行政发展与发展行政的重大问题,从而在中国的社会科学领域确立了自己的地位,并赢得了良好的学术声誉。

　　如今,中国的经济、社会和人们的社会生活发生了巨大的变化,国内外的行政学科也取得了很大的进展。具有社会性、综合性、动态性特点的行政学,应当对这种变化给予更大的理论自觉。在以后的理论研究中,应当突出需求导向和前沿导向。所谓需求导向,就是行政学的研究要瞄着国家发展中的战略课题,运用新理论、新方法和新技术解决经济、社会进步和政府自身发展中的重大问题。马克思曾经指出:"理论在一个国家的实现程度,决定于理论满足这个国家的需要的程度。"邓小平也曾指出:"深入研究中国实现四个现代化所遇到的新情况、新问题,并且作出有重大指导意义的答案,这将是我们思想理论工作者对马克思主义的重大贡献。"行政学能否取得其应有的学术地位,关键因素之一就是它在多大程度上研究了行政管理自身和社会发展中的重大问题,并且为政府提供了多少富有创造性的、行之有效的对策。所谓前沿导向,即追寻国外行政学发展的最新趋势和最前沿课题,将其与中国行政改革和社会发展实践相联系,努力形成新观点,构建新理论,积极推进世界行政学科的发展。

党的十八大在新的社会历史条件下对我国的行政改革提出了新的要求。在政府和社会的关系方面,深入推进政企分开、政资分开、政事分开、政社分开;在政府建设方面,构建职能科学、结构优化、廉洁高效、人民满意的服务型政府;在政府职能及其转变方面,深化行政审批制度改革,继续简政放权,推动政府职能向创造良好发展环境、提供优质公共服务、维护社会公平正义转变;在行政体制改革方面,稳步推进大部门体制改革,健全部门职责体系;在行政技术方面,创新行政管理方式,提高政府公信力和执行力;在管理效率方面,严格控制机构编制,减少领导职数,降低行政成本;在事业单位改革方面,推进事业单位分类改革;在改革部署及其实施方面,完善体制改革协调机制,统筹规划和协调重大改革。

此外,党的十八大报告提出,在改善民生和创新管理中加强社会建设,加强和创新社会管理,加快推进社会体制改革,加快形成党委领导、政府负责、社会协同、公众参与、法治保障的社会管理体制,加快形成政府主导、覆盖城乡、可持续的基本公共服务体系,加快形成政社分开、权责明确、依法自治的现代社会组织体制,加快形成源头治理、动态管理、应急处置相结合的社会管理机制,提高社会管理科学化水平,推动社会主义和谐社会建设。

以上论述为中国的行政改革和社会管理发展指明了方向,也为行政学科的研究提出了新的课题。行政学应当按照上述新的要求迈向新的研究征程,争取为我国的经济、社会发展提供理论指导和应用支撑。

南开大学的行政学科建设起步于 20 世纪 80 年代中期,在新的世纪取得了长足的进步。除了设有行政管理本科专业之外,还设有公共管理一级学科硕士点和一级学科博士点。在公共管理一级学科硕士点下设行政管理、社会保障、教育经济与管理三个二级学科硕士点;在公共管理一级学科博士点下设行政管理、教育经济与管理两个二级学科博士点。多年来在教学和科研中,不仅培养出一批优秀的专业人才,而且发表和出版了一批优秀的科研成果。为进一步推进行政学科的理论研究,我们和天津人民出版社一道策划了"南开公共管理研究丛书",搭建南开行政学科教师和学生科研成果的展示平台。希望通过我们的努力,为中国行政学科的发展做出我们应有的贡献。

沈亚平

2013 年 3 月于南开园

序 一

中国、印度、俄罗斯、巴西和南非五个国家无论从地缘政治角度看,还是从历史文化上看,都有很大的差异。五个国家中,有的具有历史渊源关系,如中俄、中印,有的则很少有共同的文化渊源,比如中巴、中南。二十余年来,这五个国家总是被"同框",这当然是出于某种政治和经济的考虑。"金砖国家"(BRIC)的概念首先就是出自一位经济学家。

"金砖国家"既然是一个政治和经济概念,那为什么要从高等教育角度研究金砖国家? 金砖国家的高等教育肯定会有共性,也会有差异,正如世界不同国家的高等教育一样,既有共性也有差异。那么研究金砖国家的高等教育,除了能够展示其共性与差异性之外,还能有什么意义? 这种比较教育研究对我们有怎样的启发? 对于金砖国家的政治和经济关系的建构能有什么贡献? 对于金砖国家的决策者会有什么参考价值?

陈·巴特尔教授的新著《历史文化视野中的金砖国家高等教育演变研究》,从历史文化的视角来研究五国的高等教育,尝试回答金砖国家高等教育已有的和未来的问题,可以为我们思考金砖国家的文化传统与高等教育打开思路。

传统的比较教育通常是以历史文化相同或相近的国家和区域为比较对象的,或者以中国为出发点来比较外国的教育。而对金砖五国高等教育的比较研究则不同于这些范式,这五个国家不属于一个共同的地理区域或一种文化传统;中国虽在其中,但也不是比较研究的出发点。本书属于一种新型的比较研究,力求跨越政治与文化差异,需要跨文化的理解。

比较教育研究通常分为两类:一类是以求知为旨趣,重在揭示不同国家教育制度的真相,增进我们对于教育的认识;另一类则以咨询决策为目的,以管理和决策为目标。本书对金砖五国的历史发展、文化变迁和高等教育的演变进行了系统的梳理,应该说既有求知的意向,也有服务于国家对国际政策的追求。

　　总之,陈·巴特尔教授长期关注这一问题,进行了大量细致的研究,这一成果无疑是一部创新之作,具有多方面的意义,无论从高等教育研究的角度,还是从国际高等教育发展的角度来看,都会带给我们很多的启示。

北京大学中国博士教育研究中心主任

《北京大学教育评论》主编

中国学位与研究生教育学会研究生教育专业委员会副主任委员

蔡元培研究会秘书长

2022 年 6 月 23 日

序　二

当今世界处于百年未有之大变局。一方面,以美国为代表的西方社会经济实力相对衰落,在维护世界秩序方面逐渐力不从心;另一方面,以中国为代表的新兴市场和发展中国家不断崛起,不仅在世界经济中的分量越来越重,而且参与国际政治经济秩序建设的意愿越来越强。应该说,包括中国、印度、俄罗斯、巴西、南非在内的金砖国家的崛起,是 21 世纪人类社会发展力量的重大转移。金砖国家要在大变局中开出新局,必须成为世界主要的科学中心和创新高地,必须成为世界重要的人才中心和创新高地。"两个中心"合在一起就是要成为世界主要的学术中心和创新高地。要深入理解"金砖现象"和"金砖模式",必须理解其高等教育模式。事实上,在金砖国家的崛起过程中,其高等教育逐步引起世人的关注和学术界的兴趣。2007 年,斯坦福大学启动了金砖国家高等教育跨学科国际研究项目,出版了《全球经济变化中的大学规模扩张:金砖国家的成功》;2013 年,波士顿学院召开金砖国家会议,出版了《全球高等教育的未来与学术职业:金砖国家与美国》;2015 年 9 月,巴西科学院召开发展中国家高等教育论坛,出版了《金砖国家高等教育:高等教育与社会契合检验》;2015 年 10 月,金砖国家大学校长论坛在北京召开,设立"新挑战、新举措:21 世纪金砖国家高等教育改革"专题会议。陈·巴特尔的《历史文化视野中的金砖国家高等教育演变研究》首次从历史文化的角度探讨金砖国家高等教育变革与改进,丰富了相关研究领域,填补了学术空白。

陈·巴特尔是我国民族高等教育领域的著名学者,曾撰写过《文化变迁中的蒙古民族高等教育的演变》,将蒙古族教育的发生、发展和演变这一主题置于中国历史的文化脉络之中,被誉为"从蒙古族自古及今的历史发展脉络中展开的一部教育史,体现了贯通古今的知识驾驭能力"。《历史文化视野中的金砖国家高等教育演变研究》是其最新力作,本书聚焦历史发展、文化变迁、高等教育变革三大主题,在历史发展的脉络中梳理金砖五国即巴西、俄罗斯、印度、中国及南非文化变迁的特征,进而探讨金砖五国高等教育演变过程及其特点,最后比较金砖五国高等教育发展模式的异同,并探讨新兴经济体不同于欧美发达国家的高等教育发展模式。陈·巴特尔特别区分了"文化变迁"与"文化变迁视野",前者是一个过程,同时也是一个结果,属于实践论的范畴;后者则是一种方法论,是一种思考的维度,属于认识论的范畴。他强调用认识论的"文化变迁"来代替实践论的"文化变迁"。如其所言:"在民族高等教育历史与文化的研究中,对于自在的实践论意义上的'文化变迁'我们已经习以为常,视为当然;而对于认识论意义上的'文化变迁',我们常因收之桑榆而失之东隅,要么'自我区隔'或'唯我独尊',要么'失去自我'或'以他族马首是瞻',鲜有以'族际交往'与'主体间性'为主的民族文化交流、交融的视野。"这是作者一以贯之的方法论。

　　本书的新颖之处在于破除国际比较教育中的主流范式:"中心-边缘"二分框架的束缚,以全球文明对话、主体间性取代文明冲突、依附理论。本书将金砖国家的高等教育体系作为一种历史实体进行分析,去探究它们最初是顺应什么需求产生的? 是如何发展出自己的结构的? 以及如何回应需求和机遇的变化的? 作者希望通过这项研究,使人们意识到今天的高等教育发展不过是历史长河中一个小小的片段,而不是一个终结状态。西方有一部类似的高等教育名著,是本·戴维写的《学术中心:不列颠、法兰西、德国、美国》。本·戴维严重依赖于"中心-边缘"的二分法。他论证了把注意力集中在中心国家:法国、德国、英国和美国的理由,是因为这些国家对世界其他地区,即边缘国家的高等教育结构和课程产生了极不相称的影响。如其所言:"直到今天,现代高等教育仅仅只是在欧洲和北美发展起来了,其他地方的高等教育很大程度上是欧洲和北美模式的翻版,都还无法动摇欧美高等教育的领先地位。"影响所及,几乎成为国际学术界的主流范式。然而随着金砖五国高等教育的崛起,"中心-边缘"理论的解释力受到越来越多的质疑。陈·巴特尔的《历史文化视野中的金砖国家高等教育演变研究》高举建设人类命运共同体的旗帜,以文明对话取代文明冲突,以主体间性取代"中心-边缘"理论,以聚焦发展中国家取代聚焦发达国家;强调发展中国家有独特的历史、独特的文化、独特的国情,决定其只能走本国特色的高等教育发展之路,扎根本土办大学。作者的这种学术创新意识弥足珍贵,具有极其重要的学术价值。

《历史文化视野中的金砖国家高等教育演变研究》除总论和结论外共五编。总论主要描述金砖国家的诞生与发展、金砖国家的国际地位与影响力、金砖五国的概况、金砖五国高等教育的演变,旨在为全书提供宏观背景和理论视野。第一编是"巴西高等教育的演变",主要从巴西历史出发,在印第安文明、欧洲文明、非洲文明之间的冲突和融合中梳理巴西高等教育变迁的历史过程及其特点。第二编是"俄罗斯高等教育的演变",主要从俄罗斯独特的历史及多元文化融合中梳理俄罗斯高等教育的变迁与转型。第三编是"印度高等教育的演变",主要从印度历史出发,描述了从古代帝国到英国殖民地,再到独立发展的演变历程,梳理了在传统文化、英国文化、苏联文化、美国文化的影响下印度高等教育的发展路径。第四编是"中国高等教育的演变",主要从中国独特的历史出发,梳理了中国高等教育从人文高等教育到科学高等教育,再到"科学-人文"高等教育的演变历程。第五编是"南非高等教育的演变",主要从前殖民地、殖民地、后殖民地三个时期梳理其历史,在土著文化与白人文化的冲突与融合中探讨其高等教育的演变历程。结论与展望部分主要阐述金砖五国高等教育演变的历史文化基础、金砖五国高等教育演变的个性与共性、金砖五国高等教育发展的历史经验和模式创新,以及 21 世纪金砖五国高等教育的发展趋势与合作前景。

任何一个国家的高等教育都是与这个国家的文化模式相适应的,要真正理解这些国家的高等教育必须立足这些国家独特的历史、独特的文化、独特的国情。陈·巴特尔的《历史文化视野中的金砖国家高等教育演变研究》从历史发展、文化变迁角度,来探讨作为新兴经济体国家代表的金砖五国高等教育演变,选题新颖、构思精巧、资料丰富、论述系统、征引规范、观点鲜明,研究结论具有现实启发性。

是为序!

中国人民大学二级教授

评价研究中心主任

教育部长江学者特聘教授

2022 年 6 月 23 日

目　录

总　论

　　在人类社会步入 21 世纪第二个十年的时期,世界正进入一个"后西方时代",一方面以美国为代表的西方社会在世界秩序的维护方面出现了问题,"放眼看,美国如今将重点放在'美国优先',英国则集中思考'脱欧',欧洲不少国家仍陷于自身的左右之争、自顾不暇";另一方面以中国为代表的新兴市场和发展中国家不断崛起,不仅在世界经济中的分量越来越重,而且更多地参与维护和完善国际秩序,共同促进世界和平与发展。世界正在经历着人类自近代以来的第三次重大的力量转移。第一次力量转移发生在 15 世纪前后的西方世界,地理大发现、西欧各国的崛起推动科学和技术、商业与资本主义、工业革命的发展;第二次力量转移发生在 18 世纪末的美国,通过陆海大扩张,率先发动工业 2.0 革命、3.0 革命,超过欧洲,成为世界头号强国,与苏联并举成为冷战时期两个超级大国。20 世纪末随着东欧剧变、苏联解体,美国率先走上发展信息经济的道路,世界进入了由美国主导的"美国时代"。目前世界正在发生第三次力量的转移,确切地说正在进入"后西方时代"。在产业、金融、科技、社会、文化等其他方面,世界力量的分配正在发生着转移,正在偏离美国的统治地位。这不是一个美国衰落的世界,而是一个其他国家正在崛起的世界。在"后西方"的格局中,包括中国、印度、俄罗斯、巴西、南非"金砖国家"在内的一大批国家正在发展壮大,世界各主要区域的政治经济力量正在整合,一个相互依存、相互制约的多极世界正在显现。美国高盛公司首席经济师吉姆·奥尼尔(Jim O'Neill)于 2001 年首次提出"金砖四国"这一概念,至今已经二十多年了,金砖国家已经由一个投资概念变成国际关系实体。

第一节 "金砖国家"的诞生与发展

一、作为投资概念的"金砖"

吉姆·奥尼尔毕业于英国谢菲尔德大学和萨里大学,1995 年进入高盛集团(Goldman Sachs),后升至高盛全球首席经济学家,主要研究兴趣在于外汇市场。他于 2013 年退休,之后被聘为英国曼彻斯特大学经济学名誉教授。在特蕾莎·梅(Theresa May)任英国首相期间,他于 2015 年 5 月被时任英国财政大臣的乔治·奥斯本(George Osborne)任命为财政部商务大臣,2016 年 9 月辞职,成为特蕾莎·梅执政以来首位辞职的部长级高官。

高盛集团成立于 1869 年,是世界上历史最悠久、规模最大的投资银行之一。它凭借国际领先的投资银行和证券公司,向全球提供广泛的投资、咨询和金融服务,拥有大量的多行业客户,包括私营公司、金融企业、政府机构和个人。

吉姆·奥尼尔发明了"金砖四国"(BRIC)这一名词,被称为"金砖之父"。他于 2001 年 11 月 20 日,在一篇题为"全球更需要好的经济'金砖'"(The World Needs Better Economic BRICs)的文章中首次提出"BRIC",即金砖一词。"BRIC"选取新兴经济体国家巴西(Brazil)、俄罗斯(Russia)、印度(India)、中国(China)四国英语单词的第一个字母,按顺序排列组合而成,与英语单词"Brick"的英语拼法相似,因此巴西、俄罗斯、印度、中国这四国被称为"金砖国家"。后来,南非(South Africa)加入"金砖国家"合作机制,单数的金砖"BRIC"就变成了复数的金砖"BRICS",金砖"BRICS"就成为描绘新兴市场国家崛起、世界趋势变化的符号,被当作一种投资者寻求经济增长前景的市场工具。其中,巴西被称为"世界原料基地",俄罗斯被称为"世界加油站",印度被称为"世界办公室",中国被称为"世界工厂"。①

在 2017 年中国厦门金砖国家领导人第九次会晤前夕,吉姆·奥尼尔撰文《让金砖更广泛参与全球治理》,披露了十六年前他为何提出"金砖"之概念。他认为有两件事情促使他提出这个概念,一件是令人震惊的"9·11"恐怖袭击事件,一件是中国经济的崛起。"9·11"恐怖袭击事件让他深刻意识到,经济全球化似乎变得越来越"美国化",而现在看来"美国化"这一趋势不可持续。为了使全球化持续下去,世界需要允许并鼓励其他国家参与全球经济治理并发挥更大作用。吉姆·奥尼尔 1990 年第一次访问中国,中国经济的持续发展和中国在应对金融危机中所起的作用引起了他的关注。他认为一国经济长期增长主要有两个驱动因素,即适龄劳动人口的规模与劳动生产率。劳动人口充裕且生产力水平高的国家将有可能成长为大型经济体。在这一理论假设的前提下,吉姆·奥尼尔放眼全球,发现中国和印度是世界上仅有的两个人口超过十亿的国家,巴西是拉丁美洲人口最多的国家,俄罗斯同样非常具有潜力。于是他将四者组合,提出"金砖"概念,让美国的投资者关注这些发展潜力巨大的国家。

"金砖"概念提出后,吉姆·奥尼尔和他的团队一起关注研究金砖国家,并发表了多篇关于金砖国家的报告。2003 年 10 月,高盛投资银行在题为"与 BRICs 一起梦想:通向 2050 之路"(Dreaming with BRICs:The Path to 2050)的全球经济报告中预言,到 2050 年"金砖四国"将统领世界经济,这四个国家将拥有全球超过 40% 的人口和超过 14 万亿美元的国内生产总值,全球的六大新的经济体将变成中国、美国、印度、日本、巴西和俄罗斯。2005 年 1 月,该集团又发布了一份名为"金砖有多稳固"(How Solid are the BRICs)的新报告,对先前的预测作了调整,认为中国将于 2040 年超过美国,印度将于 2033 年超过日本。报告预测,四国在世界经济增长中的份额将从 2003 年的 20% 增加到 2025 年的 40%,四国经济总量在世界经济中的比重将从 2004

---

① 参见李丹、王韫慧:《衰落与崛起:"金砖四国"构建新世界》,企业管理出版社,2010 年,前言。

年的大约10%增至2025年的超过20%。

二、作为国际关系实体的"金砖国家"

八年后,令吉姆·奥尼尔始料未及的是,金砖各国行动起来,使"金砖国家"由一个统计学意义上的投资概念变成了国际关系实体。经俄罗斯倡议,四国(不含南非)于2006年9月联合国大会期间举行了首次金砖国家外长会晤,此后每年依例举行,由此开启了金砖国家合作机制的大幕。2009年6月16日注定是影响人类历史的重要时刻,在俄罗斯古老的城市叶卡捷琳堡,中国、俄罗斯、印度、巴西四国首脑微笑地站在一起,他们的手紧紧握在一起。至此,"金砖四国"不再仅仅是美国高盛集团书面报告中出现的词汇,这一次历史性会晤,赋予了"金砖四国"真正的意义。① 这次会晤正式启动了金砖国家之间的合作机制。

2010年4月,四国领导人在巴西的巴西利亚会晤,重点就世界经济金融形势、国际金融机构改革、气候变化、"金砖四国"对话与合作等问题交换看法,并发表联合声明。在联合声明中,四国商定推动"金砖四国"合作与协调的具体措施,"金砖国家"合作机制初步形成。2011年4月,在中国三亚举行金砖国家高峰论坛,此次会议的亮点是新成员南非首次参加会晤,金砖四国变为金砖五国。会议通过《三亚宣言》,对金砖国家的未来合作进行了详细的规划,决定深化在金融、智库、工商界、科技、能源等领域的交流合作,重申国际经济金融机构治理结构应该反映世界经济格局的变化,增加新兴经济体和发展中国家的发言权和代表性。2012年3月,在印度新德里召开金砖五国会议,发表了《新德里宣言》。会议探讨了成立金砖国家开发银行的可能性,希望该银行能与世界银行并驾齐驱。2013年3月的南非德班会晤,以金砖国家同非洲的伙伴关系为主题。会后发表了《德班宣言》和行动计划。

---

① 参见李丹、王韫慧:《衰落与崛起:"金砖四国"构建新世界》,企业管理出版社,2010年,前言。

这次会晤加强了金砖国家的合作伙伴关系,向世界传递了金砖国家团结、合作、共赢的积极信息。会议决定设立金砖国家开发银行、外汇储备库。2014年7月在巴西的福塔莱萨,五国领导人决定成立金砖国家开发银行,总部设在中国上海,同时建立金砖国家应急储备安排。2015年7月在俄罗斯乌法的会议上,金砖国家的五位领导人围绕"金砖国家伙伴关系——全球发展的强有力因素"的主题,就全球政治经济领域重大问题和金砖国家合作深入交换了意见。会上发表了《乌法宣言》及其行动计划,通过了《金砖国家经济伙伴战略》。2016年10月在印度的果阿,金砖五国领导人则以"打造有效、包容、共同的解决方案"为主题,就金砖国家合作及其他共同关心的国际和地区问题深入交换看法,达成广泛共识。会议通过了《果阿宣言》,金砖五国还签署了农业研究、海关合作等方面的谅解备忘录和文件。2017年9月3—5日在中国厦门召开了金砖国家会议,标志着"金砖国家"合作机制的逐渐形成,作为全球新兴经济体代表的"金砖四国"国际影响力也日益增强。至此,金砖国家已经从一个经济与金融的投资概念,转变成为一个影响国际政治经济、事关全球治理的国际关系实体。

　　2018年7月,金砖国家领导人在南非约翰内斯堡举行第十次会晤,主题是"金砖国家在非洲:在第四次工业革命中共谋包容增长和共同繁荣",会晤后发表《约翰内斯堡宣言》及其行动计划。同时,本次会晤期间还举行了纪念金砖国家领导人会晤10周年非正式会议、"金砖+"领导人对话会。2019年11月,金砖国家领导人以"经济增长打造创新未来"为主题,在巴西首都巴西利亚举行第十一次会晤,会后发表《巴西利亚宣言》,会晤期间五国领导人共同出席工商论坛闭幕式,深化了五国在工商业合作方面的共识。2020年11月,受新冠肺炎疫情影响,金砖国家领导人以实时连线视频的方式举行第十二次会晤,主题为"深化金砖伙伴关系,促进全球稳定、共同安全和创新增长",会后发表《莫斯科宣言》。2021年9月,金砖国家领导人以实时连线视频的方式举行第十三次会晤,主题是"金砖15周年:开展金砖合作,促进延续、巩固与共识",会晤期间各国领导人围绕携手应对新冠肺炎疫情、促进金砖务实合作、推动解决全球和地区热点问题等议题展开了深入交流,通过了《金砖国家领导人新德里宣言》，总结了金砖国家各领域合作成果。中国作为 2022 年金砖国家主席国，将主办金砖国家领导人第十四次会晤，本次会晤以"构建高质量伙伴关系，共创全球发展新时代"为主题，仍以实时连线视频的方式举行。

回顾十六年的光辉历程，金砖合作顺应了世界多极化和经济全球化的历史趋势，顺应了国际秩序朝更加公正合理方向发展的时代潮流，符合国际社会的共同利益，成为国际事务中一支具有积极、稳定、建设性的力量。

第二节 金砖国家的国际地位与影响力

一、作为新兴市场国家代表的金砖国家

作为一个相对概念，"新兴市场"（Emerging Markets）指相对于成熟或发达市场而言的目前正处于发展中的国家、地区或某一经济体。新兴市场通常具有劳动力成本低、天然资源丰富的特征。因为劳动力成本低，吸引拥有发达市场的国家和地区将生产线移至新兴市场，从而在节省劳动力成本的基础上提高竞争力；同时，新兴市场国家丰富的自然资源，吸引发达国家和地区买入廉价原材料。而新兴市场则亦可以借此获得先进生产技术，改善国民收入，提高消费能力，从而带动经济发展。金砖国家是由五个新兴市场国家组成，它代表着全球经济体系中新生的力量、向上的力量。与新兴市场国家相关的另一个概念是"新兴经济体"，新兴经济体是指某一国家或地区经济蓬勃发展，成为新兴的经济实体。英国《经济学家》将新兴经济体分成两个梯队：第一梯队为中国、巴西、印度、俄罗斯和南非，即"金砖国家"；第二梯队包括墨西哥、韩国、菲律宾、土耳其、印度尼西亚、埃及等，被称为"新钻"国家。无论是作为新兴市场国家，还是作为新兴经济体，金砖国家在全球经济发展中的作用越来越重要。2006 年 9 月，联合国大会期间举行了首次金砖国家外长会晤，拉开了金砖国家合作的序幕。2017 年 9 月，金砖国家领导

人第九次会晤在中国福建省厦门市举行,开启了金砖国家合作的第二个"黄金十年"。

回顾过去的十年,作为新兴经济体的金砖国家对世界经济的稳定与发展做出了重大的贡献。金砖国家横跨亚欧拉非四大洲,其覆盖的面积占全球总面积的 26.46%,其拥有的人口占世界总人口的 41.4%。[①] 2016 年,金砖国家经济平均增速为 5.1%,远高于 2.4%的世界经济平均增速;金砖国家经济总量在世界经济中的比重从 12%上升到 23%;金砖国家在全球贸易额的比重从 11%提高到 16%;对世界经济增长的贡献率超过了 50%。截至 2021 年,金砖国家人口占世界人口的 42%,经济总量占全球总量的 24%,货物贸易额占全球总额的 18%,服务贸易额占全球总额的 13%,吸引外资额占全球总额的 25%,在国际货币基金组织和世界银行的投票权分别达到 18.84%和 13.39%。[②] 成立了金砖国家新开发银行,2017 年批准 25 亿到 30 亿美元的 15 个贷款项目,成立了 1000 亿美元的应急储备安排。截至 2020 年,新开发银行作为首个由新兴市场国家自主成立并主导的国际多边开发银行,已批准向成员 65 个项目提供 210 亿美元贷款,为建设高质量、可持续的基础设施和开发、推广绿色环保技术提供融资支持。同年 6 月和 9 月,新开发银行在国际资本市场分别发行 15 亿美元 3 年期和 20 亿美元 5 年期抗击新冠肺炎疫情债券,所募集的资金用于资助新开发银行成员可持续发展项目,包括向成员提供紧急援助贷款,为抗击疫情、恢复经济提供资金支持,展示了金砖国家深化合作的意愿和决心。

二、作为国际政治实体的金砖国家

金砖国家遵循开放透明、团结互助、深化合作、共谋发展原则和"开放、包容、合作、共赢"的金砖国家精神,致力于构建更紧密、更全面、更牢固的伙

---

① UNdata uaited nations data retrieval system（根据 2021 年数据计算所得）。
② 参见陈凤英:《全球治理视角下的金砖合作机制化趋势》,《当代世界》,2021 年第 10 期。

伴关系。随着金砖国家合作机制的形成与发展,金砖国家国际政治实体的角色日益明显。从国际政治地位来看,金砖五国中的俄罗斯和中国都是安理会常任理事国,至 2013 年,巴西、印度、南非都是非常任理事国。金砖五国在全球气候变化问题、联合国改革、减贫等重大全球性和地区性问题上协调立场,更好地建设一个公平、平衡的国际政治新秩序。正如俄罗斯学者卢金所言:"金砖国家代表的是新兴经济体和发展中国家的利益,是国际政治和经济变革的重要力量,也是国际政治民主化和多极世界的坚定支持者。"这点也可以反映在金砖国家峰会的成果文本中。

如前所述,自 2009 年开始,金砖国家共举办了十三届峰会。在 2009 年俄罗斯叶卡捷琳堡首届峰会上,四国领导人就国际金融机构改革、粮食安全、能源安全、气候变化交换了意见,并在随后发表的联合声明中,四国呼吁提高新兴市场和发展中国家在国际金融机构中的发言权和代表性,并承诺推动国际金融机构改革,使其体现世界经济形势的变化。在 2011 年中国三亚第三届峰会上,重申国际经济金融机构治理结构应该反映世界经济格局的变化,增加新兴经济体和发展中国家的发言权和代表性。在 2012 年印度新德里第四届峰会上,以"金砖国家致力于全球稳定、安全和繁荣的伙伴关系"为主题,金砖国家明确提出全球治理改革的诉求,呼吁建立更具代表性的国际金融架构,提高发展中国家的发言权和代表性。在 2013 年南非德班第五届峰会上,推动构建金砖国家与非洲国家的伙伴关系。在 2015 年俄罗斯乌法举行的第七届峰会上,更是以"金砖国家伙伴关系——全球发展的强有力因素"为主题,五国领导人就全球政治经济领域重大问题交换看法。2016 年第八届金砖国家峰会在印度果阿举行,金砖五国一致认为有必要秉持团结、相互理解和信任的精神,加强全球事务的协调和务实合作。2017 年在中国厦门举行了第九届峰会,中国在这次峰会上创造性地提出了"金砖+"模式。"金砖+"指的是金砖国家进一步加强与其他发展中国家和新兴经济体的联络、互动、对话及合作,通过金砖国家合作更好地体现发展中国家的共同立场和集体意愿。2018 年在南非约翰内斯堡举行第十次峰会,重申了对《联合国宪章》宗旨和原则的支持,致力于共同努力通过政治和外交手段和平解决争端,认可联合国安理会负有维护世界和平与安全的首要责任。2019 年第十一次峰会在巴西巴西利亚举行,五国一致重申坚持主权、相互尊重、平等原则,将继续努力推动多边体系向更加包容、民主和更具代表性的方向发展,提升新兴经济体和发展中国家在国际事务决策中的参与度。2020 年第十二次会晤由俄罗斯举办,以实时连线视频的方式进行,五国强调了新冠肺炎疫情所造成的复杂交织的挑战,表示将致力于引领重振多边合作,巩固国际努力,为应对当前危机和确保经济增长制定共同、高效和可持续的解决方案。2021 年金砖国家领导人第十三次会晤由印度主办,以视频会议的方式进行,各国一致支持五国外长通过的《金砖国家关于加强和改革多边体系的联合声明》,承诺推动构建以联合国为核心,以国际法及包括主权平等和尊重各国领土完整在内的《联合国宪章》宗旨和原则为基础的,更加包容、公平,更具代表性的多极国际体系,在互利合作的基础上构建人类命运共同体。

总之,经过多年的合作与努力,金砖国家积极参与全球治理,已经成为国际政治的一种重要力量。正如我国外交部部长所言,金砖国家要理直气壮高举多边主义旗帜,始终不渝推进多边主义事业。无论是联合国还是二十国集团,无论在纽约、日内瓦还是维也纳,无论是政治、发展还是人权问题,五国都能发出"金砖声音"。

三、金砖国家合作机制的影响与作用

金砖国家合作机制自 2006 年金砖四国巴西、俄罗斯、印度、中国外长在联合国大会期间会晤算起,已经经历了十六个春秋。在各成员国的努力下,金砖国家合作机制不断完善,形成了以领导人会晤为引领,以安全事务高级代表会议、外长会晤等部长会议为支撑,多层次、多领域、全方位务实合作的机制,成为新兴市场和发展中国家在经济、金融和发展领域交流与对话的重要平台,成为对世界具有重要影响的国际舞台。其主要的影响与作用表现在如下三点。

（一）增进世界的和平与发展

虽然每次金砖会议的主题有所不同,但是五国领导人每次都会就一些重大的国际政治和经济问题进行磋商,并力争达成共识。国际形势、国际货币体系改革、大宗商品价格波动、粮食安全、能源安全、气候变化、打击恐怖主义、可持续发展等全球性问题都是历次大会讨论磋商的焦点。通过金砖国家机制可以对解决发展中国家减贫、增长、就业等提出更多切实可行的国际方案。

（二）提高发展中国家话语权

金砖国家合作机制发展至今,已不仅仅是一个经贸合作交流的平台,同时也是发展中国家一起发声的平台。金砖国家代表着在世界格局多极化和经济转型时期众多发展中国家的利益与权利,他们渴望在国际舞台上争取更多的发言权和决策权。南非的加盟更使这一机制成为促进南南合作的重要平台。2013 年在南非德班举行了第五次金砖国家领导人会晤,主题为"金砖国家与非洲:致力于发展一体化和工业化的伙伴关系",还专门举行了金砖国家领导人同非洲领导人的对话会议。

（三）加强发达国家与发展中国家的沟通

金砖国家致力于全球化的深入发展,包括金砖国家在内的发展中国家与发达国家之间的关系并非"零和"关系,金砖国家也不是反西方集团。相反,金砖国家合作机制将为发达国家与发展中国家加强协调提供机会,金砖国家将成为发展中经济体同发达经济体沟通的桥梁和纽带,强化南北对话、南北合作。金砖国家希望通过渐进式改革,而不是革命式推翻,推动国际秩序朝着更为健康合理的方向发展。

四、金砖国家教育合作机制的发展历程

金砖国家教育部长会议基本上以每年一次的频率由轮值主席国依次举办,首届于 2013 年举办,截至 2022 年共举办九届,举办地分别有巴黎、巴西利亚、莫斯科、新德里和北京。自 2020 年起由于全球新冠肺炎疫情影响,均以线上视频会议的形式进行。每届会议均会签署相关宣言文件,阐述部长会议达成的共识及下一步行动计划。

2013 年 11 月 5 日,首届联合国教科文组织——金砖国家教育部长会议在巴黎联合国教科文组织总部召开。主要探讨彼此深入教育合作,加强与联合国教科文组织交流,以及推动制定 2015 年后全球教育发展议程。与会代表围绕金砖国家间高等教育、职业教育合作,建立教育、研究和技术发展领域的伙伴关系等议题进行了讨论。自 2013 年首次会议以来,金砖国家教育部长会议机制已逐渐成为金砖国家推动人文交流、巩固合作伙伴关系的重要平台。加强发展优质而公平的教育是始终未变的"时代之音"。

2015 年 3 月 2 日,第二届金砖国家教育部长会议在巴西利亚举行。会议签署通过了《第二届金砖国家教育部长会议巴西利亚宣言》,本届会议旨在基于首届会议达成的共识与各国教育发展的现状,分享各国在职业技术教育、高等教育等层面的经验与成果,协同联合国教科文组织,探讨未来共同发展与合作的目标与前景。另外,10 月 17 日金砖国家大学校长论坛在北京师范大学举行,金砖国家大学联盟正式成立,由来自金砖国家的近 50 所大学组成。

2015 年 11 月 18 日,第三届金砖国家教育部长会议在在莫斯科举行,会议签署通过了《第三届金砖国家教育部长会议莫斯科宣言》与《关于建立金砖国家网络大学的谅解备忘录》,在备忘录里对金砖国家网络大学的相关内容进行了规定,如指出在创立阶段,每个金砖国家网络大学参与方的数量不超过 12 个等具体要求。金砖国家网络大学的 56 个成员高校,对优化金砖国家多边教育合作,进行资源整合,联合进行人才培养有着深远的意义。

2016 年 9 月 30 日,第四届金砖国家教育部长会议在新德里举行,会议签署通过了《新德里教育宣言》,提出金砖国家应加强国际合作,促进教育公平和包容,并希望各国今后加强在职业教育、教育质量保障、终身学习、高校成果转化等方面的合作。

2017 年 7 月 5 日,第五届金砖国家教育部长会议在北京举行,本次会议以"金砖国家教育合作:促进卓越和公平"为主题,会议签署通过了《第五届金砖国家教育部长会议北京教育宣言》,标志着五国的教育合作由高等教育向基础教育延伸,由单项向综合扩展,由教育向联合科研、信息分享、人文交流拓展。与会代表们提出五国应秉承开放、包容、合作、共赢的金砖精神,发挥教育合力。

2020 年 10 月 21 日,第七届金砖国家教育部长会议由俄罗斯科学与高等教育部主办,由于新冠肺炎疫情影响,会议以线上视频形式举行。会议签署通过了《第七届金砖国家教育部长会议宣言》,中方在会议中分享了推动后疫情阶段高等教育发展、职业教育与技能培训和教育领域多边合作等方面的实践经验。各国与会代表们也表示在疫情的特殊形势下,五国应深入挖掘教育合作潜力,充实合作内涵,扩大教育交流的深度和广度。

2021 年 7 月 6 日,第八届金砖国家教育部长会议由印度教育部主办,以线上视频会议的形式进行。会议签署通过了《第八届金砖国家教育部长宣言》,中方在会议中不仅分享了疫情期间我国实施"停课不停学",利用数字技术与教育教学深度融合的有益经验,还提出重视金砖国家科研创新合作机制的发展,鼓励各国发挥各自科技和产业资源优势,共同应对时代挑战。与会各国代表们也表达了推动优质教育发展、加强科研与学术合作交流的共同愿望。

2022 年 5 月 26 日,第九届金砖国家教育部长会议由中国教育部主办,以线上视频会议的形式进行。会议签署通过了《第九届金砖国家教育部长会议宣言》,中方在会议中以落实习近平主席在金砖国家领导人第十三次会晤上提出的重要倡议为目的,围绕教育数字化转型、职业教育合作和可持续发展的金砖国家教育合作三个议题展开讨论,并于 2022 年 4 月 27 日牵头成立金砖国家职业教育联盟,五国发起成员单位共 68 家,启动金砖国家职业技能大赛等内容。与会各国代表们也一致表示将秉持开放、包容、合作、共赢的金砖精神,促进五国教育共同发展。

综观各届会议宣言内容,可归纳出"南南合作"属性、务实性、平等性和包容性四个特点。

首先,发展中国家间的经济技术合作被称为"南南合作",本质上金砖国家教育部长会议也有着"南南合作"的属性特点,即通过教育领域的合作机制共同参与全球治理,推动金砖各成员间教育共享发展,维护发展中国家的共同利益,提高发展中国家的教育话语权。

其次,强调教育合作和对话交流是经久不衰的"金砖方案",务实性特点成为历届金砖国家教育部长会议的要义所在。所谓务实性体现在将"共赢"作为发展目标,以各项教育机制建设作为后备保障,彼此间最大程度地共享教育资源,分享教育合作成果,互利互惠,实现共赢。

再次,金砖国成员具有平等性,在教育合作中不论大小,强调尊重他国意愿,相互理解,平等合作的精神。

最后,历届金砖国家教育部长会议始终秉承包容性的宗旨,一方面,强化彼此互信和互利,弱化不同金砖国家间的民族差异、政治差异,求同存异谋发展;另一方面,这种包容性还体现在金砖国家彼此间的合作对话并非要对抗现有的教育制度,而是在接受国际教育治理规则的前提下结合发展中国家的教育实际进行调整与改革。

第三节　金砖五国概况

一、南美最大的国家——巴西

（一）地理位置

巴西联邦共和国简称巴西,是南美洲最大的国家,领土面积851.49万平方千米,约占南美洲总面积的46%,在世界上仅次于俄罗斯、加拿大、中国和美国,排行第五。巴西位于南美洲东南部,地跨西经35°到西经74°,北纬5°到南纬35°,与乌拉圭、阿根廷、巴拉圭、玻利维亚、秘鲁、哥伦比亚、委内瑞拉、圭亚那、苏里南、法属圭亚那十国接壤。

（二）人口与民族

2020 年,巴西的总人口为 2.1 亿。[①] 白种人占 53.74%,黑白混血种人占 38.45%,黑种人占 6.21%,黄种人和印第安人等占 1.6%。官方语言为葡萄牙语。

巴西是由欧洲人、非洲人、印第安人、阿拉伯人和东方人等多种民族组成的国家,但核心是葡萄牙血统的巴西人。经历过历史上几次大的移民浪潮,巴西成为一个民族大熔炉,有来自欧洲、非洲、亚洲等地的移民。南部居民多有欧洲血统,可溯源到 19 世纪初来自意大利、德国、波兰、西班牙、乌克兰和葡萄牙等国的移民。而北部和东北部的居民部分是土著,部分具有欧洲或非洲血统。东南地区是巴西民族分布最广泛的地区,该地区主要有白人(主要是葡萄牙后裔和意大利后裔)混血人、非洲巴西混血、亚洲和印第安人后代。

（三）行政区划

巴西共分为 26 个州和 1 个联邦区(巴西利亚联邦区),州下设市,共有 5564 个市。

巴西利亚(Brasília)是巴西的首都,于 1960 年 4 月 21 日由旧都里约热内卢迁移至此。巴西利亚是南美洲建都时间最短的城市,被联合国教科文组织确定为"世界文化遗产"。圣保罗是巴西最大的城市,亦是南美洲最大、最繁华、最富裕的城市,世界著名的国际大都市。里约热内卢曾经是巴西的首都,是巴西的第二大城市。里约热内卢是巴西乃至南美的重要门户,同时也是巴西及南美经济最发达的地区之一,素以巴西重要交通枢纽和信息通讯、旅游、文化、金融和保险中心而闻名。

（四）政治制度

巴西实行的是总统制共和制。1988 年颁布的第八部宪法规定,总统由直接选举产生,任期五年,取消总统直接颁布法令的权力。1994 年和 1997

---

① 参见中华人民共和国外交部:《巴西国家概况》,https://www.mfa.gov.cn/web/gjhdq_676201/gj_676203/nmz_680924/1206_680974/1206x0_680976/2021 – 07。

年议会通过宪法修正案,将总统任期缩短为四年,总统和各州、市长均可连选连任一次。巴西是典型的多党制国家,截至 2021 年 7 月,在巴西高等选举法院登记的政党有 33 个。巴西劳工党是主要的执政党。国会是国家最高权力机构,国会由参、众两院组成。联邦最高法院、联邦法院、高等司法院、高等劳工法院、高等选举法院、高等军事法院和各州法院行使司法权。

（五）经济发展

巴西的国内生产总值位居南美洲第一,为世界第七大经济体。巴西拥有丰富的自然资源,巴西的淡水资源约占全球淡水资源 18% ,[1]铁矿砂的储量排名全球第五,是全球第二大铁矿砂出口国,铝土的出产也仅次于澳洲,有较强工业潜力。巴西的工业发展居拉美之首。20 世纪 70 年代建成了比较完整的工业体系,主要工业部门有钢铁、汽车、造船、石油、水泥、化工、冶金、电力、纺织、建筑等。核电、通讯、电子、飞机制造、军工等已跨入世界先进国家的行列,是航空制造业强国。

（六）宗教信仰

巴西是世界上天主教徒最多的国家,64.6% 的居民信奉天主教,22.2%的居民信奉基督教福音教派。[2]

（七）文化特征

巴西的文化具有多重民族的特性。由于有大量西班牙、意大利等南欧国家的移民,巴西人的习俗和南欧十分相似。巴西文化中既有土著印第安人的淳朴,又有非洲人的热情,还有欧洲人的庄重。巴西的音乐舞蹈时尚多来自民间,如桑巴舞,主要受非裔影响深远。狂欢节是巴西最大的节日,被称为世界上最大的狂欢节,有"地球上最伟大的表演"之称。巴西狂欢节在每年 2 月的中旬或下旬举行三天,每年吸引国内外游客数百万人。其中又以里约热内卢的狂欢节最负盛名。该市狂欢节以其参加桑巴舞大赛演员人数

---

① 　参见中华人民共和国驻巴西联邦共和国大使馆经济商务处:《巴西的地理,行政区划和自然资源》,http://br. mofcom. gov. cn/article/ddgk/zwdili/200905/20090506245659. shtml. 2015 - 07 - 30。

② 　参见中华人民共和国外交部:《巴西国家概况》,https://www. mfa. gov. cn/web/gjhdq_676201/gj_676203/nmz_680924/1206_680974/1206x0_680976/2021 - 07。

之多,服装之华丽,持续时间之长,场面之壮观堪称世界之最。由于举国上下对足球的喜爱,以及巴西足球队在世界大赛中取得的骄人成绩,巴西有"足球王国"之美誉。巴西队还是世界上唯一一支五次获得世界杯冠军的球队(截至 2017 年)。

二、横跨欧亚的大国——俄罗斯

(一)地理位置

俄罗斯位于欧亚大陆北部,地跨东经 30°到 180°,北纬 50°到 80°。北邻北冰洋,东濒太平洋,西接大西洋,西北临波罗的海、芬兰湾,国土面积为 1709.82 万平方千米,[①]东西长为 9000 千米,横跨 11 个时区;南北宽为 4000 千米,跨越 4 个气候带,是世界上面积最大的国家。

俄罗斯平原是东欧平原的组成部分,它是东斯拉夫人和后来的俄罗斯人生存、繁衍的主要领域。俄罗斯平原上大部分地区气候都极其寒冷,一年之中有 3/5 的时间都是冰天雪地,在这种环境下无论是生活还是劳动都异常艰辛,加之地理位置远离出海口,也不利于发展大规模的经济和国际贸易。然而纵使在如此恶劣的环境条件下,俄罗斯却是战略地位极高的经济要地。它地处欧亚地区中心,许多周边民族和国家的重要经济来往与文化交流都以它为平台碰撞出火花。

(二)人口与民族

俄罗斯总人口 1.6 亿(2020 年)[②],人口分布极不均衡,西部发达地区平均每平方千米 52~77 人,个别地方达 261 人,而东北部苔原带不到 1 人。高加索地区的民族成分最为复杂,有大约 40 个民族在此生活。

俄罗斯是一个多民族国家,共有民族 194 个(2020 年),其中俄罗斯族占 77.7%(2020 年)。[③]主要少数民族有鞑靼族、乌克兰族、楚瓦什族、巴什基尔

---

①②③　参见中华人民共和国外交部:《俄罗斯国家概况》,https://www.mfa.gov.cn/web/gjhdq_676201/gj_676203/oz_678770/1206_679110/1206x0_679112/2020 – 10。

族、车臣族、亚美尼亚族、哈萨克族、摩尔多瓦族、白俄罗斯族、阿瓦尔族、乌德穆尔特族、阿塞拜疆族、马里族、日耳曼族、卡巴尔达族、奥塞梯族、达尔金族、犹太族、布里亚特族、雅库特族、库梅克族、印古什族、列兹金族、科米族、图瓦族等。

（三）行政区划

2000 年 5 月 13 日，普京把俄联邦 89 个实体（直辖市、共和国、边疆区、自治区、州和自治州）按地域原则联合成 7 个联邦区，目的是巩固国家统一，强化总统对地方的管理。2010 年 1 月 19 日，梅德韦杰夫设立北高加索联邦区。2014 年 3 月 21 日，普京签署命令成立克里米亚联邦区，2016 年 7 月 28 日，普京将南方联邦区和克里米亚联邦区合并改组为新的南方联邦区。至此，俄罗斯 8 个联邦管区分别为：中央联邦管区、西北联邦管区、南部联邦管区、伏尔加联邦管区、乌拉尔联邦管区、西伯利亚联邦管区、远东联邦管区、南方联邦管区。

俄罗斯现由 85 个联邦主体组成，包括 3 个联邦直辖市、4 个自治区、22 个共和国、46 个州、9 个边疆区、1 个自治州。莫斯科是俄罗斯的首都，位于东欧平原，是全国的政治、经济、文化中心，也是全国最大的综合性交通枢纽，还是机械工业和纺织工业中心，是仅次于英国伦敦的欧洲第二大城市，已有 800 多年的历史。

（四）政治制度

俄罗斯联邦实行的是联邦民主制，以俄罗斯联邦宪法和法律为基础，根据立法、司法、行政三权分立又相互制约、相互平衡的原则行使职能。总统是国家元首，由人民直接选举产生。总统拥有相当大的行政权力，有权任命包括总理在内的高级官员，但必须经议会批准。总统同时也是武装部队最高统帅和国家安全会议主席，并可以不经议会通过直接颁布法令。俄罗斯联邦议会是俄罗斯联邦的代表与立法机关。联邦会议采用两院制，上议院称联邦委员会（Federal Council），下议院称国家杜马（State Duma）。俄罗斯联邦政府是国家权力的最高执行机关。联邦政府由联邦政府总理、副总理和联邦部长组成。司法机关主要有联邦宪法法院、联邦最高法院、联邦最高仲裁法院及联邦总检察院,不允许设立特别法庭。俄罗斯实行多党制,主要有统一俄罗斯党、俄罗斯联邦共产党、俄罗斯自由民主党、公正俄罗斯党、亚博卢联盟、右翼力量联盟等。

(五)经济发展

俄罗斯工业、科技基础雄厚。主要工业部门有机械、冶金、石油、天然气、煤炭及化工等;航空航天、核工业具有世界先进水平。俄罗斯工业结构不合理,重工业发达,轻工业发展缓慢,民用工业落后状况尚未得到根本改变。俄罗斯农牧业并重,主要农作物有小麦、大麦、燕麦、玉米、水稻和豆类,经济作物以亚麻、向日葵和甜菜为主,畜牧业主要为养牛、养羊、养猪业。

(六)宗教信仰

东正教、伊斯兰教、佛教和犹太教是俄罗斯的传统宗教。东正教是俄罗斯最大的宗教。俄罗斯东正教会,又称"莫斯科宗主教区",是世界上规模最大的东正教自主教会。

(七)文化特征

俄罗斯民族来源于东斯拉夫人,俄罗斯的文化与东斯拉夫文化有着深深的"血缘关系"。作为俄罗斯文化符号载体的俄语就是由印欧语系斯拉夫语族中的东斯拉夫语这一分支发展而来的。基督教的传入同时也是另一种文明的浸润,与基督教联系在一起的意识和观念也逐渐对罗斯人产生影响。俄罗斯联邦成立以后,西方文化如潮水般奔涌至俄罗斯社会的各层各面,然而对西方文明的"盲目崇拜"导致俄罗斯联邦在转型的初期出现了国有资产严重流失、民众生活水平下降的社会局面。普京总统上任后,通过政策调整与国家调控,使俄罗斯的政治经济逐渐步入正轨,整个社会大环境也渐趋稳定,联邦政府矫正了20世纪末对西方文明的盲目崇拜,不断形成了兼有俄罗斯和西方特色的当代俄罗斯文化。文化事业的发展得到重视,图书、报刊大量出版发行,还建立了许多群众性文化设施如图书馆、博物馆、文化馆、俱乐部等。

三、南亚最大的国家——印度

（一）地理位置

印度共和国,简称印度,位于北纬8°24′至37°36′、东经68°7′至97°25′之间,大部分位于热带和亚热带。印度是南亚次大陆最大的国家,面积为298万平方千米,居世界第7位。印度是英联邦的会员国之一,与孟加拉国、缅甸、中国、不丹、尼泊尔和巴基斯坦等国家接壤,和马尔代夫、斯里兰卡隔海相望。

印度全境炎热,大部分属于热带季风气候,而印度西部的塔尔沙漠则是热带沙漠气候。夏天时有较明显的季风,冬天则较无明显的季风。印度气候分为雨季(6—10月)与旱季(3—5月)以及凉季(11—次年2月),冬季受喜马拉雅山脉屏障影响,无寒流或冷高压南下影响印度。

（二）人口与民族

印度的人口为13.9亿人(2021年),[1]是世界上仅次于中华人民共和国的第二人口大国。印度次大陆人种复杂,素有"人种博物馆"之称。关于印度人种的划分,历来众说纷纭。受到学术界普遍公认的划分方法,是由B. S. 古哈于1935年提出来的。他将印度的种族划分为五个主要类型:尼格罗人(the Negroids)、原始澳大利亚人(the Proto—Austroloids)、地中海人(the Mediterraneans)、迪纳拉人(the Alpoinarics)以及印度土著人。[2] 一般认为,印度河流域文明主要由达罗毗荼人(印度土著人分支)创造的。

（三）行政区划

印度行政区划中的一级行政区域包括28个邦、6个联邦属地及1个国家首都辖区。印度首都为新德里(New Delhi),连同德里人口共2570万(2015年)。德里位于印度恒河支流亚穆纳河畔,为中央直辖区,包括新、老

---

① 参见中华人民共和国外交部:《印度国家概况》,https://www. mfa. gov. cn/web/gjhdq_676201/gj_676203/yz_676205/1206_677220/1206x0_677222/2021 - 08。

② 参见(唐)玄奘、辩机:《大唐西域记》,中华书局,2000年,第757~758页。

德里和郊区乡村在内,面积 1485 平方千米(其中城区面积 446.3 平方千米),是全印度的政治、经济、文化中心和铁路、航空枢纽。每一个邦都有各自的民选政府,而联邦属地及国家首都辖区则由联合政府指派政务官管理。

(四)政治制度

印度是一个资本主义联邦制共和国,总统是国家元首,由上下两院和各邦议会的选举团选出。总统名义上是国家元首和武装部队统帅,但其职责是象征性的,实权由总理掌握。行政权力由以总理为首的部长会议(即印度的内阁)行使。印度的立法权归议会所有,议会分为上下两院,上院称为联邦院,下院称为人民院。行政机构由总统、总理和各部部长组成。最高法院是最高司法权力机关,有权解释宪法、审理中央政府与各邦之间的争议问题等。

印度实行的是多党制。印度国大党、印度人民党是印度最大的两个政党。1947 年印度建立了国大党一党独大的政党体制。20 世纪 80 年代末期,印度政党制度从一党独大型的政党制度逐渐转变为不断多极化和地方化的多党制度。印度主要的政党还有印度共产党、泰卢固之乡党等。

(五)经济发展

印度是全球成长最快的新兴经济体之一、世界十大经济体之一。2016 年印度经济首次超过英国,按国内生产总值衡量已经成为世界第六大经济体。① (2020 年排名第七,英国 2.75 万亿美元,印度 2.66 万亿美元)印度经济产业多元化,涵盖农业、手工艺、纺织业、服务业,纺织、食品、精密仪器、汽车、软件制造、航空和空间等工业发展迅速。印度是世界排名第二的农业出产国,农业也是印度最大宗的经济支柱,但印度农业生产能力较为低下。纺织业是仅次于农业的第二大劳动力来源,印度的输出品中大约有 26% 来自纺织品。印度面对的经济问题来自庞大并持续增长的人口,以及贫富悬殊。贫穷仍是印度急需解决的问题。

---

① 参见外媒:《关注印度经济 100 多年来首次超过英国》,网易新闻,http://money.163.com/16/1222/18/C8TKTDHA002581PQ.html。

（六）宗教信仰

印度的主要宗教是印度教。印度教的经典为《吠陀经》《奥义书》《往事书》等。同时，印度教没有基督教教会和佛教僧团那样严格的组织，种姓就是它的组织形式。此外，印度教也没有单一的、排他性的神明，而是把无数的神明都收容在它的万神殿中，从世界的终极实在、三大主神以及他们的化身、配偶，到人格化了的自然物，印度教徒宣称宇宙有三亿三千万个神。印度教分成许多教派，信奉无数神明。这个宗教具有高度的包容性和混合性。

（七）文化特征

印度是个宗教之国，教派之多，宗教对人们的影响较大。印度文化具有宗教性特点，宗教渗透文化的各个领域。宗教构成印度人精神生活的核心。中国学者梁漱溟曾说过，印度"其物质文明之无成就，与社会生活之不进化，不但不及西方，且真不如中国。他们的文化中无甚可说，唯一兴盛的只有宗教之一物"。在印度，人以宗教划群，物以宗教定性。印度的圣人都是探讨超自然问题的专家，文化典籍也都与宗教相联系。在印度，以宗教为业、为超自然牺牲钱财乃至生命的人在人口中所占的比例比任何地方都要大些。

四、世界人口最多的国度——中国

（一）地理位置

中国位于亚欧大陆的东部、太平洋西岸。陆地面积960万平方千米，是仅次于俄罗斯（1709.82万平方千米）、加拿大（997.1万平方千米）的世界领土面积第三大国。中国陆地边界长达2.28万千米，东邻朝鲜，北邻蒙古，东北邻俄罗斯，西北邻哈萨克斯坦、吉尔吉斯斯坦、塔吉克斯坦，西和西南与阿富汗、巴基斯坦、印度、尼泊尔、不丹接壤，南与缅甸、老挝、越南相连，东部和东南部同韩国、日本、菲律宾、文莱、马来西亚、印度尼西亚等隔海相望。

中国的地势西高东低，分布有山地、高原、平原、丘陵、盆地等多种地形。同时，中国地质条件多样，蕴含了丰富的矿产资源，钨、锑、稀土、钼、钒和钛等的探明储量居世界首位；煤、铁、铅锌、铜、银、汞、锡、镍、磷灰石、石棉等的储量均居世界前列。中国是世界上河流最多的国家之一,这些河流、湖泊不仅是中国地理环境的重要组成部分,而且还蕴藏着丰富的自然资源。中国的大部分地区位于北温带,气候温和,四季分明,适宜人类居住。这些自然条件为中国工农业的发展提供了多种多样的有利条件。

(二)人口与民族

中国是世界上人口最多的国家,根据第七次人口普查(2020 年),中国的人口总数达到 14.435 亿以上,约占世界人口总数的 1/5。因而中国也是世界上人口密度较高的国家之一。自 20 世纪 70 年代实行计划生育政策以来,中国有效减缓了人口增长速度,人口自然增长率由 1970 年的 25.8‰下降到 2012 年的 4.95‰,是世界平均水平的一半,有效缓解了人口对资源环境的压力。

中国是一个统一的多民族国家,民族团结、民族平等、民族区域自治是我国各民族共同繁荣发展的原则与政策。中国共有 56 个民族,汉族人口约占全国总人口的 91.11%(2020 年),①除了汉族外,其他 55 个民族被称为少数民族。少数民族分布在全国各地,主要分布在内蒙古、新疆、宁夏、西藏、广西这 5 个少数民族自治区和 30 个自治州、120 个自治县(旗)。这些地区又杂居着汉族,各民族间和睦相处,各自民族文化和生活习俗都被尊重,呈现出大杂居、小聚居的分布特点。在 55 个少数民族里,目前除了回、满两个民族已转用汉语外,其他 53 个少数民族都使用本民族的语言。②

(三)行政区划

中国行政区主要划分为省级行政区(省、自治区、直辖市、特别行政区),地级行政区(地级市、地区、自治州、盟),县级行政区(市辖区、县、自治县、县级市、旗、自治旗、林区、特区),乡级行政区(镇、乡、民族乡、街道、苏木、民族苏木、区公所)四个级别。截至 2020 年,中国全国县级以上行政区划共有:

---

① 参见《第七次全国人口普查公报》,中华人民共和国中央人民政府门户网站,http://www.gov.cn/guoqing/2021-05/13/content_5606149.htm2021-05-11。

② 参见《语言文字》,中华人民共和国中央人民政府门户网站,http://www.gov.cn/test/2011-10/31/content_1982575.htm.2018-3-14。

23 个省、5 个自治区、4 个直辖市、2 个特别行政区；293 个地级市、7 个地区、30 个自治州、3 个盟；973 个市辖区、388 个县级市、1312 个县、117 个自治县、49 个旗、3 个自治旗、1 个特区、1 个林区。[①]

（四）政治制度

中国现代政治制度主要包括社会主义制度、人民代表大会制度、民族区域自治制度、基层群众自治制度及中国共产党领导的多党合作和政治协商制度。

《中华人民共和国宪法》规定，中华人民共和国是工人阶级领导的、以工农联盟为基础的人民民主专政的社会主义国家。社会主义制度是中华人民共和国的根本制度。国家的一切权力属于人民。人民代表大会制度是国家的根本政治制度。人民行使权力的机关是全国人民代表大会和地方各级人民代表大会。人民代表由民主选举产生，对人民负责，受人民监督。国家机构实行民主集中制原则。行政机关、审判机关、检察机关都由人民代表大会产生，并对它负责，受它监督。中华人民共和国各民族一律平等。国家保障各少数民族的合法的权利和利益，禁止对任何民族的歧视和压迫，禁止破坏民族团结和制造民族分裂的行为。各少数民族聚居的地方实行区域自治，设立自治机关，行使自治权。此外，中国还实行中国共产党领导的多党合作和政治协商制度，各民主党派、各人民团体、社会主义劳动者、拥护社会主义的爱国者和拥护祖国统一和致力于中华民族伟大复兴的爱国者参加的中国人民政治协商会议是广泛的统一战线组织，它保障发挥各民主党派和各界爱国人士的参政议政和民主监督的作用。

（五）经济发展

中国目前是世界上发展速度最快的经济体之一。中国的经济是通过贯彻执行"五年计划"（后改称"五年规划"）来实现发展的。中国从 1953 年开始实施第一个"五年计划"。在"一五"规划到"四五"规划期间（1953—1975

---

① 参见《2020 年行政区划》，行政区划网，http://www.xzqh.org/html/show/cn/2020.html；国家统计局：《行政区划》，https://data.stats.gov.cn/easyquery.htm？cn＝C01（两处的数据共同整理，数据均截至 2020 年）。

年),中国的工业化发展水平较新中国成立时有所提高,基本建立了完善的国民经济体系;"五五"规划到"八五"规划期间(1976—1995 年),这一时期经济体制改革完成了从高度集中的计划经济体制向社会主义市场经济体制的成功转型,市场的作用被重新重视,多种所有制被重新建立;"九五"规划到"十一五"规划期间(1996—2010 年),经济发展观由经济发展与社会发展协调进步的发展观向以人为本的科学发展观转变,深化改革开放,深入推进各个领域的经济改革。"十二五"时期(2011—2015 年)是中国在实现"两个一百年"奋斗目标历史进程中十分重要的五年。在此期间,中国妥善应对国际金融危机持续影响等一系列重大风险挑战,经济总量稳定增长,经济结构优化,科研创新能力增强,生态文明建设取得新进展,对外开放成绩显著。目前中国正在进行着"十四五"规划(2021—2025 年),2035 年基本实现社会主义现代化。经济实力、科技实力、综合国力将大幅跃升,经济总量和城乡居民人均收入将再迈上新的大台阶,关键核心技术实现重大突破,进入创新型国家前列。①

(六)宗教信仰

中国是个多宗教国家,实行信仰自由的宗教政策。中国宗教教徒信奉的主要有佛教、道教、伊斯兰教、天主教和基督教,中国公民可以自由地选择、表达自己的信仰和表明宗教身份。据不完全统计,截至 2018 年,中国现有各种宗教信徒近 2 亿人,经批准开放的宗教活动场所近 14.4 万处,宗教教职人员 38 万余人,宗教团体 5500 多个。宗教团体还办有培养宗教教职人员的宗教院校 91 所。② 在中国,全国性的宗教团体有中国佛教协会、中国道教协会、中国伊斯兰教协会、中国天主教爱国会、中国天主教主教团、中国基督教三自爱国运动委员会、中国基督教协会等。各宗教团体按照各自的章程

---

① 参见《中华人民共和国国民经济和社会发展第十四个五年规划和二〇三五年远景目标纲要》,中华人民共和国中央人民政府门户网站,http://www. gov. cn/xinwen/2021 – 03/13/content_5592681. htm. 2021 – 3 – 13。

② 参见《中国保障宗教信仰自由的政策和实践》,中华人民共和国中央人民政府门户网站,ht-tp://www. gov. cn/xinwen/2018 – 04/03/content_5279419. htm. 2018 – 04 – 03。

选举,产生领导人和领导机构。①

（七）文化特征

中国文化起源于华夏文明,中国传统文化亦叫华夏文化、华夏文明。以孔子为代表的儒家文化是中华传统文化的主体。儒家文化所宣扬的"礼治"是传统文化的精髓,时至今日,中国的社会仍深受其影响。中国文化历史悠久且博大精深,其内容包括语言文字、文学、书法、绘画、工艺、音乐、戏剧、歌舞、体育、饮食、医学、科技、建筑等。春节、元宵节、清明节、端午节等传统节日亦是中国文化的组成部分。中国的传统文化呈现出明显的重人伦、重人文的倾向,讲求人与自然的和谐相处,追求人的完善。中国文化具有强大的生命力和凝聚力,这不仅表现在中华文化绵延数千年而不绝,还表现在当面对外来文化入侵时,中华文化不是被其取代而是以自己的文化将其同化,这在世界文明史上是极其罕见的。中华文化在古代曾经对周边的国家地区产生过深远的影响,形成了相对独立的中华文化圈,包括日本、朝鲜、韩国、越南等地。

五、非洲大陆的彩虹之国——南非

（一）地理位置

地处南半球,位于非洲大陆最南端的南非共和国,拥有约 121.9 万平方千米的国土面积,比我国新疆维吾尔自治区小,比内蒙古自治区略大,是金砖国家中面积最小的国家。南非共和国东、南、西三面濒临印度洋和大西洋,海岸线长达 3000 千米,只有少数海湾具有良好的港湾条件,大部分海岸线比较平缓。南非共和国北部与纳米比亚、博茨瓦纳、津巴布韦、莫桑比克和斯威士兰接壤,中部环抱着世界上最大的国中国——莱索托。位于非洲最西南端的好望角素有"海上生命线"之称,是世界上最繁忙的海上要道之

---

① 参见《中国宗教概况》,中华人民共和国中央人民政府门户网站,http://www.gov.cn/test/2005–06/22/content_8406.htm.2018–3–14。

一,也是世界战略要地。

(二)人口与民族

南非不仅有各种肤色的人种,还有多元化的宗教信仰、语言和部落。南非人口总量约为 5962 万(2020 年),男女比例相当,人口在各省份之间分布不均衡,豪登省是面积最小的省,但却是人口最密集的省,北开普省是面积最大的省,但人口却是最少的。南非是一个多种族社会,官方把人口构成划分为四个种族:亚洲裔、黑人、白人和有色人。其中,黑人所占人口比例最大,主要由祖鲁人、科萨人、斯威士人、茨瓦纳人、北索托人、南索托人、聪加人、文达人、恩德贝莱人等部族组成;白人主要是荷兰血统的阿非利卡人和英国血统的白人;有色人主要是殖民时期白人、土著人和奴隶的混血人后裔;亚洲裔主要是印度人和华人。①

(三)行政区划

南非共和国一共划分为九个省,分别是北开普省、西开普省、东开普省、西北省、奥兰治自由邦、豪登省、夸祖鲁 - 纳塔尔省、普马兰加省和北方省(2002 年改名为林波波省)。每个省都拥有各自的法律、总理和执行委员会。此外,南非是世界上唯一拥有三个首都的国家,分别是行政首都比勒陀利亚、立法首都开普敦和司法首都布隆方丹。其中,比勒陀利亚作为南非第四大城市,是其中央政府所在地,同时也是全国的政治中心和文化中心,著名的南非大学、比勒陀利亚大学和众多的科研机构均坐落在此。始建于 1652 年的南非第二大城市开普敦市是南非议会所在地,是南非历史最悠久的城市,被誉为“母亲城”,优越的地理区位使开普敦成为南非重要的海、陆、空交通枢纽,具有十分重要的战略意义。花园城市布隆方丹是南非最高司法机关所在地,因其历史悠久、风景秀丽而成为南非的旅游胜地之一。②

(四)政治制度

南非实行混合总统制和议会制政体。南非总统既是国家元首,同时也

---

① 参见中华人民共和国外交部:《南非国家概况》,https://www. mfa. gov. cn/web/gjhdq_676201/gj_676203/fz_677316/1206_678284/1206x0_678286/2021 - 08。

② 参见叶兴增:《世界列国国情习俗丛书·南非》,重庆出版社,2004 年,第 5 页。

是政府首脑,这与大多数共和国国家元首和政府首脑分离的模式不一样,依据议会对其的信任行事。行政权、立法权、司法权全归议会,但是最高法院有权宣布议会某一项行政令或法案违宪。南非议会由下议院——国民议会和上议院——省级事务委员会组成,大选结束后,国民议会推选一人成为南非总统,同一人担任南非总统最多2届,每届任期5年。

(五)经济发展

南非的矿产资源非常丰富而且种类繁多,现已探明储量的矿产就达70余种,是世界五大矿产国之一,其中以盛产和出口黄金久负盛名,是名副其实的"黄金之国"。由于本国劳动力资源丰富廉价,管理理念和技术十分先进,矿业和制造业成为南非重要的经济支柱。2013年,南非以国内生产总值总量5016.44亿美元、人均国内生产总值8859美元,领跑非洲经济发展,是非洲最大的新兴经济体。近几年来,南非经济持续增长势头明显,作为传统优势产业的矿业在国民生产总值中的比例逐渐被新兴服务业赶超,信息产业也成为推动经济发展的重要因素。[1]

(六)宗教信仰

南非是一个十分信仰宗教的国家,同时也是一个宗教多元化的国家。自由的宗教氛围使最大的宗教——基督教的教徒人数约占总人口的79.8%。[2]其他宗教包括伊斯兰教、印度教、犹太教、佛教和非洲传统宗教等。白人、大多数有色人和60%的黑人信奉基督教新教或天主教,60%的亚洲裔信奉印度教,20%亚洲裔信奉伊斯兰教,部分黑人信奉原始宗教。[3]

(七)文化特征

南非素有"彩虹之国"的美誉,其文化也呈现出如"彩虹"一般绚烂多彩、百花齐放的鲜明特征。由于南非有长达300年的殖民史,因此来自不同种族、不同国家、不同背景的非洲文化与欧洲文化在南非这片广袤的土地上充

---

[1]　参见潘兴明:《南非:非洲大陆的领头羊》,上海人民出版社,2012年,第68页。

[2]　参见中华人民共和国驻南非共和国大使馆经济商务处:《对外投资合作国别(地区)指南(南非·2021版)》,http://www.mofcom.gov.cn/dl/gbdqzn/upload/nanfei.pdf。

[3]　参见张象:《彩虹之邦新南非》,当代世界出版社,1998年,第365页。

分融合,形成了具备多样化、丰富性特征的南非文化。如具有代表性的南非烤肉文化,烤肉是南非的全民爱好,南非人以烤肉为"媒介"形成了具有南非特色的社交聚会方式,每年的 9 月 24 日是南非的"传统节",但由于南非人民太过热爱烤肉,遂将"传统节"改为"烤肉节"而更加具有节日气氛。

第四节　历史与文化视野中金砖国家高等教育的演变

一、历史发展:从殖民地到民族独立再到国家主义

金砖国家的近代史中有一条类似的主线,就是一段从苦难的殖民地或半殖民地历史中,通过与殖民者的艰苦斗争获得民族独立,然后建构和引导国家力量来获得民族复兴的过程。在这一段争取民族独立、挽救和摆脱国家落后面貌的历史中,较为稳定的制度化政治秩序和社会秩序尚未建立,政府必须要保持对整个社会的控制与统摄能力,"政府主导"成为金砖国家近代史的一个关键特征。高等教育转型是国家与社会转型的有机构成,是政府发挥调控与管理职能的重要方面,金砖国家的大学作为一个培养高水平人才、生产高深知识的组织,深度地嵌入以现代化为目标的国家治理过程当中,服从国家建设和政府主导的逻辑理路。

（一）巴西

1500 年,宁静的"红木之地",肥沃广阔、物产丰富和文明程度低的巴西被葡萄牙冒险家发现,随后进入一段长达 300 年的葡萄牙殖民历史。在这里,殖民者们发现,这些印第安人尚处在石器时代,只会用石头、木材和骨头制造工具。殖民者们察觉巴西天然资源的价值,将其当作葡萄牙工业发展所需原料的产地和产品的倾销地。这使得巴西当地土著的自给自足的自然经济形式消失殆尽,形成了独特的庄园制经济,并带来了严重的后果。外部需求决定着殖民地的发展状况,严重依赖某种主要出口产品进一步加剧了这种依赖性。直到今天,巴西的经济结构依然是靠向第一世界、第二世界出

口原料、半成品为主,而从这些国家进口科技含量高的商品。作为殖民地,巴西在政治上也依赖于葡萄牙。国王将反映葡萄牙需要、欧洲经验和帝国目标的政治控制体制强加给巴西,而巴西仅仅是构成整个葡萄牙帝国的一部分。殖民地时期的巴西经历了三个世纪的政治演变,殖民政府对巴西的控制不断加强,尽管这一过程不太稳定。殖民者们把宁静的亚马孙雨林带入了喧嚣的现代社会,他们带来了先进文明的同时,也给这片土地带来了许多现代社会才有的不幸,而且沦为殖民地使不幸更加严重。①

1822 年,佩德罗一世发出铿锵有力的"伊皮兰加呼声",巴西从此摆脱了葡萄牙的殖民枷锁并获得独立。第一部宪法诞生,奴隶制彻底废除,巴西经历了一段君主制的帝国时代,并于 1889 年结束。这一时期,巴西政治和社会动荡,发生多次起义和自治运动,依靠帝国军队的残酷镇压才让国家得以续存。

1889 年巴西废除君主制,建立联邦制。1930 年瓦加斯上台执政,随即开始了巴西的现代化进程。在政治上,巴西政治开始从农业寡头统治向资产阶级统治过渡;在经济上,由农业经济向工业现代化过渡。从瓦加斯政府起,巴西开始实施替代进口工业化发展战略,实行民族主义和民众主义政策。国家经济发展银行、石油公司得以建立。1956 年当选为总统的儒塞利诺·库比契克更是把政府工作重点放在经济发展上。1968—1973 年被誉为"巴西经济奇迹"时期。

从上述历史中我们可以窥见,巴西在 20 世纪 90 年代以前深受殖民统治、总统制和军政府体制的影响,集中体现出一种中央集权和高压统治的特征。可以说,"政府控制"是巴西高等教育发展难以回避的历史基因。

(二)俄罗斯

俄罗斯也曾有过长达两个多世纪的被殖民历史。1240 年,俄罗斯国家最早的起源之地——基辅被蒙古人攻陷,后者随即在伏尔加河畔的萨莱建

---

① 参见栾好问:《葡萄牙的殖民对巴西的影响》,《南阳师范学院学报》(社会科学版),2006 年第 11 期。

立都城,并开始了对东斯拉夫人长达二百四十年的殖民统治。俄罗斯的王室更替承继均要经过蒙古人的认可,而且即将继位的君王必须觐见上都,获得"册封书"后才能继位。在蒙古人的统治下,斯拉夫人原有的和平自由的精神几乎消失殆尽,而专制观念则大为膨胀。

1480 年,伊凡三世的罗斯军队在乌格拉河的冰面战胜蒙古军队,结束了俄罗斯被蒙古鞑靼人长达二百四十年的统治。1533 年伊凡四世继位,免除了地方领土的司法权、行政权和征税权,开始不断加强中央集权制和沙皇的专制权力,开启了长达三百年的沙皇俄国时期。1689 年亲政的彼得一世更是确定了绝对的君主专制制度,对中央和地方的行政机关在职能和职位设置上都作了全新的调整和规定。在军事方面,依照欧洲的方式改造军队,运用先进的瑞典式练兵方式和作战方法训练军队,建立波罗的海舰队;在经济方面,仿效英国和荷兰,开采矿藏、兴办工厂,此期间纺织、冶金、军械和造船等工业得到了迅速的发展;在宗教方面,逐渐削弱了教会的实力和财权。

1917 年二月革命爆发,专制制度覆灭,苏维埃共和国成立。在列宁、斯大林的领导下,苏联共产党对苏联的经济生产方式进行了大改造,并把苏联改造成了一个重工业和军事强国,成为欧洲第一、世界第二的经济强国。赫鲁晓夫在斯大林去世后更是进行了国家主义的政治和经济改革。他重用科技人才,大力发展科技,于 1958 年发射第一颗人造卫星,1961 年更是把第一位航天员尤里·加加林送入太空 108 分钟,开辟历史新纪元。1999 年普京执政,对内加强联邦政府的权力,整顿经济秩序,打击金融寡头,加强军队建设;对外努力改善国际环境,拓展外交空间,维护本国利益,致力于复兴俄罗斯的超级大国地位。

(三)印度

印度曾经被葡萄牙、荷兰、英国和法国殖民,到 18 世纪,最主要的殖民者是英国人。经营英国在印度事务的主要实体是不列颠东印度公司,大多数印度王公都承认东印度公司的宗主权。1858 年通过的《改善印度管理法》取消了东印度公司,此后印度进入由英国政府直接统治的时代。英国直接统治下的印度(称英属印度)分为 13 个省,其中包括缅甸。另外约有 700 个由印度王公统治的土邦在英国严密监督下存在着,这种土邦占整个印度面积的 40%。

二战结束后,英国实力急剧衰落,其在印度的殖民统治已经不可能维持。1946 年发生印度皇家海军起义。1947 年英国提出蒙巴顿方案。根据该方案,巴基斯坦和印度两个自治区域分别于 1947 年 8 月 14 日和 8 月 15 日成立,英国在印度的统治宣告结束。印度独立以后,正式成为一个民主联邦制国家,这种政治体制在其 1950 年的宪法中得以确立。

印度虽然是西方眼中的"民主国家",但政府对社会事务的控制仍然是很强烈的。尼赫鲁控制的国大党在印度独立后处于"一党独大"的位置,虽然随后遭到地方政府的批评和不满。英迪拉·甘地将政府中心从促进工业化转移至社会公平,给了地方政府更多发展空间,中央政府和地方政府开始联袂控制各种社会事务。有学者将印度的这种结构称为"准联邦制"。①

(四)中国

1840—1949 年,中国开始了一段长达一百多年左右的半殖民地历史。鸦片战争使中国丧失了独立自主地位,开始沦为半殖民地半封建社会,中国社会性质发生了巨大变化。从半殖民地化来看,鸦片战争以后,中国的领土、领海、司法、关税和贸易等主权开始遭到严重的破坏,中国在政治上已经丧失了独立自主的国家地位。特别是列强建立的租界,完全独立于中国行政系统和法律权限以外,是"国中之国",成为列强推行侵华政策的基地。从半封建化来看,鸦片战争后,以小农业和家庭手工业为主要标志的自然经济开始解体。一方面,东南沿海地区以棉纺织业为主的家庭手工业受到外来商品的巨大冲击;另一方面,以丝茶为主的农产品日益商品化。

1919 年 5 月 4 日,五四运动爆发。它既是一场反帝爱国运动,也是一场思想启蒙运动。俄国十月革全和五四运动之后,马克思列宁主义在中国的传播,为中国共产党的成立准备了条件。中国共产党成立后,在挫折中逐渐

---

① See Jain, U.C., & Nair, J., *Encyclopedia of Indian Government and Politics*, Pointer Publishers, 2000.

走向成熟,领导中国人民开创了农村包围城市的革命道路,赢得了抗日战争和解放战争的胜利。

1949 年新中国成立,开始学习苏联,实行计划经济,推动重工业发展。这样发展的结果,虽然为构筑独立自主的工业体系打下坚实的基础,但过度强调重工业而忽视了轻工业的发展,工业结构出现了结构性缺陷,表现出"高积累、低消费、低效率"的特征,消费品严重短缺,人民基本生活需求得不到满足。1978 年改革开放以后,改高度集中的计划经济体制为开放型经济,从高度集中的计划经济体制向有计划的商品经济体制再向社会主义市场经济体制一步步深入,实现了经济的快速增长,中央政府和地方政府在其中发挥了无可比拟的作用。

(五)南非

14 世纪开始,南非经历了长达三个世纪的欧洲殖民统治,先后到来的殖民者包括葡萄牙、荷兰和英国。白人和当地人的武力悬殊使得后者节节败退,部落不断瓦解,不得不离开这片富饶而美丽的土地,退到荒凉贫瘠的地区。英国取代荷兰成为新的殖民者之后,把其建立在好望角地区的殖民地称为开普殖民地,并且殖民地范围随着英国统治范围的不断扩大而扩大。到 19 世纪 50 年代,在南非的土地上存在着四个政治实体,分别是两个英国殖民地(开普殖民地和纳塔尔殖民地)和两个布尔人共和国。1902 年 5 月,布尔人的两个共和国丧失独立,沦为英国的殖民地,更加巩固了白人殖民者的殖民统治。白人殖民政府通过强化对非白人特别是黑人的统治,并通过一系列法律巩固权力基础,保证了其对政治绝对的控制权,对土地、矿产等资源的不合理占有和使用的合法权,以及盘剥和奴役广大黑人的权力。

1961 年 5 月 31 日南非退出英联邦,成立南非共和国,由间接选举产生的总统代替了英国总督。但南非当局仍然长期在国内以立法和行政手段推行种族歧视和种族隔离政策,譬如实行严重践踏黑人尊严的"黑人家园"计划。随后出现大规模的黑人解放运动,并以燎原之势迅速扩展至全国,白人政府的种族主义统治因此出现危机。直到 1994 年 5 月 10 日,南非才结束长达三百年的种族主义制度,新南非诞生。

新政府成立以后开始制定新宪法以取代临时宪法,确认了三大原则:"统一的南非、法律面前人人平等、三权分立"。新南非依靠其惊人丰富的矿产储量发展工业、制造业、能源业、电力工业等,推动经济快速发展,成为非洲大陆五十多个国家中经济实力最雄厚的国家;政治上也凭借民主平等的政治改革得到国际社会的认可,政治地位得到提升,国家综合实力迅速增强。

二、文化变迁:本土文化、外来文化、地域文化的多元一体

伴随着从被殖民到民族独立再到国家主义的历史进程,金砖国家的文化变迁也显现出一条类似的主线,即天然形成的本土文化随着殖民者的进入,受到外来文化的冲击,与外来文化交织共生。然后,在民族独立和国家建设的过程中,有目的地吸收西方文化,为民族富强提供文化给养。

(一)巴西

巴西文化是在土著印第安人、葡萄牙人和黑人长期同化、通婚和宗教渗透的过程中慢慢形成的独特文化,多元文化在碰撞中相互交融。在欧洲殖民者到达巴西以前,巴西处在原始社会的末期。16世纪初葡萄牙人到达巴西,统治长达三个世纪,因而它进入阶级社会后所逐步形成的文化,就是在继承印第安人文化的基础上,形成的以宗主国葡萄牙文化为主的特殊文化。由于渴望看到帝国境内的印第安人成为基督教化的臣民,葡萄牙国王反对奴役印第安人。教皇同意证实葡萄牙人的领土要求,这表明国王必须使印第安人基督教化、文明化并为他们提供保护。国王以巨大的代价派传教士向这些所谓的"野蛮"人传教,改变他们的信仰,并劝说他们居住在教会与国王领导和保护下的村庄里,基督教文化因此开始慢慢渗透巴西。

一场规模空前的贩卖黑人运动,给巴西带来了大量的黑人文化——各种黑人语言和大量黑人民间口头文学。这些非洲当地语言和口头文学在新大陆得到自由而广泛的传播和应用,并且被巴西其他种族认可和吸收,大大丰富了巴西的葡萄牙语和巴西民间文学,成为巴西文化财富的一个组成部

分。在巴西历史上,黑人在巴西的民俗民情、宗教信仰、衣食住行、民间节庆、文化娱乐、音乐舞蹈和语言文学等各方面都产生过重大影响。

可见,在巴西民族形成的过程中,欧洲的移民、南美土著印第安人和非洲黑人的三大系统的文化因素彼此进行了长期接触、渗透和融合,才形成了今天的具有巴西民族特点的共同文化。

(二)俄罗斯

俄罗斯的文化起源于东斯拉夫文化,东斯拉夫人信仰多神教,视万物皆为神灵,认为自然界的一切现象都是神灵操控的结果。基辅罗斯建国以后,罗斯受洗,从此以后俄罗斯民族的宗教信仰从多神教转变为一神教,即基督教。随着蒙古殖民者的到来,东方专制主义文化在俄罗斯的各公国盛行,蒙古人的封建军事制度在罗斯的土地上得到了移植,俄罗斯社会的独裁政治基础逐渐形成,专制制度逐渐确立。虽然蒙古人的统治让俄罗斯文化与外界联系几乎断绝,但诺夫哥罗德和普斯科夫仍然与西方国家保持着联系,蒙古入侵之前的文化传统和重要的文化杰作得以保存,在东方专制主义的统治下仍旧能够顽强地屹立于欧洲最大的文化中心之中。

16世纪开始,俄罗斯的经济社会开始转向西方。17世纪罗曼诺夫王朝建立,俄国与西方的联系得到发展,越来越多的外国工程技术人员来到俄国,俄国政府引进西方先进的科学知识和生产技术,允许和鼓励外国人投资办厂,还大量翻译西方科学出版物。彼得一世的改革,使俄罗斯的欧洲化达到了高潮,也揭开了俄罗斯现代化历史的序幕。在社会生活方面,彼得一世大力推行社会习俗的改革,引进欧洲人的生活方式、价值观念和社交方式,乃至欧洲人的衣着打扮,俄罗斯上流社会呈现出一派欧洲风范十足的景象。俄罗斯联邦成立以后,叶利钦放弃了共产主义道路,敞开大门力图大力融入欧洲发展的步伐,西方文化再一次如潮水般奔涌至俄罗斯社会的各个角落。

(三)印度

印度的传统文化主要包括吠陀文化、佛教文化和伊斯兰教文化。吠陀文化是印度传统文化最重要的渊源,我们今天所称的"印度文化",大部分可以追溯到吠陀文化。佛教则起源于印度,吸收了原来婆罗门教的生死轮回和因果报应的思想。佛教文化倡导"缘起论"，以此作为佛教对世界万事万物成因的基本解释。伊斯兰教文化则是印度在穆斯林统治下出现的新元素。

印度沦为英国殖民度后，殖民者给印度带来了一些新的文化元素：商品、机器、铁路、科学思想、枪炮、议会民主制。军队的建立，以及铁路、邮电、通信设施的完善等，为印度的统一提供了物质基础，英语的推广使印度知识分子之间有了交流的媒介。古老的印度文化与近代西方文化遭遇并激烈碰撞。英语教育、西式教育制度的实施，西方科学思想的引进，培养了一批受西方文化影响的资产阶级知识分子。

1947年，印度独立以后，开始效仿苏联和美国文化。在政治上学习美国的"三权分立"建立联邦制国家，在经济上借鉴苏联的"社会主义市场经济"实行公私并存的混合经济体制。其中，对美利坚民族的文化尤为推崇，认可其风俗习惯、语言文字和传统文化，借鉴其技术知识、社会结果和思想观念。

（四）中国

中国的本土文化是以儒家为主导的先秦文化，包括以孔子和孟子为代表的儒家文化、以老子和庄子为代表的道家文化、以墨子为代表的墨家文化和以商鞅、韩非为代表的法家文化。汉代董仲舒独尊儒学，为汉武帝所接纳。儒家在之后的两千多年间行之久远，成为中国封建社会的正统思想。儒家重道德感化，其浸润的"循吏"和"顺明"使得中国虽然经历了几次外来文化以及周边游牧文化的冲击（东汉后佛教的引进、辽金对宋的入侵、元代的大一统和清朝对明的征服），却都因以儒家文化为核心的传统文化的力量与惯性而安然无恙。

鸦片战争使中西文化发生冲突，西方文化传入中国，迫使中国人开始正视现实，反省传统。西学东渐后，近代中国对西方文化自觉地作出了正面回应，即"中体西用"：以西方的科学技术维护中国的纲常伦理。洋务派主张兴"西学"，提倡"新教育"，以培养洋务人。与洋务派的中体西用论相比，维新派的变器为道论又进一层。换言之，这种变器为道论所提倡的西学已非洋务派所指的仅仅是工艺器械，还包括政治体制和思想学说，即要将资产阶级文化嫁接在传统的封建文化之上。到了资产阶级革命派,他们则不再只从某些方面来改变中国传统文化,而是着手从全方位来建构新的中国文化形态,他们所要改变的不仅仅是封建政体,还包括封建的思想基础,这就使得民主共和不仅仅是一种政治主张,也是一种全新的文化重构论。到五四时期,各种思想流派纷呈,百花齐放,以科学民主为旗帜的新文化运动则是当时占主导地位的文化潮流。

(五)南非

南非最早的土著居民是桑人、科伊人和后来南迁的班图人,在殖民者到来以前他们已经形成了丰富多彩的土著文化。科伊桑人相信灵魂但不祭祀祖先。随着荷兰殖民者的入侵,科伊人除部分改信基督教外,其余的人保持万物有灵的信仰,崇拜自然力和祖先,相信巫术。班图人的文明程度相较于科伊桑人较高,他们的生活方式、文化习俗和语言等都不同于科伊桑人,由于已经熟练掌握铁器在农业中的应用,因此班图人的种植业非常发达。班图人在农耕和畜牧过程中产生了丰富的词汇、谚语和故事,也能制作较高水平的由各种动物皮制成的服装,如围裙、披肩、鞋帽等。

殖民者的入侵让白人文化猛烈地冲击着土著文化。荷兰语和土著语言、法语、德语杂交而成的新语种——阿非利卡语开始盛行,新教徒的许多文化和习俗也保留了下来,形成了一种具有殖民地特色的阿非利卡文化。外来的宗教也是影响撒哈拉沙漠以南的非洲文明发展的重要因素,基督教、伊斯兰教和犹太教,都对撒哈拉沙漠以南的非洲的文明产生了非常重要的影响。基督教经过长时间对部落首领的宣传,使部落首领皈依基督教,并率领全部落都皈依英国殖民者的统治。传教活动成为英国殖民者扩大殖民地、巩固殖民统治的有力武器。

严苛的种族隔离制度在文化上也有表现,特别是受到南非白人各阶层拥护和支持的斯托拉德主义所倡导的绝对性地区分黑白两种文化。来自欧洲的白人认为他们的文化具有纯洁性,必须与非洲黑人文化相隔离,而且是彻底隔离,要坚决避免和阻止任何吸收黑人土著文化的做法,保护其文化的完整性。当然,以祖鲁人为代表的南非黑人对白人残暴的殖民统治和文化同化进行了殊死反抗。他们为了保护自己的文化传统,开展了祖鲁民族文化解放运动,为保留传统黑人文化做出了重要贡献。

三、高等教育转型:政府主导为主的外生性高等教育模式的创立与发展

一般认为,以欧美为代表的西方发达国家,其高等教育由传统向现代的转型是一种原生的高等教育现代化过程。这种转型的社会历史基础包括发达国家的民主传统、自由主义思潮、科学教育思想、工业革命等,其原生动力是人们的物质需要和精神需求,并进而通过社会力量、政党和政府以及外来影响得以发挥作用,使得高等教育的价值取向由单一的精英教育走向精英教育和大众教育并存,科技教育和人文教育逐步融合,教育方式从单纯的知识传授转变为研究和教学相结合。这种转型基本是一种自下而上的渐变过程,盎克鲁-撒克逊教育传统中的学术力量得到较好保存,而美国的转型发展则基于自由竞争精神的市场力量,而政府力量在其中一直扮演一种受控制的角色。

与之相比,金砖国家的高等教育转型却呈现出一种政府主导的外生性转型,是一种自上而下的转变过程。从金砖国家的历史脉络可以看出,它们基本都经历过殖民历史、争取民族独立、为了挽救和摆脱国家落后面貌后发现代化的历史。在这个过程中,较为稳定的制度化政治秩序和社会秩序尚未建立,政府必须要保持对整个社会的控制与统摄能力,"政府主导"成为金砖国家近代史以及现代转型的一个关键特征。因此,可以看到,金砖国家的高等教育在其创立初期,要么是殖民者为了满足殖民统治的需要而开办,要么是当时的统治者为了获得民族独立而开设,都具有工具主义特色和强烈的政府主导特征。

(一)政府主导外生性高等教育的创立

巴西在 1816 年开办的第一所专科层次的专业学院——皇家科学艺术学院,是为了满足葡萄牙殖民者进行殖民统治的需要所建立的。19 世纪初,葡萄牙王室为躲避拿破仑军队侵略而迁至巴西,巴西暂时成为葡萄牙殖民帝

国中心,需要培植大量的统治力量。皇家科学艺术学院奠定了巴西高等教育专业化特色的发展基础,并一直延续到20世纪初。20世纪30年代军人独裁时期的瓦加斯政府也十分注重对高等教育的控制,并颁布《巴西大学章程》的法令,明确规定"大学"应由三个学院组成:法学院、工学院和医学院,较明确地阐述了综合大学的概念,并根据这一规定的标准,于1934年建立了新型的本科大学——圣保罗大学。

俄罗斯历史上第一所高等教育学府是1724年在圣彼得堡设立的俄罗斯科学院,并附设一所大学和一所文科中学。这是彼得一世在俄国进行欧洲化改革的重要构成,他下令从国外订购了仪器设备,聘请西欧著名的学者来科学院担任院士。学校的办学宗旨本着理论联系实际的原则,紧密结合国家发展的需求。1755年,一所特立独行的大学——莫斯科大学建立,它并没有按照当时西欧大学均设立神学系的惯例,而只设立了法律、哲学和医学三个系。莫斯科大学成立之初的办学宗旨是,重视科研,教育直接为国家科学和经济发展服务,把莫斯科大学发展成为科学力量的中心。

印度现代高等教育体系的创立源于1857年英国殖民者在钦奈、加尔各答和孟买建立了三所公立大学(钦奈大学、孟买大学、加尔各答大学)。印度借鉴宗主国的英属国立伦敦大学的发展,将三所公立大学定性为大学考试机构,作为设置课程、主持考试、授予学位的机构。作为考试机构的大学,有权合并接受其考试的学院,并且为通过考试的学生颁发学位。它由殖民当局设立,并由殖民当局负责监督其机构的运营实施。殖民当局不仅没有把大学当作教学主体,也缺乏划拨教育经费促进各类学院发展的目标,它更关心的是教育质量的监督与管理。1904年,为强化政府对高等教育的管理,印度殖民政府颁布了《1904年印度大学法》,其中有关条款明确规定:政府有权监督大学行政管理机构,有权批准与否决大学评议委员会制定的各项管理规章制度,有权规定新设附属学院的必备条件和入学标准,有权制定附属学院的教学标准和考试制度等权利。英印政府建立的联邦大学体制,确立了邦立大学由联邦政府负责运营和管理的传统。这一阶段,高等教育的目标是提高高等教育的质量,为英印政府培养社会精英,培育政府行政人员。联邦政府通常以制定大学标准的方式参与大学,而非以制定高等教育发展规划、提供教育经费、直接参与管理等方式。

在中国,早期的现代意义高等教育是清政府为了实现"求强"与"救国"的目标而发起的留学教育和洋务教育。1871 年,清政府为了实现"求强"的目标,根据容闳的教育计划,选派三十名"聪颖幼童"赴美学习,被视为中国近代官派留学生之始。此后三年,每年分别派遣三十名赴美学生,共计一百二十名。这些留美、留欧学生归来后,大多成为军界、政界、工商、教育、外交的知名人士,或铁路、矿山、海关、工厂的技术骨干。第二次鸦片战争后,欧美列强不断蚕食中国,在内忧外患不断的历史背景下,为挽救清王朝的危机,在洋务派的推动下开始兴办洋务学堂,名为"西学""西艺",主要有三类:语言学堂,如 1862 年在北京设立的京师同文馆;技术学堂,如 1866 年左宗棠设立的福建船政学堂和 1867 年李鸿章开设的上海机器学堂;军事学堂,如 1888 年在天津创办的天津水师学堂。1898 年,中国近代史上第一所国立大学"京师大学堂"成立,是中国近代国立高等教育的开端。京师大学堂是当时国家最高学府,最初也是国家最高教育行政机关,行使管理职能,统辖全国教育。

在南非,殖民者中的一些传教团体,如苏格兰长老会团、伦敦传教士协会等为了发展传教活动,认为有必要在南非建立培养牧师、教师和进行农业培训的高等教育机构。这些私立高等教育机构在政府的资助下得以成立。1829 年,在开普敦创办了模仿伦敦大学的南非学院;1879 年,在斯坦陵布什创办了维多利亚学院,这些学院都以英语为教学语言。早期殖民政府还在1858 年成立了文学和科学公共考试委员会作为专门机构,对各学院的毕业生进行考试,并发放毕业文凭。1873 年,又成立了开普好望角大学,作为非教学机构接管了委员会的考试权力,只要通过大学的考试,毕业生即可获得国家承认的证书。这个时期的南非高等教育是模仿其宗主国英国的高等教育模式而建立并发展起来的,以中等教育为主要内容,目的是为英国留学进行预备教育,以便向英国输出廉价劳动力。

（二）政府主导外生性高等教育的发展

巴西政府主导高等教育的模式得到了继承与发展。巴西政府于1968年颁布《大学改革法》，优先发展高等教育，并开始发展研究生教育。巴西法律规定，只有经过联邦教育委员会的批准和认可，才能够开办高等教育机构并有资格颁发具有法律效应的学位文凭。巴西高等教育管理的联邦机构是教育与文化部，教育部长由总统直接任命，联邦政府对高等教育的控制很严。有关高等教育的联邦法律给予高校极少的自治，大学的权力仅仅局限于一些日常事务，如课程的组织、制定学生作息表和学分标准。巴西高等教育经费的主要来源是公共经费，每年联邦政府提供给教育的公共经费不得少于18%，相当于国内生产总值的5%。联邦区、州政府和市政府必须把其财政税收的至少25%投资教育（包括那些来自联邦政府的经费）。这三级政府的投资教育的比例大致为，联邦政府20%，州政府50%，市政府30%。可见，无论从体制设计还是经费资助，政府都在其中发挥主导的作用。

俄罗斯的大学随后经历了七十年苏联体制的影响，这个时期俄罗斯高等教育快速扩张，并与军工企业的人才培养紧密联系在一起。苏联的中央集权政府在人事聘用、课程设置和意识形态等方面牢牢控制着大学里的学术和行政人员。时至今日，许多苏联时代的教师仍然活跃在俄罗斯的大学里。经历20世纪90年代的"休克式"沧桑巨变之后，大学获得了很多自主权。但随后俄罗斯于1992—1997年经历了一场经济大萧条，大学在享有自由的同时也不得不为生计发愁。在这种背景下，俄罗斯政府开始重申对大学的控制，一方面理顺其融资系统，制定政策帮助大学彻底从苏联模式中转变出来；另一方面在入学人数减少的情况下，帮助大学提升教育质量，整体性地提升俄罗斯高等教育的竞争力。[①]

印度在1947年成立以后，地方邦政府和联邦政府联袂主导了其高等教育的发展。根据宪法的权力分工，一方面，各邦仍执行《1919年印度政府法

---

① See Sigman, Carole, *Higher Education in Russia: Potential and Challenges*, Institut Francais des Relations Internationales, Russie Nei Visions, 2008.

案》的要求负责管理高等教育方面的问题。邦政府不仅有建立大学的权限，而且还能影响乃至控制邦立大学的运作。另一方面，印度宪法也明确规定了中央政府在干预高等教育方面的权限，而各邦的管理权限也就因此受到限制，中央政府管理高等教育事业有了比以往更大的权力，这一现象被戏称为"准联邦制的高等教育"。各邦政府对高等教育的管理权限在理论上以法律的形式得以确定。但事实是，中央和各邦间的政治权力平衡、党派领袖的政策倾向性是决定高等教育权归谁的主导性因素。

改革开放后，中国政府向高等教育系统引入了一系列改革，例如分权、市场化等，但政府在大学治理中的主导性地位仍然未被撼动。这种改革源于政策决定者的实践经验，而非整个国家的意识形态变革。例如，促使中央政府将管理和资助地方高校的权力让渡给地方政府的背后，是一种经济动机而非政治动机，因为分权能够促使地方政府分担更多的高等教育投入成本。因此，担负更多成本的地方政府会要求高校培养与当地经济需要相契合的毕业生。此外，分权还让中央政府有更多精力来扶持一小部分精英大学冲击世界一流大学。与此同时，政府同时出台了其他的改革措施来增加对高等院校发展控制，其中最重要的一个措施就是对高等院校融资的控制。尽管从 20 世纪 90 年代已经转向了成本分担机制，但高等教育的经费来源中仍有一半以上来自政府的公共资金。此外，政府还负责设置学费和住宿费的数额标准，大部分的助学金和贷款由政府买单。绝大部分地方政府还会根据院校的招生人数来分配资源，决策者掌握着不同专业的资金分配总额，因此影响着不同专业的扩张速度。

南非建国后的高等教育很长一段时间内受到其种族隔离政策的影响，其 1994 年发布的《国家高等教育委员会报告：变革框架》，明确提出"公平与矫正不公、民主、发展、质量、效益和效率、学术自由、高等教育机构自治、高等教育对社会需求的满足"为高等教育变革的基本原则，在这个过程中政府扮演了重要的角色。整个高等教育系统的改革也是围绕公平和效率这两个关键词展开和推进的。通过以政府为改革的主导和核心力量，同时鼓励十分广泛的利益相关者参与到政策制定中来，实现了集中、协商与民主的紧密结合,使高等教育改革成效显著。一系列的立法表明了新政府改革高等教育的决心和目标,也为南非高等教育改革奠定了坚实的法律基础,为政府作为高等教育改革的主导力量推进改革政策有效率地实施提供了法律依据,切实保证了改革的合法性和效率性。政府通过财政拨款这一经济手段的调节,实现校际公平、学科公平、弱势学生入学机会与享受教育资源权利的公平,以及弱势科研人员享受科研经费等的公平。

第一编 巴西高等教育的演变

巴西(Brazil),全称巴西联邦共和国,是拉丁美洲面积最大、人口最多的国家,国土总面积为851.49万平方千米,居世界第五,全国由26个州和一个联邦区组成。历史上巴西曾为葡萄牙的殖民地,1822年9月7日宣布独立。巴西的官方语言为葡萄牙语,国名源于巴西红木。巴西拥有丰富的自然资源和完整的工业基础,国内生产总值位居拉丁美洲第一,为世界第七大经济体。它是金砖国家之一,也是南美洲国家联盟成员。在全球范围内,巴西正在发挥着越来越重大的影响力。通过土著印第安人、葡萄牙人和黑人之间的同化、通婚和宗教渗透,巴西成为一个民族大熔炉,其文化具有多重民族的特性。巴西高等教育起步较晚,但发展较快,其宏观结构和体制经历了移植、调整和变革的历史。巴西高等教育深受宗主国葡萄牙高等教育模式的影响,但在高等教育现代化进程中较好地处理了国际移植与本土化的关系问题,采取了一系列高等教育现代化策略,使巴西高等教育迅速崛起,走过了一条可资借鉴的高等教育现代化发展之路。

第一章 巴西的历史回溯

葡萄牙发现并占领"红木之地"改变了业已存在的土著印第安人的社会形态,导致与印第安人社会不同的巴西社会的形成。印第安人被征服,其社会发展秩序被打破是巴西社会形成的前提条件。"引进"黑人对巴西社会的形成与发展具有重大的历史作用。经济周期的变更与人口的流动致使经济重心相继转移,促成巴西社会形成与发展并使疆土得以实际占领。巴西人的国家意识因巴西社会的形成与经济发展而增强,最终导致独立国家的建立。随即产生由帝国到共和国的政治发展历程,并于 20 世纪 30 年代开始进行国家现代化建设。在五百多年的历史演变中,巴西表现出诸多独特的发展特征。

第一节 古代美洲和一千五百年之前的"红木之地"

一、古代美洲概况

在哥伦布发现美洲之前,主要占据美洲的是印第安部落,他们说着不同的语言,拥有着不同的生活方式。古代美洲居民是几种亚洲体格类型的混合,并且具有与现代印第安人同样的体格特征:黑眼睛、直或卷曲的黑头发,以及黄或红铜色的皮肤。"他们的远古祖先可能是移民浪潮中穿过白令海峡的亚洲人,这一移民浪潮很可能早在 4 万年前就开始了,并且一直持续到大约公元前 1 万年。"①

拉丁美洲从墨西哥、美国边界向南延展 7000 英里一直到合恩角的火地岛口。东西最宽点经过秘鲁和巴西,达 3200 英里,这一地区具有令人叹为观止的自然特征。多样的地理特征有助于每个拉丁美洲国家的独特发展。拉丁美洲两个最普遍的地理特征是:山脉众多和水系发达。常年冰雪覆盖且火山运动活跃的区域有墨西哥的三个马德雷山脉区域,以及安第斯山脉区域。这些山脉不仅把国家与国家分割开,而且也把每个国家的各个地区区分开。拉丁美洲涵盖了五个气候区:高山、热带雨林、沙漠、温带沿海平原和温带高山气候区。前三个气候区几乎无人居住,后两个气候区人口密度高。气候的多样性,以及南美洲、墨西哥和中美洲的地形是产生这种高度不平均的人口分布的原因。南美洲西部的内陆平原是居住人口最密集的地区。除了玛雅文化,几乎所有其他伟大的古代文明都出现在安第斯山脉和墨西哥之间的高地。

美洲的土著民族找到了巧妙办法以求在许多气候带努力维持生计。有些人完全可以自给自足,另一些人则在一定程度上从事贸易。他们的社会及政治组织形式相差极大,既有从一地漫游到另一地来搜寻猎物和采集植物的小家族群,也有政治成熟程度几乎可与安第斯人和中美洲人匹敌的王国。有些族群极其好战,另一些则较为平和。每个土著社会都有它自己的能与控制或影响人类生命的无形力量交流的萨满教僧或其他专职人员。大多数民族保留着解释世界起源和神灵本质的详尽口头传说。

土著社会的多样性对 1492 年以后来到的欧洲人来说已经是明白无疑的了。他们最早遇到的民族是加勒比海的泰诺人和加勒比人,以及巴西沿海地区操图皮语的民族,这些民族的生活相对于欧洲人后来在中美洲和安第斯山区遇到的人的生活要简单得多。他们称之为普韦布洛的新墨西哥地区民族在艰苦的自然环境中发展了高度成熟的社会,但在 16 世纪 40 年代初首

---

① [美]本杰明·吉恩、凯斯·海恩斯:《拉丁美洲史:1900 年以前》,孙洪波等译,东方出版中心,2013 年。

次见到他们的西班牙人,却发现这些民族比他们在坦诺奇蒂特兰和库斯科看到的民族更为原始。

拉丁美洲丰富的资源对欧洲和北美洲的经济和政治发展产生了重要影响。新世界帝国的黄金和白银曾经推动了西班牙的战争和欧洲的外交政策。许多学者追溯这些国家如英国和荷兰的工业革命起源时认为,他们通过其殖民地的统治者西班牙和葡萄牙从拉丁美洲获取了各种资源。

二、一千五百年之前宁静的"红木之地"

据不同估计,在一千五百年葡萄牙探险队到达之前,这片土地上居住着一百万至五百万土著印第安人,无论按照哪种估算来看,当时南美洲这片广袤的土地上居住的人口惊人稀少,大部分土地是无人居住的。[1] 有历史记载,南美洲土著居民的祖先很可能是早在四万年前的冰河时期由亚洲迁徙到西半球的,通过如今的白令海峡从一块大陆到另一块大陆,缓慢地向南行进,后来逐渐分散在北美和南美各地。他们处在旧石器时代早期,过着部落生活,从事狩猎、捕鱼和采集野果。他们按照自己的生活方式和习俗平静地生活着。

在巴西人口密集的地区,为数不多的印第安人群体分成了无数个小部落。葡萄牙人最初倾向于把这些部落分为两大类:图皮-瓜拉尼和塔普亚。图皮统治着亚马孙河流域沿岸以及从亚马孙河口到拉普拉塔河口的沿海地区,虽然被分为不同的部落,但是他们说着相似语言,因而具有了表面上的凝聚力;塔普亚大多数居住在内陆,部落之间说着不同的语言,表明他们之间的联系较少。现代人类学家为更方便区分,将巴西这片土地上的土著印第安人划分为:主要依靠农业和捕鱼为生的热带雨林地区居民,以及依靠狩猎、采集为生的平原和干旱高原地带的居民。

土著印第安人共同居住在一个大的茅草屋内,他们通常在里面悬挂吊

---

[1]　参见吕银春、周俊南:《列国志·巴西》,社会科学文献出版社,2004 年。

床,有的大家庭或宗族人口同时居住时人口多达百人。父系血缘关系是印第安人社会组织的核心。在部落中,至少有一名首领。一些部落有勇士会或者由德高望重的长老组成的长老会,他们在一些重要时刻、重大问题上为部落首领提供建议。在印第安人部落中,巫师或巫医往往是最有权力的成员,他们与灵界进行交流,为其他人提供建议并开药方。在印第安人的宗教里,自然界受到了极大的关注,他们把自然界的一些现象分为善意的灵或者邪恶的灵。

图皮部落成员是欧洲人最早遇到并且唯一长期接触的土著印第安群体。人类学家查尔斯·韦格利(Charles Wagley)得出这样的结论:"巴西印第安人遗产的主体就是图皮遗产。"①图皮部落组织比较松散,他们靠狩猎、捕鱼、采集果实和农业为生。当耕种的土地变得贫瘠时,他们就会搬到另一片土地上生活,所以图皮人一般居住在临时性的、沿河而建的小村庄。图皮男子在同敌对族群进行战争之外的时间,会从事狩猎、捕鱼并且清理森林耕种庄稼。图皮女子负责收获庄稼并且采集、准备食物。图皮人最主要的种植作物是木薯,它用途广泛但主要用作面粉,除木薯之外其他种植作物还包括豆类、玉米、南瓜等。当时的经济基本是生产生活必需品和仅供自己消费的物质。

图皮人对他们定居点周围森林中可以找到的许多资源都十分了解,他们用后来葡萄牙人称之为巴西木的木头生产红色染料,给他们的绵质衣服着色。图皮人的生活十分简单,每个村子基本上都自给自足。他们对积累个人财富没有兴趣,这一点让最早遇到他们的 16 世纪欧洲人迷惑不解。一位观察家曾指出,在图皮人中间,属于个人的东西也就属于全体。不过他们十分得意于美化自己,他们用红、黑两色涂在身体上,佩戴用石头和贝壳制成的项链和手镯,以及用抛光的硬玉塑造成的唇饰,色彩鲜艳的羽毛也用来做成萨满教僧和其他重要人物穿戴的头饰和其他服饰。

图皮人定居点通常有四百至八百个居民,可能多达六十个相互关联的

---

① [美]E.布拉德福德·伯恩斯:《巴西史》,王龙晓译,商务印书馆,2013 年。

核心家庭组成的团体居住在大房子里。家庭一级或更高级别的领导权实行父权制。男性老人组成的委员会决定他们的部落事务和保存有关集体的记忆。劳动按性别分工,男人砍伐树木、狩猎和捕鱼,妇女种植和收获农作物。有些手艺,如编织篮子和吊床,则由男人和妇女共同完成。男人和妇女都可以成为图皮社会的萨满教僧或信仰疗法术士。

图皮人是好斗的民族,他们自己内部常常发生斗争,年轻男子必须在战斗中表现出色才可以结婚,任何年龄的男人通过抓获敌方俘虏而赢得威望。

第二节　殖民制度由发展到消亡

今天的巴西是拉丁美洲土地面积最大、人口最多、综合国力最强的国家,这与葡萄牙殖民者早期的开拓,以及后来各社会阶层的共同努力是分不开的。巴西的土著居民是印第安人,当葡萄牙人来到巴西时,在巴西土地上有一百万至五百万印第安人繁衍生息,他们长期生活在气候温热和资源丰富的"伊甸园"里。然而正是这些优越的生存环境,阻碍了印第安人生产技术和社会素质的提高。在殖民者的刀枪和欺骗面前,这些印第安人不能像玛雅人、阿兹特克人和印加人那样对入侵者进行有效抵抗。他们敌不过成百上千的葡萄牙人的进攻,印第安人迅速被消灭。

一、殖民制度的产生

15 世纪,葡萄牙成为欧洲最大的海上强国。当时的欧洲人对欧洲大陆以外世界的知识是模糊而矛盾的,人们对外界的认识也局限在亚洲和非洲北部。葡萄牙在 14 世纪末进入相对和平的时期,并没有内忧外患,所以得以将注意力转向国外,进行冒险和扩张。

1500 年 3 月 8 日,佩德罗·阿尔瓦雷斯·卡布拉尔(Pedro Alvares Cabral)受曼纽埃尔一世之命准备沿达·伽马的航线出发。一个多月后的 4 月 20 日,水手们意外地看到了海草和芦苇,以及天空中偶尔飞过的鸟。两天后,在发现西部的陆地后船队小心地靠岸了。在进行了一番勘探后,卡布拉尔命随行的抄写员佩罗·巴斯·德卡米尼亚给国王写信报告,当时信里并没有给巴西命名,但它标志着巴西正式编年史的开始。卡布拉尔最初用"圣十字架"为其命名,但是并未被人所广泛使用。后来,人们发现了生长在这片陆地沿岸的一种木材,这种木纹细密、坚硬耐腐的树材含有名贵的红色染料,人们借用东方生长的一种红木的名字,称之为"brazil",久而久之,这片土地被称为"巴西之地"(Terra de Brazil)。① "巴西"这一名字很快被人们所接受,1511 年该名字第一次出现在地图上。

葡萄牙人的到来对印第安人来说是一场真正的灾难。葡萄牙对巴西的殖民统治长达三百年之久,在此期间将语言、宗教、制度强加给巴西,16 世纪下半叶它们深深地扎根到巴西的土壤和灵魂之中。巴西在几个世纪的发展过程中,虽然受到其他方面的影响,但是最主要的影响还是来自葡萄牙语和天主教。

二、殖民时期的土地扩张

葡萄牙裔巴西人横扫从大西洋到安第斯山脉的南美大陆,这构成了巴西史上最壮丽的一部史诗。通过在沿海地区建立分散的小型农业中心,葡萄牙人在新大陆抵御了外来威胁和侵略者。北部的奥林达、中部巴伊亚的萨尔瓦多、南部的维森特都是第一批具有战略和商业意义的重要殖民地。来自海上的外国人和内陆地区带仇视情绪的印第安人威胁着摇摇欲坠的殖民地。国王巩固并拉拢殖民地的努力意味着几十年来国家重视沿海殖民地,而忽视了对内陆的扩张,起初政府甚至通过立法来限制对内陆的开发。1565 年,里约热内卢的建立有助于加强萨尔瓦多和南部的联合,正如 1589 年塞尔希培州圣克里斯托旺市的建立加强了殖民地首府和北部的联系。伴随着更多殖民者的到来,坚持抵抗的印第安人被打败,每块殖民地周围的土

---

① 参见[美]E. 布拉德福德·伯恩斯:《巴西史》,王龙晓译,商务印书馆,2013 年。

地都开始被征服、居住并融入殖民地的农业经济中。内陆不时会出现一些小心翼翼的探险,这些由沿海深入内陆的探险,一方面是源自想了解内陆可能提供哪些产物的好奇心,另一方面则是希望发现黄金及其他稀有金属。这些探险也为殖民者俘获了印第安人奴隶。

在 16 世纪和 17 世纪初,法国人是葡萄牙殖民的最大威胁。从帕拉伊巴到亚马孙,他们与印第安人进行交易并怂恿印第安人反抗葡萄牙人。1612年,瓦尔迪尔带领的一支法国探险队开始在马拉尼昂建立殖民地。1614年到 1615 年,葡萄牙人通过派遣探险队抵抗这些法国人的入侵。在 1615 年被驱逐之后,法国人不再是葡萄牙霸权在新大陆该地区的主要威胁。16 世纪末英国人对沿海殖民据点进行了令人恼火且损失重大的袭击,詹姆斯一世曾慷慨地将巴西北部的土地授予了一些宫廷贵族,不过他们并没有认真努力地进行殖民。在 17 世纪期间,荷兰成为最后也是最主要的外国威胁。欧洲形势的新发展使巴西内部反荷兰的斗争复杂化。在人民的支持下,1640年布拉干萨逮捕了葡萄牙国王,并宣布葡萄牙独立,以后不再受西班牙控制。由于西班牙被视为二者共同的敌人,葡萄牙和荷兰消除了双方在欧洲的仇恨。葡萄牙下定决心要保持它刚从西班牙那里争取的独立,这占用了它大量的注意力和精力。尽管如此,巴西人拒绝向荷兰人妥协并继续通过斗争驱逐他们。1652 年荷兰和英国战争的爆发最终决定了荷兰在南大西洋的命运,葡萄牙舰队封锁了累西腓并将士气低落的荷兰驻军彻底孤立起来,荷兰军队最终投降。1654 年 1 月 26 日在塔博尔达签署了投降协议以后,荷兰人离开了巴西。之后,巴西的印第安人、葡萄牙人和黑人三个种族组成"旗队"对巴西的领土扩张做出了卓越贡献。

三、殖民地对母国经济和政治的依赖性

葡萄牙通过海外扩张来增加国家财富,这是里斯本强加给巴西的政治和经济制度追求的唯一目标。葡萄牙人很快就充分认识到巴西是他们的珍贵财富,并要尽可能地剥削。任何修辞都不能掩饰这一经济和政治事实:殖

民地的存在就是为了使母国受益。

巴西面积巨大、地理环境具有多样性，即使没有其他国家的援助也完全能够自给自足。16世纪下半叶在亚洲的失败促使里斯本在经济上开始关注此前一直忽略的巴西。此后，葡萄牙更加依赖巴西提供的各种各样的原材料，在欧洲市场上出售这些原材料获取的丰厚利润可以暂时缓解王室金库和商业资金的紧张。不管是来自地上的还是来自地下的，巴西物产都非常丰富。多年来，在葡萄牙与国外的出口贸易中，巴西产品约占三分之二。

经济发展的多种可能性既是一种诅咒也是一种祝福，因为太多的可能性会允许甚至鼓励经济的发展停留于表面，而这阻止了经济的有序发展。尽管有非凡的潜力，巴西经济发展从未出现多样化。在一定程度上，它从一开始就是而且后来一直都是以出口为导向，把大量的资金、技术、劳动力和土地用于销往国外的产品上。通常，它依赖某一种自然产品维持经济的良好状况，这种产品的外销情况主导着殖民地的繁荣程度。外部需求决定着殖民地的发展状况，严重依赖某种主要出口产品进一步加剧了这种依赖性。殖民地无权决定自己的经济命运。

作为殖民地，巴西在政治上也依赖于里斯本。国王将反映葡萄牙需要、欧洲经验和帝国目标的政治控制体制强加给巴西。巴西仅仅是构成整个葡萄牙帝国的一部分。三个世纪以来，新大陆的殖民地在一个各种要素相互影响的大框架内发展着。在16世纪末之前巴西是葡萄牙最宝贵的海外领地，逐渐增加的制糖业利润以及随后黄金的发现进一步巩固了它的显要地位。然而在1807年布拉干萨王室将宫廷从里斯本迁至里约热内卢之前，葡萄牙仍然没有管理巴西的专门法律和体制来表明它是庞大帝国内部一个单独的、独特的或享有特权的实体。

巴西殖民地三个世纪以来的政治演变，是从一个单纯的政治附属物到一个复杂的政治附属物不断推进的过程，并且伴随着两个显著的特征：第一，在这一段时间内，政府对巴西的控制加强，尽管这一过程有时不稳定；第二，在三个世纪的时间里，巴西的政治地位逐步提升。

1808年葡萄牙王室迁至巴西改变了巴西殖民地的历史，同时也导致了巴西的独立。葡萄牙王室迁至巴西后,加强了对于巴西的统治,从而引起了居住在巴西的殖民者的不满。这一时期,由于国际上糖价下跌,经济发展遇到困难。受法国革命、美国独立斗争和西班牙美洲殖民地独立斗争的影响,1817 年伯南布哥省的地产主、商人、学生、神父要求摆脱葡萄牙和英国的控制,在首府累西腓发动了"伯南布哥起义",宣布了独立。该省省长被迫逃往里约热内卢,起义者在累西腓建立了巴西第一个独立政府,成立共和国。但是由于缺乏其他省的支持和响应,起义被政府军镇压。这次起义唤醒了巴西殖民地的独立意识,此后,巴西要求独立的呼声越来越高。

1818 年玛利亚皇后去世,摄政王唐·若昂成为葡萄牙、巴西和阿尔维斯加王国的国王,改称为唐·若昂六世。1820 年葡萄牙发生了资产阶级的波尔图革命,议会要求唐·若昂六世效忠宪法,并要求其返回葡萄牙。唐·若昂返回葡萄牙后,其长子唐·佩德罗留在巴西作为巴西联合王国的摄政王,而之后正是唐·佩德罗宣布了巴西的独立。

第三节　独立后的巴西

一、帝国时代与资本主义的发展

唐·若昂返回葡萄牙后,在葡萄牙议会的压力下,召唐·佩德罗回葡萄牙,但遭到佩德罗的拒绝。1822 年 1 月 9 日,佩德罗宣布留在巴西,史称"我留日"。6 月 3 日佩德罗召开巴西第一届制宪大会,宣布登陆巴西的葡萄牙军队为敌人,并发布了"致友好国家宣言",宣布同里斯本的葡萄牙制宪大会断绝关系,保证巴西独立,但仍为葡萄牙的兄弟王国。1822 年 9 月 7 日佩德罗宣布了巴西独立,宣布葡萄牙殖民地巴西同葡萄牙政治上的分离。1822 年 10 月 12 日他被制宪大会推举为国王。1822 年 12 月 1 日,佩德罗在里约热内卢主教的主持下登上巴西国王王位,成为佩德罗一世,从而开始了巴西独立后长达七十七年的帝国统治。帝国统治时期基本上可以分为三个阶段:佩德罗一世时期、摄政时期和佩德罗二世时期。

佩德罗一世时期制定了巴西第一部宪法,但由于第一部宪法未经制宪大会审议和批准,引起许多省的精英们对佩德罗的不满。多省质疑宪法的合法性并发动起义,宣布建立共和国——赤道联邦。但起义遭到帝国军队的残酷镇压,1825 年起义的主要领导人卡内塔修道士被处决。在 1825—1828 年乌拉圭战争中,佩德罗派兵前往镇压,但巴西军被打败。1828 年 8 月27 日,巴西和阿根廷都被迫宣布承认乌拉圭独立。由于自由思想的兴起,佩德罗一世的所作所为越来越不得人心,在政治上得不到支持,于 1831 年 4 月7 日被迫退位,返回葡萄牙,巴西暂由皇室官员代为管理,史称摄政时期。摄政时期(1831—1840)仅持续九年,是巴西政治和社会最为动荡的时期,发生了许多次起义和自治运动。

经过摄政时期以后,巴西政局逐步稳定,1840 年当佩德罗二世年满 14岁时继承了王位。1847 年佩德罗二世组建了议会,任命部长委员会主席,组建政府各部以行使政府职能。佩德罗二世期间政府禁止奴隶买卖并彻底废除了奴隶制,巴西的劳动力更加缺乏。这种形势导致大批欧洲移民移居巴西,替代黑人奴隶在咖啡种植园里劳动,使巴西经济进入一个新的发展时期。

二、共和体制下资本主义全面发展

奴隶制废除后,要求在巴西废除君主制、建立共和制的斗争风起云涌。曼努埃尔·德奥多罗·达丰塞卡元帅于 1889 年 11 月 15 日宣布建立联邦共和国,结束巴西的帝国统治。巴西史上称 1889—1930 年期间为旧共和时期或第一共和时期。尽管巴西实行了民主和联邦制,并将联邦制载入宪法,但政权仍然掌握在旧农业寡头和"上校"(权力无比的庄园主)手中。这种状况引起各阶层之间的矛盾和冲突,发生了诸如孔特塔多、反疫苗接种运动等反抗。

1929 年世界经济危机导致的巴西经济衰退,引起社会各阶层的广泛不满。由于政府制度无法适应刚刚产生的工业资本主义发展的要求,劳动者和中产阶级处在不稳定的经济社会氛围中。1930年11月3日,在民众的要求下军事委员会将政权交给了热图里奥·瓦加斯。

瓦加斯政治在巴西历史上有着深远的政治和经济影响。在政治上,巴西政治从农业寡头统治向资产阶级统治过渡;在经济上,由农业经济向工业现代化过渡。从瓦加斯政府起,巴西开始实施替代进口工业化发展战略,实行民族主义和民众主义政策,这为巴西工业的发展奠定了基础。

1937年瓦加斯宣布新宪法,建立"新国家"。"新国家"政变改变了国家体制,开始了瓦加斯独裁统治时期。1937年12月2日,瓦加斯颁布法令取消包括整体主义行动在内的一切政党。第二次世界大战的爆发缓解了巴西国内的紧张局势。在战争中,政府实行战时经济,并利用战争从美国获得贷款建立国家钢铁、采矿、石化等工业。二次大战后,巴西工业在这一时期建立的工业基础上取得了进一步发展。

1939年第二次世界大战爆发初期,巴西保持中立立场,利用大战的机遇发展经济。借美国希望在巴西东北部建立海、空军基地的机会,巴西利用美国贷款建立起沃尔塔·雷东达钢铁厂。1941年12月7日,日本偷袭美国在南太平洋基地珍珠港后,巴西逐步接近美国。1942年初,巴西断绝同德国、意大利和日本的外交关系,向美国提供军事基地。同年8月5艘巴西船只被德国潜艇发射的鱼雷击沉,导致652人死亡。8月22日,巴西向轴心国宣战。巴西在加强海岸防卫的同时于1943年11月组建了远征队。巴西海军在南大西洋执行巡逻任务,击沉数艘德国潜艇。

瓦加斯政府1945年10月29日下台之后,巴西举行了总统选举,杜特拉将军当选为总统。杜特拉上任后,于1946年通过了全国制宪大会起草的新宪法。同年9月颁布了巴西第五部宪法。该宪法是一部民主的宪法,标志着二战时期整体主义行动和瓦加斯"新国家"的失败。1947年5月,联邦最高法院以巴西共产党反民主制度和多党制、违反保护基本人权为由,宣布巴西共产党为非法,关闭由共产党建立的劳动者总联盟。同时,在美国的压力下巴西断绝了同苏联的外交关系。不久,国会又通过法律,取消在1947年当选的共产党参、众议员和市议员的资格。

1950 年瓦加斯再次当选为总统。就任后,他继续实施第一次执政时期的政策,强调民族主义和民众主义,加强巴西的工业化进程。瓦加斯为了发展经济建立了国家经济发展银行、建立石油公司,他的一些经济政策引起以全国民主联盟为首的保守党派的强烈不满,员工罢工,瓦加斯威信下降。1954 年 8 月 24 日清晨,瓦加斯在里约热内卢的总统府开枪自杀,副总统若奥·小卡费就任总统,宣告了瓦加斯时代的结束。

1956 年,儒塞利诺·库比契克当选为巴西总统。库比契克政府执政时期,政府把工作重点放到经济发展上。上届政府建立的巴西石油公司、国家经济发展银行等国有企业为国家宏观经济的发展奠定了基础,使库比契克政府在任期内顺利完成了宏伟的"5 年等于 50 年"的目标纲要。目标纲要的顺利实现,深刻地改变了巴西的经济结构。由于经济发展和社会稳定,库比契克政府时期成为巴西历史上少有的稳定时期,也正是由于这种稳定,在短短三年半时间里,完成了巴西人百年的迁都夙愿。

尽管库比契克政府在经济和政治方面取得了令人瞩目的成就,但它也给下届政府留下了一些难以解决的问题。20 世纪 60 年代初,巴西经济开始出现衰退迹象并且发生通货膨胀。人民生活因通货膨胀而受到影响。在古拉特担任总统后面临着通货膨胀、货币贬值、物价上涨和巨额外债等严重的经济和金融问题。古拉特采取了一些改革措施遭到多方不满,反对派将军领导武装力量准备举行起义,1964 年 4 月 1 日古拉特寻求武装支持落空后飞往乌拉圭寻求政治避难。4 月 11 日,国会选举温贝托·德·阿伦卡尔·卡斯特洛·布朗库将军为巴西总统。军人总统于 4 月 20 日就任,从此开始了军人独裁统治。布朗库总统就任后,停止包括前总统库比契克、著名社会活动家卡多佐在内的许多政治家的权利;取消一切政党,实行两党制;废除直接选举制度;禁止罢工,派军代表担任工会和群众团体的主要领导职务;建立国家情报局(SNI),收集情报,打击"颠覆活动"。军政府基本上是依靠制度法进行统治的。1968—1973 年间由于经济的飞速发展,这一时期被誉为"巴西经济奇迹"时期。1983 年包括劳工党、巴西民主运动党、社会民主党及工会组织在内的许多政党和民众团体在圣保罗举行盛大集会,要求在巴西立即实行总统直接选举。1985年在选举人团的选举中,由自由阵线党、巴西民主运动党提名的坦克雷多·内维斯和若泽·萨尔内分别当选为巴西总统和副总统。自此,长达21年的军人独裁统治宣告结束。

坦克雷多·内维斯在就任总统前于4月21日病逝,副总统萨尔内接任总统职务。萨尔内就任后,对军政府时期的部分法律进行了修改,恢复总统的直接选举,实施多党制。政府颁布各项经济计划来稳定经济和抑制通货膨胀。1988年10月5日颁布了恢复民主后的第一部宪法。1989年巴西举行了自1964年军政府统治以来的第一次全民总统直接选举。在这次选举中,复兴党主席费尔南多·科洛尔·德梅洛当选总统。

科洛尔总统就任后,面临的主要问题仍然是如何稳定经济,特别是如何抑制通货膨胀的问题。90年代巴西政治局势较为稳定。因而无论是科洛尔政府(1990—1992),还是佛朗哥政府(1992—1994),抑或是卡多佐政府(1995—1998和1999—2002)都将主要精力放在发展经济、抑制通货膨胀方面。

迪尔玛·罗塞芙(Dilma Rousseff)于2010年至2016年担任巴西总统。她生于1947年12月14日,毕业于巴西南里约格朗德联邦大学经济系。20世纪60年代加入左翼武装组织,反对巴西军政府的独裁统治。1970年被判入狱,3年后出狱。1980年进入南里约格朗德州议会工作。1985年起历任州首府阿雷格里港市财政局长、州经济与统计基金会主席、州矿产能源交通厅厅长。2001年加入劳工党。2002年出任矿产能源部部长,2005年出任总统府民事办公室主任,成为巴西第一位女性内阁首席部长。2010年10月31日在总统选举第二轮投票中以56.01%的得票率当选总统。2011年1月1日就职,任期四年。曾于2004年以矿产能源部部长身份两度访华。2011年4月对中国进行首次国事访问并出席金砖国家领导人第三次会晤和博鳌亚洲论坛2011年年会开幕式。

现任总统雅伊尔·梅西亚斯·博索纳罗(Jair Messias Bolsonaro),1955年3月21日出生,名字又被译为"博尔索纳罗""波索纳洛",在巴西国会工作近三十年。2018 年 10 月 28 日,巴西高等选举法院宣布,在巴西大选第二轮投票中,社会自由党候选人博索纳罗获胜并当选巴西第 44 届总统。

巴西经济实力居拉美首位。1994 年 7 月 1 日废除原货币名称克鲁赛罗雷亚尔(废除时 1 美元兑 2750 克鲁赛罗雷亚尔),同时命名新货币名称为雷亚尔(1 美元兑 1 雷亚尔)。2020 年平均汇率为 1 美元兑 5.2 雷亚尔,按照本币单位与美元的现价计算,2020 年巴西国内生产总值为 7.4 万亿雷亚尔(约合 1.4 万亿美元),人均国内生产总值为 6796 美元,国内生产总值增长率为 -4.1%。

巴西经济是一种自由市场经济与出口导向型的经济。其国内生产总值超过 1 万亿美元,是世界第七大经济体,美洲第二大经济体。若以购买力平价计算的话,2020 年其国内生产总值则达到 3.25 万亿现价国际元。综合实力居拉美首位。经济结构接近发达国家水平。包容性的可持续发展是巴西经济增长的使命,它包含四大目标,即繁荣、平等、可持续性和幸福度。可持续性,不仅仅是指经济增长的可持续,更指社会发展的可持续性,比如一个两极严重分化的断裂状社会是不可持续的。经济的可持续性和社会的可持续性是相互增强、相互促进的一个有机整体。

第四节　巴西现代化转型历程

巴西现代化起始于 20 世纪 30 年代。在 30 年代,工业发展呈现出改变国民经济结构的特征并成为其增长的带头部门。与此同时,形成了实现现代化的社会力量和政治方面的前提条件。1930 年是巴西传统社会逐渐转入现代社会的标志年。在传统社会中,外来因素的刺激成为巴西社会发展的强劲力量。在 1850—1930 年的社会转型中,社会财富得到急剧积累,同时形成新的社会势力,但并未形成巴西特有的发展思想,制约发展的基本社会问题也未适时得到解决。

现代化的起始要同时具备两个因素:一定的工业发展积累和工业资产阶级走上政治舞台。在 20 世纪 30 年代,巴西同时具备上述两个因素。1920

年的调查显示,巴西已有工业企业 1.3 万家,工人达 27.5 万多人,而且工业分布有一定程度的集中,31% 的纺织厂在圣保罗。自 1854 年建成第一条铁路以来,到 1929 年已拥有铁路 3.2 万千米,全国第一条硬面公路建于 1925年。1928 年连接里约热内卢和圣保罗的公路开始使用。欧、亚移民相继迁入巴西,为工业化提供了劳动力和技术,也扩大了工业消费市场。

在 20 世纪 20 年代,巴西传统社会已发生明显变化。工业无产阶级开始形成,巴西共产党于 1922 年成立。新兴的中产阶级由于被大庄园主阶级排除在国家政权之外,连续掀起针对政府的政治 - 军事运动。当时兴起的"旨在以创造新的真正的巴西艺术的表现方式,试图使民族生活和民族思想面向现代"的现代主义美学运动,实际上超出了美学的界限,可视为巴西社会进入新阶段的前兆。而这一新阶段的开始,最终应归功于瓦加斯领导的革命。它是一场"反对咖啡寡头政治统治的运动,标志着工业主义对农业统治地位的胜利"[1],因而为巴西工业革命创造了必要的政治条件。

此外,当时世界经济危机的国际形势客观上促使巴西进行工业化。经济危机有力地证明了建立在单一产品咖啡出口基础上的经济是极为脆弱的。这种形势"使拉美各国开阔了工业化的视野"。巴西在大萧条的冲击下表现出对工业化的兴趣。

巴西的工业化表现为一个长期的进程。在这一漫长的工业化过程中,巴西经济发展呈现出如下特征。一般而言,经济增长速度较快。据统计,1900—1990 年,巴西的国民生产总值年均增长速度为 5.1%,同期阿根廷为 2.5%,美国为 3.1%。正因为如此,巴西的经济规模很快超过了阿根廷等一些国家,缩小了与先进国家的差距。这得益于在工业化进程中的几次"冲刺",巴西学者称之为"猛烈的现代化时期"。其中第一次发生在库比契克总统执政时期(1956—1961)。他以发展主义思想为指导,制定了包括 5 个部门 30 个项目在内的发展纲要,以"5 年等于 50 年"为工作口号。计划项目主要部分最终得以完成。第二次冲刺发生在 1968—1974 年,国内生产总值以

---

[1]　Torloni Hilaário, *Estudos de Problemas Brasileiros*, Livraria Pioneira Editora, 1983, p. 125.

年均11%的速度增长,主要工农业产品的产量大幅增加,经济结构明显优化。新建了核能、电子、石油化工、飞机制造以及军工生产等部门。巴西总体经济实力上升至西方世界的第8位。

巴西战后经济增长的过程是不断与通货膨胀斗争的过程。但有一段时间,通货膨胀有利于资源的重新配置的说法,在巴西有一定的"市场"。在50年代,库比契克及其顾问们认为,"通货膨胀是经济发展的必然伙伴"。1987年联邦政府财政部部长路易斯·佩雷拉说:"对于巴西这样一个发展中国家来说,要迅速实现工业化,通胀式的发展实际上成了唯一的选择。要么是这种类型的发展,要么是不景气。"事实上,至少在一段时间里,巴西政府是有意无意地利用了通货膨胀,即把通货膨胀作为一种集资手段——通货膨胀税。显然,通货膨胀税的"征收"是建立在通货膨胀不断攀升的基础上,最终导致恶性通货膨胀而不利于生产和社会发展。这正是80年代以后,巴西政府七次实施反通货膨胀计划的原因所在。

工业化国家的经验表明,工业的发展是以农业发展为基础的。"在资本主义工业化的同时,就开始了农业的资本主义化。"[①]而在巴西的工业化进程中,农业生产关系基本上未发生骤变。1930年的资产阶级革命并没有改变历史上存在的土地结构。这就使巴西的工业化缺乏农业的有力支持。巴西的工业化基本上是建立在出口农业的基础上的,内需农业相对萎缩,农村工业也未有适当发展,致使大量农村人口外流,形成严重的社会问题。这种工业化模式没有取得迅速缩小城乡差别的结果。

巴西工业化进程体现出生产力布局由集中到分散的过程。工业化之始,巴西即选择东南部地区为建设的重点,形成了以圣保罗、里约热内卢和贝洛奥里藏特为支点的经济最发达的三角区。工业化开始以来的相当长时期,发达地区和落后地区"两个巴西"的发展差距呈扩大趋势。在地区发展严重失衡的情况下,巴西政府开始关注落后地区发展问题。为实现国家一体化,制定了一系列开发落后地区的政策,诸如设置专门的落后地区开发机

---

① 苏星:《社会主义再生产的理论与实践》,上海人民出版社,1987年,第49页。

构,实行税收优惠政策;利用"发展极"理论,建立马瑙斯自由贸易区和确立其他有关"发展极";加强公路建设,使落后地区与国家政治、经济中心沟通;进行沿江河流域的开发等。巴西工业布局因此逐渐呈分散化趋势。特别自90年代以来,企业为提高国际竞争力,将工厂迁至条件相对较好的落后地区,或在那里建立新企业。地方政府为了加快本地发展,亦纷纷出台优惠政策,吸引包括外资企业在内的企业去内地投资。目前,巴西生产力布局的内地化强劲之势有利于缩小地区发展的差距。

工业化使巴西国民经济结构发生着重要变化。到50年代中期,工业产值首次超过农业产值。到80年代,巴西本国工业生产可提供其所需资本量的2/3。在生产力发展的同时,自50年代开始,资本主义生产关系在全国,特别是在经济发达的东南部地区广泛推广。中国国家统计局《国际经济信息》提供的数字表明,巴西的国内生产总值为7864.66亿美元(1997年,下同),在有统计的133个国家和地区中居第8位。人均国民生产总值4720美元,居第34位。巴西人的预期寿命平均为66.6岁(1995年,下同),成人识字率为83.3%,三级教育综合入学率为72%,人文发展指数为0.809,在有统计的174个国家和地区中居第62位。由此可见,巴西的经济指标优于社会指标。这正是巴西目前问题之所在,亦是今后尚需努力解决的问题,以求经济增长的同时社会亦有所发展。

第二章　巴西的文化变迁

　　巴西文化是一种仅有五百多年历史的新型文化。探讨巴西文化的变迁,应从两个角度入手:一是它自身的自然发展过程;二是由于它由葡萄牙的殖民地演变而来,因而还存在一个多元文化整合的民族化过程。巴西的历史是在一个巨大的舞台上展开的。它的面积有851多万平方千米,几乎占南美洲的一半,是世界上仅次于苏联、加拿大、中国和美国的第五个面积最大的国家。对这个伟大国家的文化历史,学者们往往把欧洲人发现这块陆地的时间作为它的历史开端,这是一种欧洲中心论的偏见。

　　巴西文化的形成是有其特色的。在欧洲殖民者到达巴西以前,巴西正处在原始社会的末期。16世纪初葡萄牙人到达巴西,统治它长达三个世纪,因而它进入阶级社会后所逐步形成的文化,便是以欧洲葡萄牙的文化为主的文化,同时又大量继承了印第安人的文化,还吸收了由奴隶贸易赎买到巴西的非洲黑人文化中的许多因素。所以在巴西民族形成的过程中,欧洲的移民、南美土著印第安人和非洲黑人的三大系统的文化因素彼此进行了长期接触、渗透和融合,才形成了今天具有巴西民族特点的共同文化。

第一节　文化民族化

　　新旧大陆三种文化在同一地域相遇,通过生产活动、通婚、宗教以及其他社会活动,在冲突中相互融合而形成一种新的生活方式和审美观念——巴西文化。

一、三种文化的交融

葡萄牙人对于巴西的地理、气候表现出了很强的适应性。对于巴西而言,葡萄牙人和美洲印第安人对于种族通婚的赞许态度促进了双方文化的融合。葡萄牙国王通常会派遣士兵、冒险家和少数被判流放的罪犯组成队伍进行环球探险,这些人来到巴西,获得了性放纵的机会,加之印第安女性屈服于欧洲男性的需要,他们通过繁衍混血后代很快组成新的村庄。这些混血儿在身体和心理上都能很好地适应周围环境,并且从父母处汲取了不同文化的精华,从而加速了两种文明的融合。

印第安人所能提供的不仅仅是性的满足。葡萄牙人在他们的帮助下很快适应了这片新土地,学会了最好的狩猎和捕鱼方法、了解森林药物的价值、清理土地的最快方法,以及在新大陆上耕种农作物的方法。印第安人还向他们介绍了木薯等新食物。在交通运输方面,葡萄牙人很快采用了印第安人在内陆水域航行时使用的轻舟。在住宿方面,他们模仿印第安人建造简单、耐用的房屋。同时对热带地区的另一个妥协就是葡萄牙人普遍采用印第安人的吊床。事实就是,在殖民早期几十年里,为了顺利地适应新环境,欧洲人非常依赖印第安人。16 世纪末,曾在巴西生活过两年的英国人托马斯·图尔纳(Thomas Turner)概括了他观察到的依赖关系:"印第安人是大海中的鱼,丛林中的狐狸,没有他们,基督教徒的生活或生存将既无乐趣亦无益处。"

葡萄牙人同时把印第安人作为其发展殖民地的主要劳动力。葡萄牙人自己不愿意参加共同劳动,所以坚持强迫别人为自己劳动。对印第安人的利用慢慢变成了奴役,印第安人在河流沿岸为葡萄牙人划船,在内陆为葡萄牙人做向导,为葡萄牙人种植、看管并收获糖料作物、烟草和棉花,甚至在葡萄牙人家中服侍他们。他们是新殖民地的财富创造工具,就这点而论,他们对欧洲人来说是必不可少的。由于渴望看到帝国境内的印第安人成为基督教化的臣民,国王反对奴役印第安人。教皇同意正视葡萄牙人的领土要求,这表明国王必须使印第安人基督教化、文明化并为他们提供保护。国王以巨大的代价派传教士向这些野蛮人传教,改变他们的信仰,并劝说他们居住在教会和国王领导和保护下的村庄里。耶稣会是最积极的履行义务的宗教团体,他们热心地保卫着印第安人并坚定地推行着国王的意志。耶稣会直接为印第安人提供保护,他们向国王生动地汇报对美洲臣民的虐待和奴役的案例。种植园主派代表到法庭辩护,他们强调印第安人的野蛮本性、懒惰,没有强制的话他们就不去工作。遗憾的是没有关于印第安人观点的记载,但他们经常从葡萄牙殖民地逃跑,这表明他们拒绝为葡萄牙人干活。正如西班牙已经进行的争论一样,关于帝国境内印第安人作用和地位的争论持续了几个世纪之久。总的来说,历任君主对耶稣会汇报的案例持同情态度。早在1511年,国王曼努埃尔一世规定任何人都不能伤害他的印第安臣民,违者将受到与伤害欧洲人一样的惩罚。在给巴西第一位总督的指示中,国王若昂三世提倡用公正、谅解和宽仁之心对待印第安人。处理与印第安人关系的主旨就是和平胜过一切,这样印第安人才更容易被基督教化。尽管如此,他们却允许奴役那些反抗葡萄牙人的印第安人,这一规定为殖民者获得本地奴隶提供了一个大漏洞。不出所料,殖民者曾正义凛然地宣称他们的印第安奴隶是从"正义之战"中获得的。

种植园主很快意识到,印第安人并不能很好地解决劳工问题。与此同时,制糖业的迅速发展亟须大量工人,从而加剧了劳动力短缺。种植园主很快便把非洲当作最有可能的劳动力来源地。至少早在1433年,黑人就被引进到葡萄牙,到16世纪中期,葡萄牙人已经非常熟悉西非海岸及其居民。事实证明,黑人能很好地适应殖民者所要求的任务,此外,使用非洲人并不存在印第安人做奴隶时的棘手问题。基于这几个方面的原因,从16世纪中叶开始,数以百万计的非洲人被开始了强制性移民,直到1850年,这场移民还在持续快速地进行着。第一批直接从非洲引进的黑人于1538年到达巴西,同年,著名的奴隶贩子若热·洛佩斯·比克索拉达的一艘船上卸下了从几内亚贩运的人口。1522年伯南布哥的一位耶稣会神父这样写道:"在这一辖区内有大量奴隶,包括印第安人和非洲人。"①此后,奴隶像洪水一样从非洲涌出。巴西不仅存在葡萄牙人和印第安人的通婚,而且也存在印第安人和非洲人以及葡萄牙人和非洲人之间的通婚。在一个允许奴隶制的社会中,种植园里的白人男子充分利用着黑人妇女,结果,早期出现的穆拉托人(mu-latto,黑白混血儿)急剧增加。1818年巴西接近350万居民中,大体上只有1/3人口可以被划定为白种人,50万为穆拉托人,大约200万为黑人。正因为此,一个葡萄牙人这样评价道:"巴西有着美洲人的身体与非洲人的灵魂。"

在对巴西越来越强的同一性做出贡献的三个群体中,只有印第安人在殖民时期数量锐减并由此导致了其重要性和影响力的降低。欧洲人和非洲人的涌入还在继续,当然,欧洲移民数量从未超过非洲移民数量。17世纪末,里斯本政府鼓励更多的已婚葡萄牙夫妇移民,并成功地劝说了大量亚速尔群岛家庭在最北部和最南部地区定居。17世纪末黄金的发现吸引了更多人来到巴西。据统计,18世纪具有欧洲血统的人口增加了十倍。印第安人、欧洲人和非洲人三个群体在一起生活并交往,考虑到各方面因素,他们之间的摩擦很小,尽管我们不能忽视印第安人和非洲人曾遭受的非人待遇。在这一过程中,三大洲人在性别、社会、语言和文化上融合为一个民族,与其他任何规模相当的民族比,它具有更大的同一性。混合文明出现了,同时也出现了新的一种人——巴西人,他们是各种不同元素混合的产物,毫不夸张地说,这个"新种族"征服了新土地。

二、黑人对巴西文化的影响

巴西民族主要是由印第安人、葡萄牙人、非洲黑人和由这三个种族混血出生的姆拉托人、卡博克洛人和卡富索人组成。巴西的民族意识,也就在种族不断融合的过程中,经过复杂和漫长的道路逐步形成和发展起来。在此

---

① [美]E. 布拉德福德·伯恩斯:《巴西史》,王龙晓译,商务印书馆,2013年。

基础上形成的巴西民族文化必然带有形成这个民族的各个种族文化的特点,是融印第安文化、非洲文化和葡萄牙文化于一体的具有多种文化特点的综合性文化,其中,"黑人文化对巴西民族文化的影响比其他南美洲国家要大得多,广得多"①。

在葡萄牙对巴西进行殖民的过程中,始终贯穿着对新大陆财富的掠夺和对当地土著居民印第安人和来自非洲的黑人的奴役。由于当时巴西广大土著印第安人刚刚处在石器时代,过着自由的游牧生活,对他们来说,资本主义萌芽阶段的葡萄牙社会是那么遥远和格格不入,他们无法忍受甘蔗种植园的艰苦劳动,大量死亡,侥幸活下来的印第安人也都想方设法逃入原始森林。劳动力的严重缺乏成为殖民初期巴西经济发展的症结所在。在这种情况下,殖民者为了掠夺更多的财富、维持殖民地经济的发展,只好另谋劳动力资源。1530 年,马丁·阿丰索·德索萨带领 400 名葡萄牙移民到达巴西时,带去了为数不多的黑奴。事实证明,黑人对环境的适应能力、对繁重体力劳动的承受能力远远超过当地土著人。于是,一场规模空前的向巴西贩卖非洲黑人的贩奴运动开始了,持续三百年之久的奴隶制就此揭开了序幕。大批黑人代替了印第安人成为主要劳动力。运进巴西的黑人奴隶数目逐年增加,据有关方面估计,16 世纪 70 年代,黑人曾占巴西人口的大多数。到 1822 年巴西独立前夕,黑人人数仍占巴西总人口的 60% 。因此,黑人曾是巴西物质财富的主要生产者,他们为巴西社会的发展和进步做出了重大贡献。后来,由于葡萄牙殖民者的残酷压迫和杀戮,以及欧、亚其他国家移民的增多,黑人在巴西全国总人口中的比例才逐渐下降,目前只占全国人口的 6% 左右。在巴西历史上,黑人在巴西的民俗民情、宗教信仰、衣食住行、民间节庆、文化娱乐、音乐舞蹈以及语言文学等各方面都产生过重大影响。

早在 4 个世纪以前,当大批黑人被贩运到巴西时,他们就带去了自己的文化财富——各种黑人语言和大量黑人民间口头文学。这些非洲当地语言和口头文学在新大陆得到自由而广泛的传播和应用,并且被巴西其他种族

---

① 邵恒章:《巴西黑人和巴西民族文化》,《拉丁美洲研究》,1989 年第 3 期。

认可和吸收,大大丰富了巴西的葡萄牙语和巴西民间文学,成为巴西文化财富的一个组成部分。黑人的词汇和语法充实了宗主国语言在词汇方面的不足,使巴西的葡萄牙语摆脱了宗主国语言在语法上的死板规定。这就使作家在文学创作和语言运用上获得更大的自由。作家通过运用黑人创造的词语和吸收黑人传统文化,把他们作品中的黑人形象塑造得更加有声有色,形象生动,从而使作品更具有巴西特色。

巴西的民间故事在表现手法上同非洲的民间故事也有不少雷同之处。例如,在被誉为"迪迪大师"的德奥斯科雷德斯·马西里亚诺·多斯桑托斯的《生在巴西巴伊亚的黑人故事》一书中,无论在故事的结构上还是在风格上,都与非洲约鲁巴文化中的故事十分相似,在技巧上也有异曲同工之妙。如重复出现相互关联的情节,主人公多为猎人或渔夫,在故事情节展开过程中,适时地穿插一些歌谣,而且常常用独唱与合唱相结合的形式;故事中出现的人物常使用类似的语言,如在描写鱼说话时,都用鼻音,而在葡萄牙民间故事中却没有这种描写习惯。今天,在巴西本土形成的而在内容上与非洲没有关系的许多故事中,也同样能发现非洲民间故事在结构和风格上的影响。

巴西黑人对巴西文化形成的贡献,主要是通过接触方式来实现的,而且他们之间的接触,在横向上有多层次、多方面的特点,在纵向上又有延续性、长期性的特点。如果没有这种文化上多层次、多方面的特点和延续性、长期性的接触,就根本谈不上双方之间的互相影响了。巴西社会具备了不同类型文化得以接触的条件,这表现在以下四个方面:

第一,巴西的非洲黑人及其后裔的人数是很多的。在长达三个多世纪的殖民时期中,非洲黑人源源不断地被运进巴西为奴,现在巴西还拥有黑人1200多万。此外,还有众多的带有黑人血统的混血种人。非洲黑人来巴西,不仅给巴西社会带来了重要的劳动力,也带来了一股较强的非洲传统的文化势流。这股势流即冲击着比黑人文化落后的土著印第安文化,也震撼了比较先进的葡萄牙文化。巴西著名的历史学家弗莱雷就曾指出:"被大量带到巴西的苏丹族黑人,其文化高于巴西当时最先进的土著。无论是在艺术和植物栽培、家庭饲养的技术上,还是在部落组织、天文知识以及语言的运用和传奇的编造上,都比当时住在森林丛中的土著印第安人要高得多。无论从物质文化或是从精神文化来看,黑人已表现出他们是来自更高级的部族。"①这就为黑人文化与土著文化的结合提供了条件。另外,葡萄牙文化的包容性,也为接纳黑人文化提供了可能。我们知道,人是某种文化的载体,不同文化类型的接触,也就是具有不同文化素质的人的接触。巴西非洲黑人的大量存在,就为拥有不同文化的人的接触奠定了基础。

第二,黑人在巴西社会从事的职业较广。黑人被贩运进巴西后,几乎遍布了巴西各地。同时,他们所从事的职业也是各种各样的:无论是甘蔗园、咖啡园、棉花园,还是金矿、金刚石矿,都使用黑人奴隶进行劳动。在市场里,家庭保姆、仆役、街头商贩以及搬运工、泥瓦工等,大都为黑人。各行各业中大量非洲黑人的存在,为他们的文化得到广泛的接触和传播提供了客观的条件。因为对于黑人和白人来说,他们都生活在一定的文化环境之中,每天都在和不同的人打交道,也就是和不同的文化打交道,他们自觉或不自觉地,不是进行文化传播,就是在接受文化传播。天长日久,耳闻目睹,相互之间不同程度地发生着潜移默化的影响。尤其是家庭奴仆与保姆和葡萄牙人的接触更频繁、更密切,彼此之间发生的影响也就更深刻了。

第三,长期的杂居、通婚乃至种族的融合,使得文化接触得以持久和深入地进行。非洲黑人来到巴西后,在长期与白人、印第安人共同生活中所发生的通婚,也促进了巴西民族的融合。在巴西,种族融合是比较普遍的。在那里,人们可以发现白人、黑人和印第安人血统几乎到处都进行了完全的融合。"每一个巴西人,甚至于白色的巴西人,或有金发的巴西人,在他们的心灵上或肉体上多多少少带着巴西印第安人与黑人的色彩或影子。"②这种种族和民族的融合,为这两种不同类型文化得以持续稳定的接触提供了前提。

---

① Gilberto Freyre, *The Masters and The Slaves: A Study in the Development of Brazilian Civilization*, Alfred A. Knopf, 1946, p. 258.

② 转引自马莉:《简论黑人对巴西文化形成所作的贡献》,《湖北大学学报》(哲学社会科学版),1989 年第 2 期。

一般说来,不同的种族杂居愈久,通婚愈普遍,民族就融合得愈快,他们的文化融合也发展得更深。

第四,"同化"包括反动的"强制同化"和进步的"自然同化",二者都给予了非、欧两种不同类型的文化相互接触的机会,从而加速了黑人文化对巴西文化影响的进程。殖民时期巴西的宗主国葡萄牙是信仰天主教的国家。殖民者为了瓦解涣散非洲黑奴的斗志,便于统治那些从非洲掳掠和骗买来的黑人,在驱使他们离开自己家乡之前,一般要实行"教化",让其皈依天主教,包括让黑人背诵天主教教义、祈祷词,学会做天主教的仪式,等等。当时黑人虽然在形式上改信了天主教,但他们并没有全部接受天主教教义,而是根据自己的非洲宗教方式,对天主教进行新的理解。因此,在巴西广大黑人中间信奉的天主教和有一部分白人的天主教仪式与原来的欧洲天主教已不大相同,是多少走了样的或者说改头换面的天主教。语言方面也是如此。葡萄牙统治者在巴西强制推行葡语,实行"语言强制同化",禁止其他语种的使用,以达到磨灭这些人民族意识的目的。所以大批黑人被贩运到巴西后,一般都被安排到类似葡语学习班之类的机构学习葡语。但黑人在学习葡语的过程中,不免把自己的非洲本土方言带进了葡语之中,这使得葡语无论在语音上还是词汇上或多或少地受到了非洲语言的影响。由此可见,同化反而促使了非、欧两种不同类型文化之间的接触,从而给予了黑人文化移入的机会。

由此可见,接触是两类文化得以相互影响、渗透和相互融合的最基本的前提。相互接触也可以说是巴西葡语产生的一个重要因素。因为不同语言之间的接触,是使用不同语言的社会之间的接触,并且在最初总是和使用不同语言的人之间的接触。而巴西城市白人富人家室抑或是农村的大庄园都为这种语言的接触提供了便利。在巴西的城市和农村,大量的家庭保姆和仆人一般是由黑人来充当的。这就首先使得白人小孩与黑人保姆之间有了较多的接触。因为这些黑人保姆有时完全充当了白人小孩母亲的角色:给孩子喂饭、讲故事、哄其入睡以及穿衣、梳洗,等等。而黑人的小孩和白人的小孩有时生活在一起,黑人孩子充当的角色较多的是被骑的"马",被打的仆人,有时又是朋友、伙伴和奴隶,于是在这种到处充满黑人并且也充满非洲语言的氛围里,白人小孩一开始就从黑人保姆或黑人小伙伴那里学到些非洲语或学到些掺和了非洲语音的、夹有非洲词汇的不规范葡语。白人小孩和年轻人与黑人之间接触的机会是比较多的,尽管奴隶主与奴隶之间的关系是敌对的,但保姆与白人小孩之间的关系却可能是融洽的,有时甚至是亲密的。白人中的年轻人与黑人也有不同程度的接触。G. 弗莱雷在《主人与奴隶》这本书中曾谈到这样一个事实:许多巴西年轻人第一个喜欢的不是那些白人医生、海军上校,或者什么大学的学者,而是一些来自黑奴棚的能表演如急速旋转等高难度的杂技演员,或者是那些能表演吹伸缩喇叭的黑奴。还有,由于巴西年轻人不愿上白人学堂去忍受先生那种严厉的纪律约束,所以他们从小就与黑人老师在一起学习。这样,我们对巴西年轻人至今会讲葡语时还带有非洲黑人口音的现象就不难理解了。在这里,接触起了重要的桥梁作用。此外,巴西的音乐和舞蹈一类的艺术文化之所以受黑人的影响较大,也是由于文化间进行了直接接触的结果。

巴西黑人在巴西文化形成中的作用是巨大的,其意义也是深远的。这种意义首先就在于它使巴西文化更加丰富多彩。随着大批非洲黑人来到巴西的是较为丰富的、很有价值的以及极有特色的非洲传统文化。其中一部分已直接与葡属文化、土著印第安文化相融合,共同构成了巴西的民族文化。此外,巴西现存的大量非洲文化遗产同样也是巴西文化的一个重要组成部分。总之,非洲黑人文化的移入极大地丰富了巴西文化,使巴西文化更显现出灿烂绚丽的色彩和摇曳多姿的盛状。

第二节　巴西的宗教

一、宗教渗透对文化形成的影响

巴西的文化应该说是随着葡萄牙对巴西的殖民活动和殖民统治的深入

而产生和发展起来的,也可以说,是随着当时宗教的发展而发展的。这一方面,是因为宗教本身即是文化的重要组成部分,另一方面,巴西的文化、教育也是在葡萄牙人传教活动的过程中逐渐发展起来的。

　　面积不足巴西九十分之一的葡萄牙要真正取得并永久占有当时有一百万至五百多万人口的巴西这块广袤的土地,就必须从心灵深处征服那里的本土居民。因此,从 16 世纪中叶开始,葡萄牙殖民者便在巴西全国,不仅在沿海地区,而且深入到内地的印第安人中进行大规模的传教活动。在此期间,他们为取得民心,还开办了学校,教人读书达理,并建立了巴西的第一批学校——萨尔瓦多市立学校、圣保罗学校和圣维森特学校。这些被认为是巴西文化教育的开始。

　　当时,巴西的教会和学校二者相互依存,并联手使所有的印第安人村庄和教会都拥有学校。他们在这些学校和基督教之家建起了第一批图书馆,这些不但在沿海,而且在中部高原地区都一直成为殖民文化的辐射中心。这些学校在致力于信仰传播的同时,也很重视文学和科学教育,发展了诗歌、散文、戏剧、历史、哲学,并造就了早期各方面的文化代表人物。在殖民时期,是教会创办并发展了教育,因而在长达三个世纪的殖民时期里,巴西的文化史和宗教史是密切联系在一起的。

　　早在 16 世纪初成立的,旨在培养牧师的巴伊亚"天主教之家",后来成为巴西的第一家高等教育学校,不但开设了神学课,而且开设了文学和艺术课,这种学校不但在耶稣会本部和几个主要修道院创办,而且在圣保罗和里约热内卢的圣·若泽神学院和奥林达创办,培养出了大量的教育家。巴西当时的文学家绝大部分都是这些神学院的学生和离开修道院与神学院的修士。与此同时,自然科学研究也在悄悄地进行着。

　　1827 年,在奥林达和圣保罗创立了全国两个最大的法学高等教育中心,从而使英、法、德等国的哲学深入到了巴西,提供了用法律进行斗争和开展自由运动的有力武器。1830 年,巴西制定了刑法法典;1850 年,颁布了商法典;1917 年,颁布了民事法典。这些是巴西巨大的进步,被认为是法律精神和政治精神的结合和自由运动发展的结果。1934 年,圣保罗创立了第一所哲学、文学、科学学院,从而推动了巴西文化的全面发展。

由于巴西是葡萄牙的殖民地,其文化的许多方面都是从葡萄牙文化移植而来。巴西殖民初期的文化氛围与其宗主国的文化氛围是相同的。16 世纪的巴西文学创作具有明显的葡国烙印。到 17 世纪,在制糖文明发展了的北方出现了巴西第一批散文家和诗人,他们生在巴西,但仍是具有葡萄牙思想的巴西人,他们是由耶稣教会按照葡萄牙模式教育出来的第一代巴西知识分子。

"巴西的宗教原本由其宗主国葡萄牙移植而来,尤其,在殖民活动开始后的前三个世纪里,巴西宗教的发展和文化的发展是紧密结合在一起的。"①社会学家和历史学家一般把巴西的宗教发展分为三个阶段,即殖民时期、帝国时期和共和时期,又把共和时期分为革新运动时期和一些世界性宗教在巴西发展、壮大的时期。葡萄牙人占领巴西后,深知要取得巴西这片广大的土地,首先要征服居住在那里的人民的心。于是,葡萄牙人便对那里处于原始部落阶段的印第安人开始了长期而艰苦的基督化活动。

二、以天主教为主的巴西宗教文化

巴西居民主要来自欧洲、亚洲和非洲许多国家,他们把西方、东方和非洲的宗教信仰带到巴西,因此巴西是世界上宗教气氛浓重的国家之一。1889 年以前,天主教为巴西国教。巴西拥有较大数量的天主教信徒,其在巴西社会、政治和文化方面的影响是巨大的。自共和国成立之日起,巴西就不再有国教。目前天主教人数呈下降趋势。

1. 天主教

天主教是基督教的一个分支,弥撒是天主教最重要的礼拜仪式,天主教通过接受洗礼以接受其信仰。对于天主教会来说,所有接受洗礼圣事的人都是天主教徒。天主教的历史是同罗马帝国的扩张和罗马帝国分裂后新国

---

① 吕银春、周俊南:《列国志·巴西》,社会科学文献出版社,2004 年。

王的出现联系在一起的,天主教的传播同西方文明的发展、殖民化进程以及其他民族文化的移入有着密切关系。巴西居民主要来自欧洲,特别是来自葡萄牙、西班牙、意大利等信仰天主教的国家。五百多年来,大多数巴西人仍保持着其原有的信仰传统,天主教在巴西居民中保持着巨大的影响。

1551 年,根据罗马教皇的诏谕,葡萄牙国王及其继承者对巴西天主教会拥有最高权力,实行政教合一。天主教会成为殖民统治下的唯一拥有势力的团体。1552 年,葡萄牙派往巴西的主教在巴伊亚建立了第一个主教辖区。此后,又在里约热内卢、伯南布哥、马拉尼昂等地建立了主教辖区,并在全国各地建立了数目众多的教堂。在殖民地时期,国家和教会担负着对教区、主教辖区服务,对学校和印第安人宣讲教义的责任。直到 18 世纪中叶,国家才控制了殖民地教会活动,负责对教堂的供应和防止其他宗教进入巴西,以换取教会的承认和遵从。1750 年,由于对印第安人的奴役问题导致蓬巴尔辖区都督驱逐耶稣会教徒,使殖民者与牧师之间发生冲突。

19 世纪 20 年代,在巴西人民反对殖民统治、争取独立的斗争中,大多数天主教会教士支持巴西独立,少数反对独立的教士被驱逐出巴西。天主教继续是巴西的国教,在巴西政治生活中发挥着重要作用。1889 年巴西的君主制被推翻,成立了共和国。共和国于 1890 年颁布了政教分离和保证宗教自由的法令。从 20 世纪 30 年代起,热图里奥·瓦加斯实行发展主义和民族主义计划,刺激了巴西教会探讨其文化的同一性问题。其结果是扩大了教会在中产阶级和民众阶层中的社会基础。1937 年教会团体支持瓦加斯的“新国家”独裁统治,以防止左派势力的上升势头。1952 年成立巴西全国主教会议,以协调教会行动。

自 20 世纪 50 年代起,出现宗教信仰危机,天主教的影响逐渐下降,教士和教徒人数日渐减少,教会内部开始出现分化。60 年代,出于对因巴西资本主义模式而产生的诸如饥饿、失业等社会问题的担心,天主教大学的青年运动日趋活跃,并在 1960 年成立了“人民行动”(AP)组织,它为社会主义组织的产生做出了贡献。天主教会在以革新思想为代表的解放神学的影响下,结合社会问题重新理解教义,在民众间开展活动。其最具代表性的人物是革新派大主教埃尔德尔·卡马拉,他鼓励教会积极参加巴西社会变革,支持罗马天主教会的改良主义政策,反对军政权实行的高压政策,对反对军政权的学生寄予同情。

在解放神学的影响下,产生了"基层基督教团体",其创始人之一就是巴西前修道士莱昂纳德·博夫。该团体把基督教承诺同争取社会正义的斗争结合起来,积极参加国家的政治生活,参加争取社会权利运动和左派政党。1964年军政权建立后,教会与政府之间的冲突日益加剧,最终在1968年政府颁布了"第5号制度法",导致教会与政府决裂。20世纪70年代和80年代,军政府破坏司法秩序和侵犯人权的行径激起了教会参加恢复民主化的斗争。但此后,与解放神学联系最紧密的一些具有进步倾向的群众运动也让位于最保守的天主教神权革新意图。到90年代,"基层基督教团体"开始衰落,据里约热内卢宗教研究所调查,2000年在巴西的"基层基督教团体"核心仍有近七万个。

2. 基督教(新教)

基督教徒亦称福音派信徒。首批基督教徒在巴西立足同1555—1560年法国的卡尔文教派到达里约热内卢寻求宗教自由有关。后来,这批教徒遭葡萄牙人驱逐,直到19世纪基督教才开始在巴西确立了地位。目前,基督教已经分裂为两个派别:历史基督教派(或传统基督教派)和圣灵降临教派。

3. 独立的教派

独立的教派是天主教和基督教中的一些独立的教徒组织,他们把其教义归于一种特殊的天赐灵感。在巴西,这一流派的主要宗教有1879年创建的基督复临派、源自美国并于1928年落户巴西的摩门教派和1923年在巴西创建的耶和华见证会。

4. 犹太教

在殖民统治初期,第一批西班牙裔犹太人是一些新基督教徒,他们因反对天主教意愿、逃避宗教裁判来到巴西。1812年第一批西班牙裔犹太人在亚马孙落户,从1850年起,不同来源的犹太人定居巴西。1910年第一个犹太教会在里约热内卢成立。从1933年起,德国犹太人因受纳粹迫害开始逃往巴西。1991 年在巴西的犹太人有 8.64 万,据圣保罗犹太人联合会统计,1999 年犹太人数目达到 11 万,其中大部分集中在圣保罗州、里约热内卢州和南里奥格兰德州。

5. 伊斯兰教

到达巴西的第一个大的伊斯兰教团体是由作为奴隶被带到巴西的黑人组成。1835 年他们参加了在巴伊亚爆发的反对奴隶制的起义。起义失败后,起义者分散到全国各地。1929 年在巴西圣保罗建立第一座伊斯兰清真寺。在巴拉那州与巴拉圭边界的阿拉伯移民集中在一起,试图使那里特别是伊瓜苏瀑布区成为穆斯林最大的集结地。

6. 东方宗教

在巴西,信徒数目巨大的东方宗教是佛教和万能弥赛亚教。此外,比较突出的还有源自日本于 1958 年传到巴西的完美自由教,以及从印度、波斯传入巴西的一些宗教。

(1)佛教。它是在 20 世纪初由日本移民传入巴西的,第一座庙宇于 1932 年建在圣保罗州的卡非兰蒂亚。60 年代后佛教的诵经潮流传到巴西知识分子和其他亚洲移民中间,最普遍的是藏经。

(2)万能弥赛亚教。巴西第二大东方教,源自日本,1955 年创建于里约热内卢。

7. 非洲 - 巴西宗教

最重要的非洲 - 巴西宗教有坎东布莱教和温班达教,它们在巴西居民中间具有很强的浸透力,特别是在圣保罗、里约热内卢、南里奥格兰德和巴伊亚州。

(1)坎东布莱教。它是一种非洲 - 巴西宗教,笃信非洲讲约鲁巴语国家的奥里萨神,是 16 世纪到 19 世纪间随着被当作奴隶贩运到美洲的西非黑人一起传到巴西的。葡萄牙殖民者把它当成一种巫术,对它进行残酷压制。

(2)温班达教。它是 20 世纪 20 年代诞生于里约热内卢州的巴西宗教,融合了非洲的和欧洲的信仰和仪式。信徒们通过他们中间的某一个知情者与人们保持着接触。这个"引路人"通常是卡沃克罗人、老年黑人和善人。

温班达教源自贩运到巴西的非洲两个地区的奴隶,非洲信仰与天主教结合形成了奥里萨神与圣人的同一性。温班达教所受的另一个影响是笃信活人和死人可以相互沟通的卡尔德主义招魂术。此外,温班达教还掺进了印第安人的宗教仪式和欧洲的巫术成分。

　　巴西文化是在土著印第安人、葡萄牙人和黑人长期接触、通婚以及宗教渗透的过程中慢慢形成的独特文化,多元文化在碰撞中相互交融。

第三章　巴西高等教育的演变及特点

　　巴西高等教育起步较晚,深受宗主国葡萄牙高等教育模式的影响。但巴西在高等教育现代化进程中较好地处理了国际移植与本土化的关系问题,采取了一系列高等教育现代化策略,使巴西高等教育迅速崛起,走过了一条可资借鉴的高等教育现代化发展之路。

第一节　巴西高等教育的历史沿革

一、殖民地时期高等教育的萌芽

　　巴西是拉丁美洲最大的国家,然而教育的起步却比其他拉美国家要晚得多,国内高等教育比墨西哥、阿根廷等拉美国家晚了近三百年。殖民时期,葡萄牙统治者只注重本国的高等教育,对巴西这块新开辟的殖民地采取漠然置之的态度。为了维护其殖民利益,葡萄牙采取禁止出版、不鼓励高等教育发展等敌对的态度对待殖民地文化的发展,导致巴西全国在整个殖民地时期没有一所正规大学,想接受高等教育的人就必须去葡萄牙和法国。

　　在教会影响下,16世纪初成立的巴伊亚"天主教"之家,逐渐发展成了巴西的第一家高等教育学校,开设了神学课、文学和艺术课,活动范围渐渐扩大,培养出了大量的教育家。

二、巴西创办的高等教育

直到 19 世纪初,葡萄牙王室为躲避拿破仑军队侵略而迁至巴西,巴西暂时成为葡萄牙殖民帝国中心,在此情形下,由于上层统治阶级的需要,于 1816 年在巴西开办了第一所专科层次的专业学院——皇家科学艺术学院。它奠定了巴西高等教育专业化特色的发展基础,并一直延续到 20 世纪初。

20 世纪 20 年代,巴西建立里约热内卢大学和米纳斯吉拉斯大学,两所大学由一些专科学院合并而成。1934 年,巴西建立了现代意义上的综合性本科大学——圣保罗大学。二战以后,随着高等教育的供求矛盾逐渐突出,巴西开始优先发展高等教育,并着力发展研究生教育。

三、学习美国现代化

(一)重视高等教育立法,走教育法制化道路

在巴西,每一次高等教育的改革和发展都是立法先行。巴西高等教育机构也是严格按照国家法律创办的。巴西法律规定,只有经过联邦教育委员会的批准和认可,才能够开办高等教育机构并有资格颁发具有法律效力的学位文凭。重视高等教育立法、走教育法制化道路是巴西高等教育现代化的重要策略之一。

(二)改革高等教育管理模式,由政府控制走向政府监督

巴西高等教育管理的联邦机构是教育与文化部,出于政治考虑,教育部部长是出于政治考虑由总统直接任命的。教育与文化部受国民教育议会援助,由 24 名有名望的教育家组成,他们对解释和实施国会制定的教育立法起咨询作用。联邦政府对高等教育的控制很严,在教育与文化部中高等教育部是受联邦政府委托实施联邦法律法规的机构,它主要关注的是所有联邦、州高等教育机构的组织工作。有关高等教育的联邦法律给予高校极少的自治,大学的权力仅仅局限于一些日常事务,如课程的组织、制定学生作息表

和学分标准。至于联邦或州大学,还可以支付分配给它们的经费。公立大学甚至没有权力挑选自己的教授,教授的任命由政府法律加以规定,尽管大学被授权对申请大学讲座教授的候选人实施竞争性考试,但这种考试也可以被联邦政府取消。如果大学想设立新的学位课程或学系和颁发新文凭,必须经过政府的允许,否则文凭没有法律效力。

(三)改革高等教育投资体制,引入市场机制

巴西高等教育的经费主要有两大来源:一是公共资金来源,这是通过联邦政府、州和市政府,以直接和间接的方式提供的财政资助;二是私人资金来源,这类资金来自家庭、社团和私人企业。其中公共资金来源是主要来源,每年联邦政府提供给教育的公共经费不得少于18%,相当于国内生产总值的5%。联邦区、州政府和市政府必须把其财政税收的至少25%投资教育(包括那些来自联邦政府的经费)。这三级政府的投资教育的比例大致为联邦政府的20%,州政府的50%,市政府的30%。公共经费主要用于公立学校,同时也对不以营利为目的的社区学校、宗教学校和慈善学校投资。公立大学的经费主要来自政府财政拨款。公立高等教育实行免费教育,私立高等教育是收费的,而且绝大多数私立高校的经费主要来自学生的学费。巴西私人企业界缺乏捐助的传统。在巴西高等教育现代化进程中,投资体制改革开始于20世纪60年代,并先后进行了三次。其主要趋势是投资体制走向市场化。

(四)改革高等教育招生体制,实现高等教育大众化

在巴西,高校招生采取高考制,录取按考生在大学入学考试中的成绩决定。但公立大学都有录取的最高限额,因此大学入学考试成了一种限制而不是选拔够条件的学生的过程,造成部分高考合格而没有机会上大学的"过剩者"。

针对这种情况,1968年的《大学改革法》着手改革大学招生体制,扩大招生名额。将原来的淘汰制改为分级制,按照高校能够容纳的新生数录取学生;逐步实行统一入学考试;修改考试内容,使其与中学所学统一起来;采用标准化评分,使考试更为客观科学。这些措施大大促进了大学入学人数的

增加。在 1968—1975 年间,巴西高等学校在校人数增长速度最快,平均年增长率达到了 22.5%。[①]

(五)大力发展研究生教育,重视科学研究

研究生教育被认为是巴西教育的珠宝,早在 20 世纪 50 年代,福特和洛克菲勒基金组织曾资助巴西学生去美国完成研究生学习。自那时起,巴西还出现了几个资助学生在国内外进行研究生学习和研究的公立机构。直到 1968 年巴西《大学改革法》颁布,才开始在自己国内开设研究生教育课程,发展研究生教育。巴西政府积极鼓励凡有条件的大学和研究机构都开设研究生课程,政府在财力上给予一定的资助。

高级人才进修协调局(CAPES)是教育部负责高等教育的重要机构之一,它创建于 1951 年,主要职责是负责研究生教育和奖学金制度。它是一个高效而受人尊敬的机构,拥有一套不断发展的全国研究生教育课程的评价体系,通过收集详细的数据和同行评价把课程划分为从 A 到 E 五个等级,这些等级被用来作为发放研究生奖学金的重要依据,为研究生课程提供经费支持。因为高级人才进修协调局声誉高,其排位情况通常被其他机构和公众在评价国家研究生教育质量时援用。

目前巴西研究生教育改革关注的重点是将研究生课程点普及到全国各个地区,完善其鼓励和控制研究生教育的手段,加强研究生的基础教育和提高研究生质量。同时,把教师的进修提高和研究生教育结合起来。

(六)积极发展私立高等教育,实现高等教育多样化

20 世纪 60 年代末 70 年代初,巴西经济的飞速发展、人力资本理论和发展主义教育观的引入,促进了巴西高等教育需求的猛增,同时也给当时巴西军政府带来了一定的压力。首先,中学毕业生人数增多,但由于公立大学都有录取最高限额的规定而导致许多学生高考合格而没有机会上大学,这些学生已经出现了躁动;其次,盲目扩招势必加重公立大学的财政负担和影响公立大学的质量,因此巴西军政府决定积极发展私立高等教育来解决面临

---

① 参见顾明远、梁忠义:《世界教育大系·巴西教育》,吉林教育出版社,2000 年,第 197 页。

的压力。

为了鼓励开办私立高校,巴西政府放宽开办高校的限制,并提供免税和贷款之优惠。在管理上,政府对私立高校也更为宽松,私立高校可以自行挑选校长,在筹措经费、招生和制订教学计划等方面均享有比公立高等学校更大的自主权。对于进入私立高校的贫困学生也有一套贷款制度,学生贷款包括大学收取的学费和少量个人生活费。学生贷款计划由教育部操作,巴西一个州银行具体实施。贷款基金是由教育部投资以及私人和州银行在中央银行1%的义务存款两部分构成的。学生毕业一年后开始还款,年利率15%。

然而在20世纪80年代经济危机的时候,大学毕业生就业日益困难,加之高额的通货膨胀率,导致拖欠贷款的现象非常多,贷款制度逐渐失去了它的自我资助特征而日益成为教育部的辅助金。贷款在维持一些私立大学的正常运转方面起着重要的作用。在20世纪90年代,大约50%的私立大学学生得到了这种贷款的资助。到1991年末,这种贷款计划得以修订,新的贷款计划把贷款标准变得更有选择性,优先贷给那些首先接受教育部评价的大学的学生,贷款的分配也更集中在那些缺少公立大学的地区。

巴西私立高等教育的崛起,一方面缓解了中学生升学的压力和政府财政的困难,另一方面也起到了稳定社会政局和保证公立大学教学质量的作用,从而形成了高等教育多样化发展的格局。

第二节　巴西高等教育宏观结构之变化

高等教育的宏观结构是指与经济、社会发展等外部因素关系密切、事关高等教育总体的高教结构,它包括层次结构、科类结构、型式结构和分布结构等,[①]是高等教育的重要组成部分。

---

① 参见潘懋元、王伟廉:《高等教育学》,福建教育出版社,1995年,第69~70页。

一、层次结构

高等教育的层次结构,亦称水平结构,主要是指不同程度和要求的高等教育的构成状态,一般包括高等教育的专科教育、本科教育和研究生教育三个层次。巴西高等教育由于受殖民统治的影响,总体起步较晚。整个殖民地时期,巴西没有一所本科大学,贵族子女要受高等教育,需要去葡萄牙或欧洲其他国家。直到19世纪初,葡萄牙王室为躲避拿破仑军队侵略而迁至巴西,巴西暂时成为葡萄牙殖民帝国的中心。在此情形下,由于上层统治阶级的需要,于1816年在巴西开办了第一所专科层次的专业学院—皇家科学艺术学院。它奠定了巴西高等教育专业化特色的发展基础,并一直延续到20世纪初。

20世纪20年代,巴西建立了两所本科大学,即1920年建立的巴西第一所大学——里约热内卢大学以及1927年建立的米纳斯吉拉斯大学。然而这些大学是由一些专科学院合并而成,并不是现代意义上的综合性本科大学。

20世纪30年代军人独裁时期的瓦加斯政府极为关注公共教育,颁布《巴西大学章程》的法令,明确规定"大学"应有三个学院组成:法学院、工学院和医学院(或者可用教育学院、自然科学学院、人文学院这三者之一替代其中之一),较明确地阐述了综合大学的概念,并根据这一规定的标准,巴西于1934年建立了新型的本科大学——圣保罗大学。

第二次世界大战爆发之时,巴西恢复了民主政府,进入民主共和国时期,并于60年代末至70年代初经济飞速发展,出现所谓的"经济奇迹"。与此同时,巴西高等教育的供求矛盾日益突出,引起社会不满。出于社会政治的考虑,巴西政府于1968年颁布《大学改革法》,优先发展高等教育,并开始发展研究生教育。巴西政府积极鼓励凡有条件的大学和研究机构都应开设研究生课程,政府在财力上给予一定的资助。"巴西的研究生课程点,1974年为608个,1979年增加到974个,增加幅度达60%。其中硕士点从1974年的451个增加到1979年的717个,增加了59%,博士点从1974年的157

个增加到 1979 年的 257 个,增加了 64%。"①除了加强国内研究生的培养外,还十分重视向国外选派留学生。有资格从事研究生教育的机构数量显著增长,1998 年至 2017 年间同时开设硕士和博士学位课程的大学由 749 所增至 2138 所,增长率 185.4%,提供专业硕士学位课程的高等教育机构由 0 增至 739 所;学生和导师数量同步迅猛增长,1998 年至 2017 年间全国研究生总数增加了 266.4%,研究生导师数增加了 72.2%,研究生教育项目生师比由 46∶1降至 23∶1。②

巴西高等教育的层次结构经过不断发展,现已基本定型,专科层次由于升级、合并等原因已不存在,高等教育仅包括本科教育和研究生教育两个层次:本科教育根据课程不同,年限不等,一般为六年左右,接受中学毕业且通过大学入学考试者入学;研究生教育可以分为专业进修教育课程和硕士、博士学位课程。要取得硕士、博士学位都要提交学位论文并通过论文答辩。可见,巴西高等教育层次结构发展趋势是"重心上移",研究生教育发展较快。近期为了提高教师的学历层次,建立广泛的奖学金制度,从而将教师的进修提高与研究生教育联系起来,并发展了博士后研究层次。

二、型式结构

高等教育型式结构主要指不同办学形式、学校类型的构成状态,也称类型结构,是高等教育的横向结构。

巴西最早出现的高等教育机构是学院,1822 年,巴西摆脱葡萄牙而独立,在高等教育方面,主要是继续增建单一性的专业学院。从 1889 年起已出现了州立学院和私立学院,但为数不多。里约热内卢著名的历史和地理学院借鉴欧洲模式创立高级研究院。1920 年巴西第一所大学里约热内卢大学在专业学院合并的基础上成立,标志着巴西出现了"大学"这一高等教育机

---

① 顾明远、梁忠义:《世界教育大系·巴西教育》,吉林教育出版社,2000 年,第 197 页。
② 参见王永林:《世界一流大学建设运动中的巴西:参与者抑或局外人——基于近 20 年高等教育发展战略的分析》,《比较教育研究》,2020 年第 9 期。

构。"从 1890 年至 1930 年巴西共建 17 所法律学院、8 所医学院、8 所工学院和 2 所大学。"①但现代意义上的大学机构的出现始于 1934 年建立的圣保罗大学。

此后直到二战,由于多方面原因,整个巴西也只有 5 所综合性大学以及 293 所专业学院。战后,由于城市和工业的发展、中学毕业生迅速增长,及联邦政府对发展高等教育的重视等,巴西高等教育发展迅速,主要表现在两个方面:一是高等教育机构数量增多,至 1964 年,巴西已有 37 所大学和 564 所学院;二是出现了新型的大学和学院。联邦政府于 1947 年建立了航空技术学院、1962 年建立了巴西利亚大学,这些均具备了现代大学的基本特征,标志着现代大学在巴西的进一步完善。

20 世纪 60 年代末 70 年代初,巴西经济的飞速发展、人力资本理论和发展主义教育观的引入,促进了高等教育的又一次飞跃。这一时期,巴西高等学校的数量成倍增加,出现了基金会资助的大学。另一个突出表现是,独立的、单科专业的私立学院迅速崛起和猛增,并且在数量上很快超过了公立高等学校。这种情况至今仍然没有改变。在 1994 年至 2006 年间,公立高校从 211 所增加到 248 所,增长率仅为 17%,而同期私立高校则几乎增长了 3 倍,从 711 所增加到 2022 所,其中一半以上是 1998 年后新建的。②

直到现在,巴西高等教育型式结构主要有两类:公立高等学校和市立高等学校。其中公立高等学校分为联邦高等学校、州立高等学校和市立高等学校三类,私立高等学校也可以分为宗教性高等学校和进修性高等学校。如果依据高等学校的功能及其学术地位,可将巴西高校分为三类:综合性大学、联合的学院和独立的学院。其中综合性大学数量虽少,但处于举足轻重的地位,在联邦政府管辖的高校中,是明显受到重视的大学类型。但在巴西,独立的专业学院和私立高等学校占绝对多数。因此,巴西高等教育的型式结构发展趋势应该是:扩充公立高等学校,发展多种教育形式(如夜大学

---

① 顾明远、梁忠义:《世界教育大系·巴西教育》,吉林教育出版社,2000 年,第 37 页。
② 参见杜瑞军:《扩大的差距——巴西高等教育入学机会分配政策的变迁与面临的挑战》,《比较教育研究》,2012 年第 10 期。

等),实现多样化。

三、分布结构

高等教育的分布结构是指高等教育机构在地区分布上的构成状态。巴西全国习惯上被划分为五大地区:东南部地区、南部地区、东北部地区、中西部地区和北部地区。其中东南部地区、东北部地区和南部地区很发达,其他地区相对落后,地区之间贫富差异悬殊,这对高等教育的分布结构产生了直接影响。

巴西殖民地时期,由于葡萄牙王室曾定都里约热内卢,为培养统治人才,创建了一些包括皇家科学艺术学院在内的专业学院。巴西独立后直到20世纪初创办的专业学院也多在东南部地区、东北部地区和南部地区。20世纪20年代巴西创办的两所大学,也位于里约热内卢州和米拉斯吉拉斯州。直到20世纪80年代的1987年,巴西共有高等学校853所,64%仍然在东南部。

巴西1986年有31719人获硕士学位,7759人获博士学位,东南部集中了这个国家95%的硕士毕业生和75%的博士。

直到今天,巴西高等教育体系的地区分布差异仍然很大,巴西东南部地区是全国最发达的地区,72.6%的博士和54.6%的硕士都集中在东南部地区。教育部对各地区的高教资助,加剧了各地区之间的差异。"教育部资助高等教育的总额的97.1%用于联邦大学。在各地区的分配如下:东南部地区为37.6%,东北部地区为28.0%,南部地区为18.7%,中西部地区为10.0%,北部地区为5.7%。"①可见,越发达的地区获得的资助越多,"富者越富,穷者越穷",导致地区高校间一定程度的不公平和恶性循环。如何缩小这种地区分布差异,加大中西部和北部地区高校的投入,成为巴西高等教育界乃至整个巴西社会面临的一个急需解决的问题。

---

① 顾明远、梁忠义:《世界教育大系·巴西教育》,吉林教育出版社,2000年,第206页。

第三节 巴西高等教育体制的嬗变

高等教育体制是关于高等教育事业的机构设置、隶属关系、职责和权益划分的体系和制度，它包括高等教育的管理体制、投资体制、办学体制、招生体制和毕业生就业体制等方面。这里主要从管理体制、投资体制和招生体制三个方面的嬗变情况加以阐述。

一、管理体制

高等教育管理体制是指国家对高等教育领导管理的组织结构形式和工作制度的总称。目前主要有集权制、分权制和混合制三种形式。

巴西殖民地时期，教会垄断教育。1934 年颁布"补充法"，该法确立了各省自治的地位，对教育行政管理权作了明确的规定，初等和中等教育的行政管理权分散到各省，由各省政府负责，而高等教育的管理仍由中央负责。

巴西高等教育是根据"拿破仑模式"组织的，但自 20 世纪 30 年代以来，巴西出现了一些远离严格的拿破仑体制模式的改革，包括科学院校的产生和赋予大学一定程度的学术自治。这种情况导致了 1968 年的高等教育改革。

现在的巴西高等教育管理体制是建立在 1968 年《大学改革法》之上的，1968 年的改革在管理体制上试图采取美国式的现代高等教育管理模式。公立大学里的校长和副校长的候选人是由大学最高的学院组织推选的，在许多地方，开始通过教授、学生和其他职员共同参加的直接选举后由政府任命的方式产生。因此，在 20 世纪 80 年代，巴西公立大学达到了很高水平的政治自治，1988 年巴西重建国家高等教育委员会，该委员会关注的焦点主要是对公立大学的学术、管理和财政自主权与资金配置手段予以系统化的质量评估。但是大学在资源管理、人事政策和广泛的学术事务方面仍然受到外界的约束。1996 年的巴西宪法修正案，再次强调了联邦政府、州、市对教育的政府责任。

　　直到今天,巴西高等教育管理体制仍然存在两种模式:一种是拿破仑式的集权制模式,一种是美国式的分权制模式。这两种不同的模式并存,表明巴西高等教育存在较深的矛盾和反差,现在已很难相处。因此,巴西高等教育管理体制改革的关键就是要审时度势,从而使得高等教育管理体制朝着同一种模式发展。

二、投资体制

　　教育投资有广义和狭义之分,广义的教育投资指一切用于增进人的知识和技能与影响人的思想品德的活动费用;狭义的教育投资是指投入发展各级各类教育事业的人力、物力、财力的总和。在这个意义上讲,教育投资就是教育经费。那么高等教育投资体制就是高等教育经费的来源、划拨等制度的总称。

　　在巴西,高等教育的经费主要有两大来源:一是公共资金来源,这是通过联邦政府、州和市政府,以直接和间接的方式提供的财政资助;二是私人资金来源,这类资金来自家庭、社团和私人企业。其中公共资金来源是主要来源,公立大学的经费主要来自政府财政拨款。这种拨款模式经历了三次重大改革。

　　第一次改革开始于1960年,巴西绝大多数公立大学实施增量拨款模式(incremental finance model),其依据的主要参数包括:入学人数和教职工的增长、教师的学术组合与专业资格的变化、新项目的实施等。投资拨款的决定是在考虑上述参数的基础上,通过事后的判断与协商作出的。这一时期私立高等教育也迅速发展,但私立高校获得的政府资助较少,20世纪70年代巴西实行改革,私立高等教育可从各种各样的政府补贴中获益:学校可获得科研资助,学生可获得政府的贷款等。增量拨款模式起着规避公、私立高等教育竞争性需求所引致的公开冲突的作用。

　　第二次改革始于1985年,由于巴西高等教育的增长率开始减缓,新共和党上台执政,主张公、私立高等教育的联邦资助应采取公平、公开、公正的政策。开始尝试成就拨款模式(performance - based funding model)。具体做法是,先由高校进行自我评价,然后再由教育部下属的一些评价小组对高校进行综合评价,评价结果是划拨经费的依据。

第三次改革始于 1992 年,巴西教育部对联邦大学实行公式拨款模(formula funding model)。在这一模式中,每所联邦大学的资金拨款包括以下五个部分:①基本拨款;②预算增额,它依据教职工的学术资格而定;③经过调整的资金额,它依据每个学生的基本成本;④设施维持费的特别拨款;⑤机构发展项目的特别拨款。20 世纪 90 年代以来,还出现了合约拨款模式(contractual funding model)。合约拨款即约请高教机构为执行预先确定的项目而付给资金,它特别适合高等教育新项目的拨款,是将企业机制引入高校资金配置,具有一定的创新性,并随着产学研合作的发展而具有很好的发展空间。

直到今天,巴西高等教育的投资体制仍在改革之中,采取的措施主要有:①引入公立高等教育收费制。虽然对公立高校实行收费存有反对呼声,但收费制不仅是一种国际性趋势,而且也是巴西高等教育的一种现实选择。1991 年巴西教育部宣称公立高等教育免收学费的法律架构必须改变。在新的收费制下,来自高收入家庭的学生须支付额外的收入税。②提高教育质量和加强科学研究,加速科技成果的转化和应用,走产学研相结合之路,推行教育的市场化改革方略。③广开财源,多渠道筹措教育经费,实现高等教育经费来源多元化。

三、招生体制

高等教育招生体制是各国根据自己的国情和传统确立的一种高校入学制度。主要有证书制、高考制和开放制三种形式。

在巴西,高校招生完全按考生在入学考试中的成绩决定,巴西大学入学考试开始于 1911 年,起初是对申请中学毕业证书的考生进行遴选的国家考试,后来演变成大学入学考试。1961 年的教育法规定,上大学必须参加入学考试,各高校均有举行入学考试的自主权。由于要求上大学的人数一直超过招生规定的名额,因而大学入学考试就成了一种限制而不是选拔够条件的学生的过程,造成部分高考合格而没有机会上大学的"过剩者"。

针对这种情况,1968 年的《大学改革法》着手改革大学招生制度,扩大招生名额。将原来的淘汰制改为分级制,按照高校能够容纳的新生数录取考生;逐步实行统一的入学考试;修改考试内容,使其与中学所学统一起来;采用标准化评分,使考试更为客观科学。这些措施大大促进了入学人数的增加。但公立大学都有录取的最高限额,有些热门学科(如应用社会科学和人文科学)和院校申请入学者达到实际录取数的 10 ~ 20 倍,入学考试竞争仍相当激烈,而这种情况在私立大学(除了像医学和牙医学科外)是不存在的。研究生招生入学很像美国模式,申请入学者必须具备推荐信、书面意见,还需经过面试和书面考试。

1990 年以来,巴西高等教育取得了全面、长足的发展,大学毛入学率从1990 年的 11.2% 上升到 2009 年的 38%,①实现了由精英高等教育向大众化高等教育的转型。但巴西高等教育的这种招生体制招致了许多非议,直到今天,这种招生体制仍然被指责为社会的倒退。因为在巴西,最好的中学通常是收费昂贵的私立中学,这些中学的学生来自上流社会家庭,他们在高考中处于优势能够进入最好的免费的公立大学,然而穷人须花钱上低质量的大学(大多是私立学院)。为改变这种状况,出现了两种改革的政策建议:一是减少公立大学入学障碍;二是向有能力支付学费的人收费,实行奖学金制度和为贫困学生提供助学贷款。针对第一种选择出现的担心就是它会降低公立大学的质量,而第二种选择没有出现较大的争议,但认为"大学通过学费获得的经费不能超过日常经费的 10% 为宜"。

总之,巴西高等教育起步虽晚,但发展较快。同拉丁美洲其他国家相

---

① 参见杜瑞军:《扩大的差距——巴西高等教育入学机会分配政策的变迁与面临的挑战》,《比较教育研究》,2012 年第 10 期。

比,巴西高等教育不但数量可观,而且质量也较好。但是在巴西高等教育现代化进程中,也出现了一些问题,主要表现为高等教育的分布结构不合理、大学自治和科研存在局限、教师专业化程度不高和高等教育的质量与经费危机等方面。如何解决这些问题,是巴西高等教育面临的重大课题,也是巴西高等教育现代化能否继续向前推进的关键。

四、总结

1500 年 4 月 22 日,葡萄牙航海家佩德罗·卡布拉尔率船队首航巴西并宣布这块土地为葡萄牙国王所有,至今已过去五个多世纪。在这漫长的岁月里,巴西经历了殖民地、封建帝制和资本主义社会三个时期,政治、经济、社会不断发展;土著印第安人、葡萄牙人、黑人之间相互通婚、同化以及宗教活动,形成了包容多元的巴西文化;巴西高等教育起步晚,但发展较快,虽然深受宗主国葡萄牙高等教育模式的影响,但巴西在高等教育现代化进程中较好地处理了国际移植与本土化的关系问题,采取了一系列高等教育现代化策略,使巴西高等教育迅速崛起,走过了一条可资借鉴的高等教育现代化发展之路。

主要参考文献

1.[美]本杰明·吉恩、凯斯·海恩斯:《拉丁美洲史》,孙洪波等译,东方出版中心,2013 年。

2.[巴西]博勒斯·福斯托:《巴西简明史》,刘焕卿译,社会科学文献出版社,2006 年。

3.董经胜、林被甸:《冲突与融合——拉丁美洲文明之路》,人民出版社,2011 年。

4.[美]E.布拉德福德·伯恩斯:《巴西史》,王龙晓译,商务印书馆,2013 年。

5. 顾明远、梁忠义:《世界教育大系》,吉林教育出版社,2000 年。

6. 郭存海:《巴西的美丽与哀愁》,《中国工人》,2014 年第 8 期。

7. 郭元增:《巴西 500 年回眸与展望》,《拉丁美洲研究》,2000 年第 3 期。

8. 林被甸、董经胜:《拉丁美洲史》,人民出版社,2010 年。

9. 刘文龙、朱鸿博:《全球化、民族主义与拉丁美洲思想文化》,上海辞书出版社,2013 年。

10. 吕银春、周俊南:《列国志·巴西》,社会科学文献出版社,2004 年。

11. 邵恒章:《巴西黑人和巴西民族文化》,《拉丁美洲研究》,1989 年第 3 期。

12. 苏星:《社会主义再生产的理论与实践》,上海人民出版社,1987 年。

13. [美]谢里尔·E. 马丁等:《拉丁美洲史》,黄磷译,海南出版社,2007 年。

14. 张宝宇:《巴西现代化的起始与社会转型》,《拉丁美洲研究》,2003 年第 5 期。

15. Brighouse, H., *Egalitarian Liberalism and Justice in Education*, Institute of Education, 2002.

16. Daniel C. Levy, *Higher Education and State in Latin America*, University of Chicago Press, 1986.

17. Paulo Renato Souza, Working with Governments Establishing Positive Regulatory Environments, http://www. prsouza. com. br, 2005 – 11 – 05.

18. Simon Schwarzman and Elizabeth Balbacheosky, The Academic Profession in Brazil, http://www. schwartzman. org. br/simon/carnegie/capt2. htm, 2005 – 10 – 09.

第二编 俄罗斯高等教育的演变

俄罗斯联邦（简称俄罗斯），是位于欧亚大陆北部，地跨欧亚两大洲的联邦共和立宪制国家，国土面积为 1709.82 万平方千米，是金砖国家中也是世界上国土面积最大的国家。截止 2020 年，俄罗斯总人口 1.46 亿，共有民族 194 个，其中俄罗斯族占 77.7%。俄罗斯的主要宗教为东正教，其次为伊斯兰教。俄罗斯是当之无愧的世界超级大国，它有世界最大储量的矿产和能源资源，是最大的石油和天然气输出国，它也拥有世界最大的森林储备并且含有约世界 25% 的淡水的湖泊。

在政治上，俄罗斯联邦实行的是联邦民主制，以俄罗斯联邦宪法和法律为基础，根据资产阶级立法、司法、行政三权分立又相互制约、相互平衡的原则行使职能。俄罗斯实行总统制，现任总统弗拉基米尔·弗拉基米罗维奇·普京。

在军事上，俄罗斯军事实力，世界排名第二，仅次于美国。俄军队的军事实力强大，和美国共同拥有着全球最强大的核武器库。2020 年军费开支为 617 亿美元，俄罗斯的武器销售份额占了全球军售的 24%。①

在经济上，苏联解体后俄罗斯经济严重下滑，但经过一定的调整与发展，俄罗斯已经成为世界上拥有最多外汇储备的国家之一。2012 年 8 月 22 日俄罗斯正式成为世界经济贸易组织第 156 个成员。

在教育上，俄罗斯堪称世界教育文明大国，俄罗斯的国民整体文化素质

---

① 参见斯德哥尔摩国际和平研究所：《斯德哥尔摩国际和平研究所军费开支数据库》，sipri.org。

很高,全国的成年人中有 90% 以上都接受过高等教育。据统计,俄罗斯的高等教育毛入学率在 1985 年就已经达到了 54.3% ,到 2008 年达到了 72.3% 。国内的两所大学,莫斯科罗蒙诺索夫大学和圣彼得堡大学均为世界著名大学。

第四章　俄罗斯的历史发展

第一节　早期起源

俄罗斯平原是东欧平原的组成部分,它是东斯拉夫人和后来的俄罗斯人生存、繁衍的主要领域。俄罗斯平原最初的居民以捕猎为生,他们主要捕杀当时草原上生活的一种巨型大象,象的厚毛皮用来当作衣服,象的肉当作食物,象的骨用来制造工具。他们捕猎所使用的器具,除了用象骨制成的以外,其他的是粗陋的石斧和石矛。这个民族也被后人称为"捕象蛮族"①。但是这个民族是否就是如今欧亚地区的俄罗斯民族,这一点还有待考证。

斯拉夫人,是欧洲最古老和最庞大的部族集团。在最古老的时代,斯拉夫人居住在瓦尔戴山地一代时,当时的社会是氏族社会和原始社会的联合体。实行族内婚姻制,财产均由族长来掌管,财产归全体部落所共有。当时的族长权力与职责只是指导部落的生活和生产,代理执行各个部落之间的沟通和决议事宜,并没有处于支配整个部落的地位,不带有政治色彩,只是单纯的组织者。当抵御外族入侵时,斯拉夫人往往同与其实力相当且利害关系相一致的其他氏族联合,以此来扩张自己的势力范围,种族得以逐渐进化发展。根据史料的记载,在六七世纪间,斯拉夫民族还生活在氏族社会,他们生活在俄罗斯平原之时,共分为十几个种族,分别分布在俄罗斯平原西部沿河的一带。各种族之间均以氏族为单位,属于同一氏族的聚居在一起,

---

① 何汉文:《俄国史》,东方出版社,2013 年,第 16 页。

各个氏族实行自治。当时的斯拉夫民族以狩猎为主要产业,此外还采蜂蜜制作蜂蜡、从事纺织并且经营简单的耕作事业。当今俄罗斯人所使用的官方语言,大部分为斯拉夫语。俄罗斯斯拉夫人从他们生活的高原逐渐向外扩张,征服周边的其他土著民族,之后同化这些民族,以此渐渐发展,掌握了自波罗的海通向黑海、里海的交通要道,从而控制了北欧的全境。

东斯拉夫人,是斯拉夫人的一个支系,他们是后来的俄罗斯、乌克兰、白俄罗斯这三个民族的祖先。他们居住在德涅斯特和第聂伯河两河的下游之间,从事农业、畜牧业和渔猎经济。东斯拉夫人在6世纪时还没有建立国家,其社会制度大体还处于原始的氏族公社制社会向奴隶制社会过渡的时期,在东斯拉夫人的经济活动与日常生活中已经出现了奴隶,这些奴隶皆是外族的战俘,当时的社会道德标准禁止将本民族的成员变成奴隶。在政治和社会生活方面,仍带有浓厚的军事民主制色彩。东斯拉夫人共有三十多个部落,在10世纪以前,东斯拉夫人各部落仍处于流动和迁移的过程之中。随着社会经济的进步、物质财富的增加和剩余产品的出现,东斯拉夫人的商业活动逐渐变得频繁,部落之间逐渐出现了贫富差距,也出现了奴役和压迫,原来由部落成员选举出来的酋长开始利用手中的职权来以权谋私,把兼并的良田沃土据为己有,奴役普通的村社成员,逐渐从单纯的部落组织者演变成部落内部的特权统治阶级。到了9世纪中叶,东斯拉夫人已经走过了漫长的原始氏族社会的岁月,进入了阶级社会。

第二节　基辅王国与莫斯科公国(862—1613)

一、留里克王朝

史学家大多公认基辅是俄罗斯国家的最早起源之地,并且以维兰奇亚族的罗斯人留里克的建国为始祖。留里克原来是一个半岛上的酋长的名字,他以剽悍、凶狠、善战和好色而闻名于四方。早期俄罗斯民族的发展与"瓦希商路"有着密切的关系。"瓦希商路"的全称是"从瓦良格人到希腊人商路",它开始于北欧的斯堪的纳维亚半岛,最终抵达东罗马帝国——拜占庭的首都君士坦丁堡。[①] 留里克在"瓦希商路"最兴盛的时候将他的部落进行改编,妇孺和老人在后方制造武器,青壮年则随他外出征战冒险。留里克的武士队到860年左右已经接近了诺夫哥罗德城,这是东斯拉夫人的重要经济和商业中心城市,在距离诺夫哥罗德二百俄里的拉多加湖建立了拉多加城堡。留里克的武士队不断对周边进行侵略,因此与诺夫哥罗德也互视为敌。

从9世纪中叶开始,一直被来自斯堪的纳维亚半岛的日耳曼部落诺曼人所侵扰的、居住于诺夫哥罗德的斯拉夫人又发生了"内忧",城内的两大实力派为争夺城市的统治权发生战乱。为求"以夷制夷",两大实力派中的伊尔门家族派遣使者渡海,求助于罗斯人——往日的宿敌,于是留里克兄弟三人率领他们的武士队在862年的一个深夜悄然兵临诺夫哥罗德城下,按照事先的约定,伊尔门家族的内线早已经打开城门,然而留里克带领军队进入城内后,不仅杀光了与伊尔门家族内讧的诺伊家族,也将伊尔门家族的男子全部杀光。之后留里克召集全城居民宣布自己称王,是城市最高统治者,他在俄罗斯平原上建立了第一个封建性质的国家——古罗斯,今日的俄罗斯之名也是由留里克所属的罗斯族而来。留里克的两个兄弟在建国两年后相继去世,留里克独揽大权。

自862年留里克入住俄国以后,就发生了瓦丁人之乱,虽后来纷乱被平定,但是乱民之中仍有人逃往基辅另立政府,与留里克相抗衡。897年,留里克去世,他的儿子伊戈尔继位,但由于年龄过小不能执政,就由他的亲属奥列格摄政。奥列格辅佐幼主,率兵沿第聂伯河南下征服了上游的柳别奇与斯摩棱斯克,占领了南部重要的中心城市——基辅,并建都于此。到10世纪初,奥列格通过不断征战、兼并,已经建立起来以基辅为中心,包括绝大部分东斯拉夫部落在内的幅员辽阔的国家。当时的国家面积约一百万平方千米,人口约五百万。

---

① 参见张建华:《俄国史》,人民出版社,2014年,第5页。

奥列格被尊称为罗斯大公,他伟大的功绩被后人歌颂,常见于后世的许多诗歌小说中,他是当之无愧的俄罗斯民族独立强盛的创造者。

912年,奥列格去世,留里克的儿子伊戈尔继任基辅罗斯大公。他在执政期间征服了居住在南布格河的东斯拉夫人的一些部落,并大举进攻拜占庭。伊戈尔在一次由逼索税银引起的矛盾中被德列夫里安人杀死,他的妻子奥尔加继任,镇压了德列夫里安人的起义。965年,伊戈尔与奥尔加的儿子斯维托斯拉夫继位,他征服了东斯拉夫人的最后一个部落——维亚吉奇人。972年斯维托斯拉夫去世,973年其长子雅鲁波尔继位,然而他的其他两个儿子阿拉克和弗拉基米尔不服从长子的管辖,内乱四起,兄弟互相残杀。直到980年,斯维托斯拉夫的三儿子弗拉基米尔继任大公,弗拉基米尔大公是俄罗历史上一位强有力的统治者,他不仅平定了内乱,还向外扩大了罗斯的版图,另外还通过行政命令的方式使罗斯人接受了希腊东正教。1015年,弗拉基米尔去世,雅鲁斯拉夫平定争夺王位之内乱,于1019年继位,雅鲁斯拉夫在位期间虽然艰难地缔造俄罗斯的统一大业,但是由于王位继承制度的不完善,在他死后,艰难维系的统一又内讧不断,分崩离析,也是因为这个原因,基辅的王权逐渐衰败,国运也趋于衰落。到12世纪时,基辅罗斯大公的政权已经名存实亡,一个统一的国家分裂成了许多独立的公国。与此同时,来自外部的侵袭势力也逐渐增强,从12世纪起,来自东方的游牧民族蒙古鞑靼人成为基辅罗斯最大的威胁。

二、莫斯科大公国

(一)蒙古鞑靼人的入侵

蒙古人的根据地在如今俄罗斯的西伯利亚地区贝加尔湖以南,那里气候寒冷、空气干燥、森林丰富,在那里生长的民族体格强健、性格剽悍、骁勇善战。从12世纪开始,成吉思汗率领的勇猛的蒙古鞑靼大军战无不胜、攻无不克,征战西亚和东欧。当成吉思汗在亚洲崛起之时,正如上所述俄罗斯内部内战不断、政权分裂,已逐渐走入衰落。强悍的蒙古鞑靼人一举进攻,就已经张皇失措无力抵抗。到1240年,基辅罗斯的都城基辅就被攻陷,蒙古人在基辅建立了金帐汉国,并建立斡儿朵(都城)于伏尔加河畔的萨莱。自此以后,东斯拉夫人开始了长达240年的蒙古鞑靼人统治时期。

蒙古人平定俄罗斯后,不采用直接管理的方法,而是利用已经投降的俄罗斯君王来管理,俄罗斯的政府机关等组织也一切如旧,蒙古统治者只是由金帐可汗指派蒙官监督,征取赋税。但是俄罗斯的王室更替承继均要经过蒙古人的认可,而且即将继位的君王必须到上都觐见可汗,亲自获得"册封书"后才能继位,因此可以说当时的俄罗斯诸君王只是蒙古人的臣子而已。在蒙古人的统治下,斯拉夫人原有的和平自由的精神几乎消失殆尽,而专制观念则大势膨胀。蒙古人为了便于治理,任命弗拉底美尔王为北部俄罗斯总王,捷尔尼哥夫王为南部俄罗斯总王。俄罗斯其他王都觊觎这两个总王的位置,诸王之间不但不团结一致对抗外敌以雪亡国之耻,反而互起纷争竞相贿赂蒙古人,金帐汗国一有任何命令,必定卑躬屈膝、唯命是从,而本民族之间互相残杀,民族观念荡然无存。

(二)莫斯科公国的建立

莫斯科这个城市的起源历史上无可考证,莫斯科在最初并不是最强盛的国家,但它却是重要的交通枢纽,它是东北罗斯各个公国的中央地区,水陆交通也极其便利,外加金帐汗国对它的大力扶持,使得它在比较短的时间内就快速发展起来,成为东北罗斯乃至东欧最大的商品集散地之一。莫斯科公国的崛起开始于1325年伊凡一世继位莫斯科公国国王,伊凡一世受当时的蒙古可汗之命继任他哥哥攸利之王位,统辖诸王。伊凡一世继位后,借助蒙古人的力量,逐渐制服诸王,伊凡一世表面听从蒙古可汗之名,实际内心对蒙古人非常仇恨,然而单凭莫斯科人的微薄之力,不联合全部俄国的力量是不可能战胜蒙古人的,因此他只得对蒙古人恭敬顺从。伊凡一世善于利用手中的权力巧取豪夺,他以国库储备不足为由向蒙古可汗申请向地方各部征粮收税,再转输到萨莱,可汗批准。伊凡一世则利用这种便利条件,加之依仗蒙古人的权势扩大了莫斯科的国库和自己的腰包,因此在史上被称为"伊凡钱袋"。除了聚财敛金,伊凡一世还希望把莫斯科变为合法的首都从而代替弗拉底美尔自基辅衰落以后的中心地位,他利用当时弗拉底美尔的衰落,贿赂蒙古可汗批准将教会移驻莫斯科,正值当时教会也与弗拉底美尔等诸王不和,1332 年,俄罗斯希腊正教大主教彼得将大主教公署由基辅迁往莫斯科,使莫斯科成为俄罗斯教会的首都,成为罗斯人信仰和精神的中心,从而获得东正教教会强有力的支持,为重新统一俄罗斯照亮了神圣的光芒。伊凡一世统治期间,莫斯科公国版图大大增加,经济和军事实力都达到了鼎盛,随之居民人口和国家综合实力也逐渐增强。

1340 年,伊凡一世去世,他的儿子西蒙继位,他虽然遭到了以第威尔为代表的诸国王的群起反抗,但他重金贿赂蒙古可汗,因而得到了蒙古人的庇护。1353 年,西蒙由于感染当时欧洲流行的黑死病而逝世。他的弟弟伊凡二世继位,伊凡二世性格平和不喜战争,虽然不是庸君,但在位期间莫斯科公国并没有得到发展反而屡遭周边诸国的挑衅。

(三)俄罗斯国家的统一

1359 年,伊凡一世的第二子迪米特里·伊凡诺维奇继位,他继位时虽然年幼但是胸怀大志,欲成为全罗斯最高的统治者,要领导罗斯人摆脱蒙古人的统治。他以高官厚禄广纳贤士,吸引一些势力强大的富人聚集到莫斯科,同时马不停蹄地修建塔楼、石墙和碉堡等。1380 年 8 月 31 日,是一个被载入史册的重大日子,金帐汗国的马麦汗率领马步军六十万征战莫斯科,大军行至顿河附近的库里斯沃平地,与莫斯科二十万大军相遇,两军交战,莫斯科军队虽阵容远不及蒙古大军,但是仍旧斗志昂扬、奋勇杀敌,然而虽顽强抵抗,但寡不敌众,在濒临溃败之时,幸得战前由迪米特里大公另派的一支军队在后方援助,蒙古军以为大批援军将至,且蒙古军也已经死伤惨重,于是惊慌撤退。在后人所写的《迪米特里大公大战马麦汗的故事》中对战斗作了这样的描述:"镀金的头盔叮铃响,深红色的盾咚咚响。宝剑呼啸,锐利的军刀在好汉们的头旁闪烁,勇士的鲜血沿着包铁皮的马鞍流淌,镀金的头盔在马蹄旁滚动。"①库里斯沃大战莫斯科大军虽然伤亡惨重,但是仍然险胜。

---

① [苏]诺索夫:《苏联简史》,武汉大学外文系译,生活·读书·新知三联书店,1977 年,第94页。

这一战的胜利是罗斯人民争取独立自主、俄罗斯民族复兴的历史关键。

随着莫斯科公国逐渐统一了东北罗斯,各个公国之间政治经济联系也更加密切,阻碍俄罗斯形成统一国家唯一的障碍就是金帐汗国的统治。完成俄罗斯国家形成大任的是伊凡三世。1462年,在法西里第二之后,伊凡三世继位,他深受父亲长年执政的影响,富有世界知识和政治经验,行事有力且果断,在他执政之初,内有各国诸王怀叛不服,外有立陶宛、蒙古可汗,均与他为敌。然而他却能一一平定内乱,善于利用国际政策以及自己与希腊皇帝之女索菲亚的婚姻建立了俄罗斯的国际关系从而制服了立陶宛的野心,扫清了蒙古国的势力,完成了统一大业。1480年11月,伊凡三世的罗斯军队与蒙古军队在乌格拉河的冰面展开了激战,蒙古军队因坚冰渡河、不抵严寒与饥饿,军队势力大减,另外伊凡三世在罗斯大主教的不断鼓励下抓住有利时机奋起杀敌,最终战胜蒙古大军,结束了俄罗斯被蒙古鞑靼人长达240年的统治。

第三节　沙皇俄国时期(1613—1917)

一、沙皇专制制度的起源

1533年,伊凡四世继位,年仅3岁。伊凡四世是俄罗斯历史上的一大重要人物,他也是开启俄罗斯君主专制政体的创始人。伊凡四世继位时,他的母亲海琳娜摄政,久怀叛乱之心的贵族们因君王年龄尚幼而更加骄横无度,海琳娜深知当时各贵族包藏祸心,意欲扫灭这些叛乱势力。她先后诛杀了先王的两个弟弟,又与立陶宛人作战并大胜,还击退了克里米亚一带的蒙古人。她治政严厉苛刻,莫斯科的贵族皆有怒而不敢言,直到1538年,海琳娜被毒杀,各方贵族的专横势力又再次膨胀。自继位以后,伊凡四世备受贵族的种种苛待,对贵族恨之入骨,他一直刻苦求学、发愤图强。1543年,13岁的伊凡四世已经胸有成竹、行事不行于色,贵族们仍然视他为孩童,骄横如旧,却不知伊凡四世已经运筹帷幄,突然召集专制的贵族,命侍卫逮捕十几个贵族势力的头号人物,诛杀了贵族中两大家族之一的头领许斯基,其残余势力放逐莫斯科境外。自此,贵族的凶恶气焰得以熄灭。伊凡四世 16 岁时,向当时的大主教和群臣宣言将举行婚礼及加冕大典。在 1547 年 1 月举行的加冕大典上,伊凡四世废除大王的称号,自命为沙皇并宣布亲政,他是第一位真正公开向欧洲宣布自己是"沙皇"的统治者,自此以后俄罗斯的皇帝均称为沙皇。

　　伊凡四世自从亲政开始,便不断加强中央集权制和沙皇的专制权力,他免除了地方领土的司法权、行政权和征税权,罢免了贪官污吏,从平民中选拔新的官员,把往日声名显赫的领主放逐边塞。从 1565 年开始,伊凡四世推行特辖制,即建立直属沙皇的特辖军,特辖军因为有沙皇的特许令而在俄国各地横行霸道,特辖制实行的七年时间里,有 4000 名领主被处死,万余名百姓无故被杀。[①] 伊凡四世的这种暴政引起了社会各个阶层的强烈反抗。到了晚年,他变本加厉,乖张、多疑,从 1581 年起便怀疑自己的儿子想要谋权篡位。11 月的一天,伊凡四世将自己的儿媳打至流产,他的儿子得知后对其表达不满,他竟然残暴地把铁头权杖扔向儿子的头部,最终儿子身亡。伊凡四世加强皇权,消灭封建割据势力所依靠的就是逐渐处于上升地位的贵族,他不仅在政治上对贵族采取扶植态度,而且在经济上也赋予他们一些特殊权利。他将全俄的土地划分为"特辖区"和"普通区",特辖区整个土地都归他个人所有,那里包括了全国最富饶的土地和最重要的工商业城市。贵族与领主和王公争夺土地和农民,常常以武力强迫农民迁入特辖区,伊凡四世通过这样逐渐控制土地从而控制国家经济的手段极大地推动了封建农奴制经济的发展,也巩固了沙皇专制。

---

① 参见张建华:《俄国史》,人民出版社,2014 年,第 20 页。

二、罗曼诺夫王朝(1613—1917)

(一)莫斯科王朝的覆灭和罗曼诺夫王朝的建立

伊凡四世有三个儿子,长子颇具雄才大略,只可惜因为与伊凡四世发生口角被杀;次子斐多尔秉性软弱;三儿子迪米特里行事较冲动。1584 年春,伊凡四世去世,斐多尔继位,但他身体赢弱,遇事怯懦并且优柔寡断,缺乏政治才能,与他的父亲大相径庭。伊凡四世深知这一点,因此让斐多尔的舅舅罗曼诺夫摄政,不料罗曼诺夫数月即过世,改为由他的兄弟戈达诺夫摄政。戈达诺夫沉稳且明敏,他在摄政时非常重视军队建设以树立威信,1591 年克里米可汗率兵环攻莫斯科,被戈达诺夫的大兵击退,于是他的名声大噪,已相当于俄国的无冕之王。1598 年,斐多尔去世,嘱其王后伊丽娜执政,而伊丽娜晚年更名进入修道院为尼,不问世事。自此,由伊凡一世创下的莫斯科王朝彻底覆灭。

1603 年和 1607 年,分别在欧洲和俄国南部出现了两个自称是未死的王子迪米特里的人,历史上称之为"伪迪米特里一世"和"伪迪米特里二世"。这两个"假太子"背后都有波兰人的扶持,波兰皇室贵族试图利用这两个傀儡来推翻沙皇的统治,波兰军队在 1610 年 7 月 17 日占领了俄国。波兰军队的入侵激起了俄国人民的爱国热情,俄国境内建立起了"全国会议"和以农民游击队为基础的国民义勇军,国民义勇军受到人民的热烈拥护,终于于 1612 年解放了被波兰人占领两年的首都莫斯科。1613 年 1 月,在莫斯科克里姆林宫圣母升天大教堂举行了全俄缙绅会议,来自全国五十个城市的七百多个代表选出了与斐多尔沙皇有姻亲关系的米哈伊尔·费奥多罗维奇·罗曼诺夫为新的沙皇。1613 年 2 月 21 日,新沙皇正式加冕,从此,300 余年的罗曼诺夫王朝世袭统治开始了。

(二)彼得一世改革

1645 年,米哈伊尔沙皇病逝,自此之后的四十余年,王位之争一直不断,沙皇之位也不断更替,甚至出现了俄国历史上仅有的"双皇"并列的现象,即把彼得与他的哥哥伊凡并立为沙皇。1689 年 8 月,彼得听闻一直摄政的姐姐索菲亚因妒忌他的才能而要杀害他,于是召集部分禁卫军发动政变,软禁了索菲亚以及同他并立为沙皇的伊凡,并于同年宣布亲政,史上称彼得一世。

　　17 世纪末的俄国在欧洲是一个非常落后的国家,政治上内乱不断,东正教干涉政治;军事上遭到土耳其、波兰等邻国的进攻;经济上与西欧和中欧国家比都远不能及;教育上的落后则更为严重,全国没有一所世俗学校。面对如此内忧外患的国家,彼得一世决心彻底改革。1696 年,彼得一世组织了一个庞大的"俄国大使团"周游欧洲各国,在众多反对的声音之下,彼得一世并没有退缩,他自己也作为"大使团"中普通的一员随团出国,从 1697 年 3 月 10 日到 1698 年 8 月 25 日整整出访欧洲近 18 个月。通过与欧洲先进国家比较,彼得一世真正看到了俄国的极端封闭和经济的极端落后。彼得一世回国后进行了彻底的改革,他的改革形式与实质并重,在军事、政治、财政、教育、宗教和社会习俗等方面都进行了全面而彻底的改革。在军事方面,自从组织军事改革以后,直到彼得大帝在位的后期,俄国已经拥有常备陆军二十万人,骑兵七万五千人,海军战舰四十八艘,并且在波罗的海和阿速夫海沿岸建筑了要塞,有水兵两万八千余人;在政治方面,彼得一世废除了中央政府元老院会议制,1711 年改设国务院,直接处理日常行政事务并兼理司法裁判事宜;在地方行政方面,彼得划分全国为八大行政区,区以下为省,省以下为郡。另外,彼得一世从 1703 开始大力度建设圣彼得堡,使圣彼得堡这个水道四通的岛上城市日渐繁盛,甚至超过了莫斯科。1721 年 10 月 22 日,彼得一世正式宣布以圣彼得堡为首都,并将全俄国大王国改名为俄罗斯帝国,元老院为了纪念彼得一世的功绩,在他的王号之上又以"大"加封,因此历史上称彼得一世为彼得大帝。

　　在政治方面,彼得一世在考察了西欧的行政组织结构以后,改革了俄国陈腐的国家管理体制,确立了绝对的君主专制制度,并对中央和地方的行政机关在职能和职位设置上都作了全新的调整和规定。

　　在军事方面,彼得一世欧化改革的首要目标就是增强军事力量,他依照欧洲的方式改造军队,运用先进的瑞典式练兵方式和作战方法训练军队;建立了波罗的海舰队,从而加强了常备军的实力;此外还统一了武器装备和服装样式。在经济方面,为了满足军事需要,彼得一世仿效英国和荷兰,开采矿藏、兴办工厂,此期间纺织、冶金、军械和造船等工业得到了迅速的发展;他还大力扶植商业,鼓励商人建立贸易公司,同时扩大与外国的商务联系;为了发展经济,修建新公路、开凿运河,还统一了全国的度量衡制度。

在宗教方面,彼得一世逐渐削弱了教会的实力和财权,使得在俄国历史上支配政权数百年之久的教会变得毫无力量;在教育方面,也效仿欧洲先进国家进行了全方位的改革;在社会习俗上也摒弃了过去陈旧的传统和习俗,例如他在出访欧洲回国后首先就下令全俄的男人刮去他们过去引以为傲的大胡子。

彼得一世的改革前后长达 26 年,他以坚强的意志身体力行,他的改革成功唤起了俄罗斯民族压抑已久的民族自尊和自强意识,让俄国走出封闭,走向了世界。

（三）叶卡捷琳娜二世

1725 年,彼得一世不幸病逝,自此直至 1762 年的 37 年之间,俄国更换了六位沙皇。叶卡捷琳娜出生于普鲁士,是一名德国公爵的女儿,1744 年被挑选为俄国皇室继承人彼得三世的未婚妻,于 1745 年正式结婚,但是婚后并不幸福。1762 年,伊丽莎白女王去世,彼得三世继位,然而幼年在普鲁士长大的他对祖国毫无感情,他对内对外的政策遭到了俄国社会各界和军界的强烈反对。6 月 28 日夜里,叶卡捷琳娜在禁卫军的拥护下发动宫廷政变,推翻了彼得三世的统治。9 月 22 日,叶卡捷琳娜正式就任俄国沙皇,史称叶卡捷琳娜二世。

叶卡捷琳娜二世自小就接受了良好的欧式教育,饱读各类图书,在执政以后,她受到欧洲宫廷的政治风气的影响,尤其受到法国启蒙思想家的思想推动,在俄国实行了当时风行欧洲的"开明君主专制"。这一理论的代表者提倡"开明君主与哲学家的结合",实施自上而下的改革,实行法制,同资产阶级联合最终建立资产阶级的君主立宪制度。叶卡捷琳娜二世的"开明君主制"顺应了欧洲的政治潮流,促进了西方思想的传播。

叶卡捷琳娜二世于1767年写出一部法律著作《圣谕》,这部内容涉及256条、655款的法令在当时的欧洲思想界和俄国国内都受到了极高的评价。法国著名启蒙思想家伏尔泰也赞誉它为"一部详尽、完整、业已生效的法典"。为了强化沙皇专制权力,叶卡捷琳娜二世于1763年12月颁布法令,划分六个委员会,自己主持其中三个最重要的委员会,即陆军委员会、海军委员会和外交委员会。又在第二年设立最高宫廷会议。叶卡捷琳娜二世重视文化教育事业的发展,她拨巨款发展科学院,建立高等学校,鼓励女子入学,也提倡文学创作等。在叶卡捷琳娜二世执政时期,俄国的工商业也获得了迅速的发展,她颁布法令宣布工商业自由,取消对贸易的限制,鼓励向外国出口,鼓励政府在人口稀少的地区增加农业生产。因此,俄国的手工工厂数量剧增,人口数量也不断增长,工商业的迅速发展不仅增强了俄国的国力,也极大地增强了俄国的军事实力,提高了俄国的国家地位和世界影响力。

叶卡捷琳娜二世在对外政策方面三次瓜分波兰,对土耳其作战取得黑海沿岸地区,并吞并了克里米亚汗国。叶卡捷琳娜二世执政的时期可以说是俄国专制制度的黄金时代和巅峰时期,当时的俄国成为名副其实的欧洲最强大的国家。

(四)斯佩兰斯基改革

1796年11月6日,67岁的叶卡捷琳娜二世去世,她的儿子保罗一世继位。保罗一世登基时已经43岁,由于叶卡捷琳娜二世的专权和压制,以及深知他的父亲就是被母亲所杀,因此保罗一世对自己的母亲十分憎恨,在登基后不久就立即推翻了叶卡捷琳娜二世执政时的所有政策。保罗一世作为皇帝,根本不具有治国之才,他所做的一切也根本无法得到群臣和人民的信服,因此执政不久就使国政骚动、民怨沸腾。终于,1801年3月11日晚,一场预谋已久的宫廷政变爆发,保罗一世身亡,亚历山大一世继位。亚历山大一世自幼由祖母叶卡捷琳娜二世抚养,接受了完备的教育,他登基后,恢复了叶卡捷琳娜二世在位时期的政策,执政不久就平定了国内骚乱的局面。

斯佩兰斯基改革是亚历山大一世时期的一次重大的政治事件。斯佩兰斯基是一位头脑敏捷、办事认真而又富有想法的人物,从 1802 年开始奉召入宫专门为亚历山大一世起草圣谕和诏书。斯佩兰斯基改革源于他于 1809 年发表的重要改革文件《国家法典草案》。在他的法案中,沙皇是国家最高的行政首脑,枢密院是国家最高的司法机关,国家杜马是最高的立法机构。依照他的法案,俄国的国家管理体制从形式上已经是明显的三权分立,而沙皇却始终掌握着最高的最终的裁决权。由于国家现实的制约,斯佩兰斯基的改革方案远远超出了沙皇以及俄国统治阶级的接受程度,因而愈发受到了来自宫廷内外的反对,最终,沙皇亚历山大一世不得不放弃了对斯佩兰斯基改革的支持,这场改革以失败告终。

(五)亚历山大二世改革与农奴制的废除

1825 年 11 月 19 日,沙皇亚历山大一世患重病去世,由于他膝下无子,因此皇位的继承也出现了波澜,最终依据亚历山大一世在 1823 年的一道另立尼古拉为王的密旨,由尼古拉继位,史称尼古拉一世。尼古拉一世执政的时期可谓专制制度的黑暗时期,也是战乱不断的时期。1855 年 2 月,频繁的战争以及节节败退的噩耗使得尼古拉一世不堪重压而服毒自尽。当日,皇位继承人亚历山大匆忙被宣布为新沙皇,史称亚历山大二世。1855—1856 年间爆发的克里木战争,是俄国沙皇与西欧资本主义国家之间的战争,俄国在此次战争中惨败,使其在政治、经济和军事上都受到重创,这也直接暴露出了沙皇政府专制制度和农奴制度的腐败。因此,亚历山大二世执政后进行了影响深远的改革。

1861 年 2 月 19 日,亚历山大二世签署了《关于农民摆脱农奴制依附地位的总法令》,该法令宣布自法令宣布之日起,人人获得人身自由,农民可以以自己的名字拥有土地,拥有动产和不动产,可以自由择业、嫁娶,地主必须尊重农民的人身自由和人格权利,不得买卖农民。农奴制度的废除是俄国现代化进程的重要里程碑,加速了俄国资本主义经济的发展,成为俄国历史上最重要的改革之一。在农奴制改革之后,亚历山大二世还在政治、军事、司法和教育等方面也作了一些实质性的改革,他的这次改革是继彼得一世后又一次影响深远的改革,顺应了历史发展的趋势,使他获得了"解放者沙皇"的称号。

第四节 苏联社会主义时期(1917—1991)

一、无产阶级的产生和列宁主义的诞生

1861 年的农奴制改革加速了俄国资本主义经济的发展,为俄国产业工人这样的无产阶级的发展创造了条件,到 19 世纪 90 年代初,俄国产业无产阶级作为一个独立的阶级已经形成,他们的主要社会来源是破产的农民,他们深受严重的政治压迫和经济剥削,生活条件和劳动条件极其恶劣,因此俄国的工人阶级革命性最强,革命的要求最坚决也最彻底。俄国第一个工人组织"南俄工人协会"成立于 1875 年 5 月,该协会反对现存的经济和政治制度,主张将工人阶级从资本和特权阶级的压迫中解放出来。三年后,"北方工人协会"也成立了,它相比"南俄工人协会"在政治和组织上都前进了一步,然而这两个工人组织都没有马克思主义理论和无产阶级政党的指导,都未能与工人运动的实际相结合。

列宁(1870—1924 年),原名弗拉基米尔·伊里奇·乌里扬诺夫,是一名伟大的马克思主义者、无产阶级革命家、政治家。他是世界上第一个社会主义国家苏维埃共和国和苏联的主要缔造者,也被全世界的共产主义者认同为国际无产阶级革命的伟大导师和精神领袖。1892 年,列宁开始组织了当地第一个马克思主义小组,并将《共产党宣言》翻译成俄文;1900 年 2 月,列宁在德国创办了俄国社会民主工党的第一份机关报《火星报》;1903 年 7 月30 日,社会民主工党在布鲁塞尔召开代表大会,会上形成了以列宁为核心的布尔什维克,布尔什维克及其思想体系的产生,标志着列宁主义的形成。

二、专制制度的覆灭

1894 年,亚历山大三世病逝,尼古拉二世继承皇位。1900—1903 年,俄

国爆发经济危机,国内矛盾空前尖锐,为转移视线,沙皇政府希望以一场胜利的对外战争来制止革命,稳定局面。1904 年爆发的日俄战争,引起了国内产业界的极度恐慌,国内失业者骤增,国民生计极为紧张。1904 年,俄国资产阶级的第一个政治组织"解放同盟"成立,解放同盟于 1904 年 11 月在彼得堡等地组织了千人聚会,呼吁沙皇政府实施立宪改革,赋予人民普选权。1905 年 1 月 9 日,数万名彼得堡的工人和家属前往冬宫广场请愿,尼古拉二世命令已经埋伏好的军警开枪,杀死了一千多名手无寸铁的人民,史称"流血星期日"。自此,俄国历史上第一次资产阶级民主革命爆发,人民对沙皇专制彻底绝望,开始了全面的罢工运动,并在此过程中产生了工人代表苏维埃这一工人阶级的政治组织。1905 年 10 月的政治总罢工推动了全俄革命的迅速发展,同年 12 月莫斯科的勃列斯尼亚爆发了工人阶级武装起义,将1905 年革命推向了高潮。

第一次世界大战爆发后,沙皇政府也迅速参加了这场帝国主义战争,但是俄国军队在战场上的屡次失败再一次暴露了专制制度的极端腐败。1917年 2 月 25 日,彼得格勒数十万工人发动了总罢工,之后转为大型的武装起义。二月革命的爆发使得资产阶级与沙皇政府分道扬镳。3 月 2 日,众叛亲离的沙皇尼古拉二世宣布退位,1918 年 7 月 16 日,沙皇全家被处决,沙皇政府以及统治了俄国三百余年的专制制度终结。

三、十月革命的胜利以及苏联的成立

1917 年 3 月 2 日,资产阶级临时政府成立。这就使俄国在当时形成了"两权分立"的局面,然而资产阶级临时政府并不能代表最广大人民的心声,临时政府只是在形式上统治着全俄,他们所依靠的力量仅仅是在二月革命中一小部分军队和几千名年轻的军校生。而彼得格勒工兵代表苏维埃拥有的却是在二月革命中武装起来的几十万的工人和起义的士兵。资产阶级临时政府的统治越来越失去人民群众的支持,逐渐陷入深深的危机,这也充分显示了布尔什维克的强大力量。1917 年 10 月,在以列宁为首的布尔什维克

党的领导下,十月革命,这一场载入世界历史史册的重大革命运动爆发了。11月7日(俄历10月25日),俄国首都彼得格勒的工人赤卫队和士兵首先举行武装起义。以停泊在涅瓦河上的"阿芙乐尔号"巡洋舰的炮声为信号,彼得格勒的工人和士兵开始向冬宫发起攻击,深夜攻入冬宫,逮捕了临时政府成员。临时政府首领克伦斯基逃亡,临时政府被推翻。当晚,第二次全俄苏维埃代表大会召开并宣布临时政府被推翻,中央和地方全部政权已转归苏维埃。第二天,列宁在大会上作报告,大会通过了《和平法令》和《土地法令》,组成了以列宁为主席的第一届苏维埃政府——人民委员会,世界上第一个社会主义国家——俄罗斯苏维埃联邦社会主义共和国(简称苏维埃俄国),宣告诞生。彼得格勒武装起义的胜利,奠定了苏维埃政权胜利前进的基础。

苏维埃共和国成立不久,经过三年艰苦的国内战争,粉碎了十四个帝国主义国家的武装干涉和地主资本家的武装叛乱,保卫了苏维埃政权。1922年12月30日,苏维埃社会主义共和国联盟正式成立,俄罗斯联邦同乌克兰、白俄罗斯和南高加索联邦(包括阿塞拜疆、亚美尼亚和格鲁吉亚,后扩至十五个加盟共和国)一起加入。

四、斯大林与二战时期的苏联

(一)实现工业化和农业集体化

1924年1月,列宁不幸因病逝世。1925年,斯大林获得苏联最高权力。苏联进入斯大林时期。在斯大林的领导下,苏联共产党对苏联的经济生产方式进行了大改造,并把苏联改造成了一个重工业和军事上的强国,成为欧洲第一、世界第二的经济强国。1928年,苏联的第一个五年计划开始实施,此计划对工业、运输业等方面大幅度提升投资力度,并进行整体规划,1933年1月第一个五年计划提前完成,成绩卓越。1937年,苏联的第二个五年计划也提前完成。经过两个五年计划,苏联基本实现了社会主义工业化,已经建立起了强大的工业基础,在全国形成了较为完备的工业体系。

　　然而在工业化取得巨大成就的同时,俄国这个农业大国的农业发展却相对滞后。斯大林在联共第十五次代表大会上提出,农业发展的缓慢一是因为农业技术落后和农民文化素质的低下,二是因为零售和分散式的小农经济阻碍了规模化的现代农业的发展。他认为出路就在于把分散的小农户转变为以公共耕种制为基础的联合起来的大农庄,即农业集体化。1932—1933 年间,乌克兰大饥荒爆发,而苏联推行的农业集体化政策没有扭转这种局势反而部分加剧了饥荒的蔓延。

　　(二)二战时期的苏联

　　二战爆发后,按照该条约划分的势力范围,苏联以"建立防止德国入侵的东方战线"的名义,出兵与德国瓜分波兰,侵略芬兰并占领东欧部分地区。爱沙尼亚、拉脱维亚、立陶宛被强行并入苏联,此举加速了其周边国家向法西斯轴心靠拢。1939 年苏联发动苏芬战争,在付出了巨大伤亡的代价下夺回了芬兰占领的土地。苏芬战争充分体现了苏联重工业的落后。1941 年 6 月 22 日,纳粹德国单方面撕毁《苏德互不侵犯条约》,对苏联发动了突然进攻,苏联红军在战争初期遭受重大军事损失。1945 年 5 月,苏联红军攻占了纳粹德国首都柏林,希特勒自杀,德国投降,伴随苏联卫国战争的胜利,第二次世界大战欧洲战事也结束了。

　　二战结束后,斯大林高度集中的政治体制和经济体制已经形成,这两种体制严重超越了苏联社会的经济发展水平和人们的思想认识水平,随着历史不断前进,这种"斯大林模式"也暴露出越来越多的弊端。1953 年 3 月 5 日,苏联最高苏维埃召开苏联共产党的紧急会议,贝利亚被推选为部长会议主席(苏联最高职位),会议刚刚结束,斯大林就因脑出血医治无效在克里姆林宫逝世。

五、赫鲁晓夫时期的苏联

　　斯大林逝世后,赫鲁晓夫主持清除了贝利亚集团,1953 年 9 月 3 日当选为党中央第一书记,1958 年兼任苏联部长会议主席。1956 年,他主持召开苏共二十大,各国共产党第一书记都来参加会议,作为苏联共产党第一书记的赫鲁晓夫在大会上讲述了苏联日后的发展规划。但是意想不到的是,赫鲁晓夫在大会后夜里召集共产党的第一书记作秘密报告。大会上,赫鲁晓夫作了著名的《关于个人崇拜及其后果》的报告,全面否定斯大林时代的方针政策。赫鲁晓夫的"去斯大林化"招致东欧各国的反对,出现了种种反对赫鲁晓夫政权的事件。中国共产党在东欧乱局中对于赫鲁晓夫的声援起到了关键作用。

赫鲁晓夫在斯大林去世后顶住来自党内外和国内外的重重压力,坚决而果断地进行了政治和经济改革。在对外关系方面,赫鲁晓夫提出两个社会经济体系和平共处、和平竞赛的原则;在经济方面,他推行物质刺激原则,提高农产品收购价格,取消义务交售制,改组机器拖拉机站,开垦荒地、开展大规模种植玉米运动等,对斯大林时期形成的高度集中的政治经济体制造成了较大的冲击;另外,在思想文化、民族关系方面也作了重大的调整。此外,赫鲁晓夫重用科技人才,大力发展科技,于1958年发射第一颗人造卫星,1961年更是把第一位航天员尤里·加加林送入太空108分钟,开辟历史新纪元。可以说,自斯大林去世后,苏联历史上这一段由战时状态到和平年代过渡的时期,赫鲁晓夫发挥了重要的作用。

1964年10月14日,当赫鲁晓夫在黑海之滨度假时,勃列日涅夫等人在莫斯科发动了政变,赫鲁晓夫被免除了一切职务,强制"退休",成为"特殊养老金领取者",自此从公众视野中消失。1971年9月11日,赫鲁晓夫在沉寂中病逝,葬于新圣女修道院公墓。

六、勃列日涅夫与停滞时期的苏联

1964年,勃列日涅夫出任苏共中央第一书记,成为苏联第一领导人。他执政的18年占据了苏联历史四分之一的时间,也使苏联的经济发展经历了大起大落。

在政治方面,1964年10月14日,苏共中央全会选举柯西金为苏联部长会议主席,选举波德戈尔内为苏联最高苏维埃主席团主席。自此,勃列日涅夫与柯西金和波德戈尔内一起建立了"三驾马车"的集体领导体制,西方媒体也称其为"铁三角"。新的领导集团执政后,通过加强政治体制的集中与统一,以及针对国内外之前对赫鲁晓夫否定斯大林政策的不满,为斯大林挽回了"一部分"名誉等举措稳定了政治局势和社会情绪。

在经济方面,从 1965 年开始,由柯西金主持的"新经济体制"改革开始实行,新经济体制前后持续了十年,是苏联史上重要的大规模经济改革之一,虽然没有从根本上触动斯大林模式,但却对当时苏联经济的发展起到了一定的促进作用。70 年代中期之前,苏联经济迅猛增长,已经跃居世界第二,仅次于美国,人民的物质和文化生活水平比其他各个时期都要高。然而国民经济增长率虽长期保持两位数,经济规模也保持世界第二,但其主要的消费品却长期短缺;苏联拥有当时世界最多的耕地,但粮食却连年歉收,不得不花大笔外汇进口粮食;苏联的宇宙飞船可以到达月球和火星,汽车却故障频出且耗油惊人。70 年代中期以后,经济指标增长缓慢,经济增长逐渐下降甚至出现了停滞。

在外交方面,苏联共产党在对待其他社会主义国家的问题上,采取"有限主权论""社会主义大家庭论"和"国家专政论"。在勃列日涅夫的领导下,苏联的大国沙文主义逐渐演变成霸权主义。苏联不但把自己推行社会主义的模式推荐给东欧社会主义国家和中国,干涉别国内政,还不惜动用军事手段来推行这种干涉。勃列日涅夫在执政后期,经济改革趋于保守,大搞个人崇拜,苏联经济陷于停滞。1982 年 11 月 10 日,勃列日涅夫因心脏病卒于莫斯科,终年 76 岁,安葬在列宁墓后。

七、戈尔巴乔夫与走向终结的苏联

(一)戈尔巴乔夫的全面改革

1982 年 11 月,76 岁的勃列日涅夫逝世,原克格勃主席安德罗波夫继任为苏联最高领导人,安德罗波夫进行了大胆的改革工作,大刀阔斧地进行人事调整,为发展国民经济和提高人民福利事业做出了贡献。1984 年 2 月,70 岁的安德罗波夫逝世,接替担任苏联领导人的是 73 岁的契尔年科,他执政仅 13 个月,虽然未能改善苏联国内外面临的困境,但保持了苏联政局的稳定。1985 年 3 月,74 岁的契尔年科逝世。短短三年,苏联三次更迭最高领导人,继而苏共中央选择了 54 岁的戈尔巴乔夫领导党和国家,苏联进入戈尔巴乔夫时期。戈尔巴乔夫执政后进行了全面改革。

在指导思想上,实行多元化,实质上是指苏联共产党不再把马克思列宁主义作为党的指导思想,不再把共产主义作为苏联共产党的奋斗目标。新思潮和人道的民主的社会主义,是戈尔巴乔夫上台之后推行的一套理论。

在政治上,实行多党制和议会政治是戈尔巴乔夫全盘西化的政治改革的主要内容。以所谓多党制取代共产党的领导,以议会制度取代苏维埃制度。因为无产阶级不能代表所有人的权益,如果实行多党制,无疑意味着承认无产阶级的分裂。

在经济上,改革的最主要的特点是搞私有化,要从根本上改变当时苏联社会主义的经济基础。在改革的头几年,并没有明确提出搞私有化。但随着改革政策的失误,经济危机的加深,苏联领导人不仅没有正确地总结教训,反而把经济搞不好的原因,除归咎于无产阶级专政的上层建筑外,还归咎于社会主义公有制。因而逐渐形成了这样的经济改革思路,其基本出发点是:认为现在国家集中的资产过多,人民同国有制关系疏远,职工没有主人翁意识和积极性,因而造成了社会财富的巨大浪费,所以要实行国有资产分散化和国营企业私有化,走发达资本主义国家"混合经济"的道路。

在军事上,军队"非党化"和"非政治化"是戈尔巴乔夫推行全盘西化改革的一个重要组成部分,为俄罗斯民主和反政变奠定了基础。

戈尔巴乔夫的"改革与新思维"试图从根本上重建社会主义的价值观念和政治体制,彻底摈弃斯大林主义留下的政治体制遗产,建立人道的、民主的社会主义。但骤然放开的舆论氛围使公众茫然不知所措,容易被极端思潮所俘获。在这种背景下,以叶利钦为代表的苏联各加盟共和国势力,试图把改革引向对自己有利的方向,因此极力促成了苏联解体。

（二）苏联解体

随着东欧剧变,苏联的加盟共和国政府也纷纷效法东欧诸国,意图脱离苏联而独立。1991 年 8 月 24 日,苏联第二大加盟共和国乌克兰宣布独立。苏联开始走向解体。之后,时任俄罗斯总统叶利钦下令宣布苏共为非法组织,并限制其在俄罗斯境内的活动。在 1991 年底,他连同白俄罗斯及乌克兰的总统在白俄罗斯的首府明斯克签约,成立独立国家联合体,从而建立一个类似英联邦的架构来取代苏联。苏联其他加盟国纷纷响应,离开苏联,苏联在此时已经名存实亡。

1991 年 12 月 25 日,苏联总统戈尔巴乔夫宣布辞职,将国家权力移交给俄罗斯总统叶利钦。12 月 25 日晚,苏联国旗从克里姆林宫上空缓缓降下。伟大的苏维埃社会主义共和国联盟宣告解体,世界社会主义运动遭受重大挫折。12 月 26 日,代表们象征性举了手,最高苏维埃自我解散,标志着苏联在现实和法律上不再存在。

第五节　现代俄罗斯(1991 年至今)

一、艰难的转型

1992 年 4 月 16 日,俄罗斯第六次人代会决定将国名改为"俄罗斯",从而恢复了历史上的名称;17 日,最后决定使用两个同等地位的正式国名"俄罗斯联邦"和"俄罗斯"。

1993 年 12 月 12 日,经过全民投票通过了俄罗斯独立后的第一部宪法《俄罗斯联邦宪法》,规定国家名称为"俄罗斯联邦",和"俄罗斯"意义相同。《俄罗斯联邦宪法》的核心是建立了总统主导下的三权分立体制,突出了总统在国家政治生活中的核心地位。新宪法也承认了早在 1990 年形成的多党制,宣布任何政治组织只要拥有一定的群众基础就可以申请成立政党。

俄罗斯的经济形势在 1992 年以前出现了严重的危机,为使俄罗斯经济摆脱危机,叶利钦和俄罗斯政府采用了美国著名经济学家杰弗里·萨克斯的"休克疗法",即用一步到位的办法推行私有化、自由化、市场化,实现经济制度和经济体制的转轨。然而"休克疗法"导致长期经济衰退,国力下降,国有资产大量流失,社会严重贫富分化,寡头实力膨胀,叶利钦和国家杜马转变了态度,新上任的俄罗斯总理切尔诺梅尔金宣布俄罗斯放弃自由市场经济的道路而走社会市场经济的道路。

伴随着经济危机而来的是俄罗斯军事实力的下降,俄罗斯武装力量的战斗力和装备实力都存在不同程度的锐减。为了制止军事实力的下降,俄罗斯政府进行了军事改革,作出根据自愿原则按合同补充兵员的决定。俄罗斯军方也出台规定,分阶段逐步实现军队的职业化,使合同制成为提高武装力量机动能力和作战能力的促进机制。

新时期俄罗斯的外交政策也从"一边倒"的亲西方政策转变为"双头鹰"的东西方兼顾的政策。随着国内民族主义情绪上升,不满增加,叶利钦开始向独立自主的全方位外交转变。调整的核心是维护俄罗斯的民族利益,为国内经济发展创造良好的外部条件,恢复和巩固俄罗斯在国际上的大国地位。

二、普京执政后的俄罗斯

由于社会矛盾尖锐,政坛动荡不定,政府首脑频繁更迭。1999年8月,普京作为一个在当时名不见经传的人物接任了俄罗斯总理的职务。执政以来,普京致力于复兴俄罗斯超级大国地位,对内加强联邦政府的权力,整顿经济秩序,打击金融寡头,加强军队建设;对外努力改善国际环境,拓展外交空间,维护本国利益,在国际舞台上恢复了俄罗斯世界性强国的地位。

2008年5月7日,普京卸任总统职务,再任俄罗斯联邦总理,由梅德韦杰夫担任新一任总统。"梅普共治"的俄罗斯联邦无论在军事、外交,还是民族文化、社会教育等方面都得到了良好、稳健的发展。2018年5月7日,普京第四次出任俄罗斯联邦总统。2020 年 1 月 16 日,普京总统签署总统令,任命米哈伊尔·米舒斯京为俄罗斯政府总理。普京领导下的俄罗斯联邦正在世界的瞩目下迈着坚实的步伐阔步前进。

第五章　俄罗斯的文化变迁

第一节　文化的早期起源与初步形成

一、文化的早期起源

俄罗斯民族来源于东斯拉夫人,俄罗斯的文化也必然与东斯拉夫文化有着深深的"血缘关系"。作为俄罗斯文化符号载体的俄语就是由印欧语系斯拉夫语族中的东斯拉夫语这一分支发展而来的。在古罗斯的领土上居住着众多的民族,从历史的一开始,俄罗斯文化的形成就受到了来自南方和东南方的突厥文化即游牧文化与来自北方和东北方的芬兰-乌戈尔文化即定居文化的强大影响。这两种文化相互渗透、互相影响,形成了古罗斯文化的根基。而俄罗斯文化和俄罗斯文明形成的基础是在伏尔加-卡马河地区,在那里,俄罗斯深层次的文化得以形成。

东斯拉夫人信仰多神教,视万物皆为神灵,认为自然界的一切现象都是神灵操控的结果。在众神灵中主神是太阳神,每年夏天白昼最长的日子,他们都要把一名美丽的少女投入水中侍奉太阳神。东斯拉夫人的多神教具有顽强的生命力,东斯拉夫人对神的崇拜与个人无关,具有集体仪式的性质。这个时期仍是东斯拉夫人信仰的原始阶段。

二、基督教的传入

（一）罗斯受洗

基辅罗斯是俄罗斯文化产生的关键时期。基辅罗斯建国后,反映原始公社时期社会经济存在的多神教与新的生活条件出现了越来越多明显的矛盾,多神教已不能履行作为宗教的基本职能。988 年,以罗斯受洗为标志,基辅罗斯接受基督教,从此以后俄罗斯民族的宗教信仰从多神教转变为一神教即基督教。但是基督教并不是立即取代了多神教,它从被定为国教直到真正与俄罗斯的文化传统融合、积淀在俄罗斯文化的深层结构中,经历了数百年的漫长过程。

基督教以相对于多神教而言比较和平的方式进入了罗斯人民的生活,与具有顽强生命力的多神教进行融合也经过了艰难的推行过程,最终渐渐地将基督教的思想渗透到多神教中。

（二）拜占庭文化的影响

在罗斯的社会发展过程中,拜占庭对其产生了重要的影响。在罗斯受洗之前,罗斯与拜占庭之间主要是通过贸易往来和战争来联系的,贸易和战争同时也促进了拜占庭文化对罗斯的影响,基督教的传入则是这种潜移默化的影响的结果。基督教的传入不仅是一种新的宗教价值标准的传入,也是另一种文明的浸润,与基督教联系在一起的意识和观念也逐渐对罗斯人产生影响。基督精神对罗斯人的影响也表现在日常生活和国家政治中,例如,神父和主教在说教中把拜占庭的皇权神授观念应用于罗斯王公。此外,拜占庭文化对罗斯文化的影响也表现在宗教艺术的传播上,在教堂建筑、绘画、音乐上都有很大程度的继承和创新。

三、古罗斯文字的产生与罗斯学校的创立

文字是文化的载体,是文化最重要的组成部分。东斯拉夫人在基督教

传入之前已经有了文字,但是运用得十分有限,基督教的传入促进了文字的发展和广泛传播。古罗斯文字真正形成的标志是西里尔字母的出现,西里尔兄弟在希腊文基础上创立的西里尔字母在罗斯逐渐被广泛应用,成为基辅罗斯的统一文字。伴随统一文字的形成,标点符号、制造书写的材料以及书籍装订技术也传入罗斯,推动了文化知识的积累和民族语言的发展。

文字统一以后,罗斯人自己编写和创作的历史、文学和宗教等作品也开始大量涌现。10 世纪末 11 世纪初,基辅和诺夫哥罗德分别开始编写最早的编年史,到 12 世纪初由一名修道士涅斯托尔加以修改润色,著成了闻名于世的《往年纪事》。这本编年史上溯斯拉夫人的起源,简述俄罗斯国家产生的过程,详细记载了留里克王朝的历史,内容涉及政治、经济、宗教、地理、文学等,包罗万象。

基督教传入之后,基辅罗斯开始了学校教育,基辅大公智者雅罗斯拉夫在诺夫哥罗德为王公和神职人员的子女开办了学校。随后,为国务和宗教活动培养人才的高级学校也相继开办。

四、古罗斯时期文化发展的特点

基辅罗斯时期是奴隶制盛行的时期,虽然在文化上有了很大程度的发展,但是文明都是局限在上层社会即贵族阶级。无论是当时的学校还是权力财富,都是贵族独有的,下层的平民仍然过着贫穷的生活,因此蒙古人的入侵很快就导致了基辅王权的瓦解。

早起基辅罗斯王权时期的文化发展的特点,可以总结为以下三点:①文化具有浓厚的宗教性,基督教发挥着主导作用。由以上可以看出,统一文字的形成、宗教文化艺术的传播、学校教育的出现等都是源自基督教传入,是基督教的催化作用促成了种种文化现象的出现与发展。②东斯拉夫人对多神教的信仰在文化的融合过程中体现着顽强的生命力。古罗斯文化保留了许多多神教的神话和观念,在与基督教碰撞的过程中没有流失,而是与拜占庭基督教教义相糅合,在有所保留、有所吸收的基础上与其紧密地结合起来,东斯拉夫的许多多神教习俗、节日等以基督教的外在形式表现出来,而其实际上仍然流淌着多神教自身的血液。③古罗斯时期的教育尚具有等级性。

第二节 鞑靼入侵——罗斯的东方化(1240—1480)

一、东方文化的植入

蒙古鞑靼人的入侵,不仅对罗斯的经济造成了严重的破坏,而且中断了罗斯自接受基督教以来发展的文化,改变了文化的发展方向。蒙古军队不仅毁掉了多数罗斯的建筑、藏书,洗劫了珍宝,还摧毁了罗斯社会经济发展的根基,使得基辅罗斯自接受基督教以来形成的文化遭到了浩劫。原有的文化中断了其应有的发展轨迹,呈现出与西方完全不同的发展趋势。

东方专制主义在俄罗斯的各公国推行,蒙古国的封建军事制度在罗斯的土地上得到了移植,俄罗斯社会的独裁政治基础逐渐形成,专制制度逐渐确立。在蒙古可汗的统治下,俄罗斯与西欧的交通断绝,因而其文化也与西欧直接隔绝,中世纪时期欧洲诸国的都市文明、印刷机器的发明等俄罗斯都不曾经历,对宗教改革、文艺复兴、美洲发现等文明也毫无所知。此外,女子的社会地位也比之前更为落后,东方式女子地位低下的风气又严重滋长。

如果说蒙古人的入侵对俄罗斯的文化发展毫无贡献的话,那么其对俄罗斯经济的发展影响相对则比较深重。蒙古人入侵后,之前已有雏形的领土制度得到了发展,即已有农田固属于某王族,这种制度的发展导致俄罗斯各部的分化更加严重。此外,由于都市被毁、交通阻断,商业也极端衰落。因此,蒙古人统治下的俄罗斯从之前商业较为发达的国家转变为纯粹封锁的农业国家。

二、东方化背景下的崛起

在蒙古人的统治下,俄罗斯文化的对外联系几乎完全中断,只有诺夫哥罗德和普斯科夫仍然与西方国家保持着联系,保存着蒙古入侵之前的文化传统和重要的文化杰作,在东方专制主义的统治下仍旧能够顽强地屹立于欧洲最大的文化中心之中。

俄罗斯文化生活与经济社会的重新崛起,与 1380 年 8 月 31 日的库里斯沃大战有着重要的联系。库里斯沃大战的胜利激起了俄罗斯民族自我意识的高涨,莫斯科公国的兴起与繁盛,也以此次大战的胜利为标志,使其作为一座新的重要文化中心在俄罗斯民族摆脱异族统治的道路上发挥了重大的作用。

在蒙古金帐汗国的统治下,反对蒙古人的入侵和统治成为民间口头创作的重要主题,英雄壮士史诗创作也在当时达到了最高潮。在教育方面,虽然在蒙古人入侵时遭到了毁灭性的打击,但是在 11 世纪至 12 世纪形成的文字传统和书籍都得以保存,诺夫哥罗德和普斯科夫对此颇有贡献。许多史料记载,在 14 世纪至 15 世纪,俄罗斯已经有了教会所办的培养儿童的学校,学校的发展也促进了书籍业的发展,文字和书籍业也伴随着抄写技术的更新而发展。此外,诺夫哥罗德的建筑艺术的传承和创造发展也成为蒙古统治时期文化发展的重要表现。可以说,虽然在某种程度上,蒙古人把东方文化的基因强行地植入了俄罗斯文化的躯体中,但是俄罗斯民族血液里流淌的文化传统仍然没有被完全改变,仍然以强大的力量流淌着。

三、蒙古人统治时期文化发展的特点

(一)文化发展的东方化

蒙古鞑靼人征服俄罗斯,将成吉思汗的东方专制主义带入俄罗斯,二百四十年的统治使得专制制度这一政治文化成为影响俄罗斯最为深远的方面。罗斯的沙皇就相当于蒙古大汗的继承,金帐汗国的统治向罗斯王公们展示了绝对权威和无限权力的专制观念,使罗斯在原有的封建社会基础上发展起东方专制主义的传统,也成为之后沙皇专制制度的模板。

除了政治文化的东方化以外,长达二百四十年的统治必然会不可避免地对俄罗斯的语言服饰和家庭副业、工艺生产等方面产生一定的影响,使得俄罗斯在摆脱蒙古统治之后仍然保留着一些东方文化的基因。

(二)东正教在传统文化保存上的独特作用

东正教在蒙古鞑靼人统治时期仍是占有统治地位的社会意识形态,东正教影响的扩大得益于蒙古人对东正教的保护和利用。教堂和教会作为罗斯居民精神生活的中心,在蒙古人统治时期基本完成了对罗斯民众的基督教化,甚至有许多鞑靼显贵也皈依东正教。蒙古人统治的二百四十年里,俄罗斯修道院的数量剧增,是被蒙古人统治之前的两倍多。东正教主导地位的保持促进了统一的民族宗教思想的形成,对民族觉醒与团结一致反抗外来侵略也发挥了重大的作用。

第三节　面向世界——西方文化的到来

一、转向西方——欧洲化的序幕

在 16 世纪,俄罗斯就已经开始转向西方的趋势,伊凡三世聘请意大利设计师来参与建造克里姆林宫,伊凡四世为改革军队建设而与英国商人交换航海装备,沙皇戈达诺夫曾派遣莫斯科贵族出国留学等都是俄罗斯转向西方初露端倪的表现。17 世纪罗曼诺夫王朝的建立,使俄罗斯与西方的联系得到发展,越来越多的外国工程技术人员来到俄罗斯,俄罗斯政府引进西方先进的科学知识和生产技术,允许和鼓励外国人投资办厂,还大量翻译西方科学出版物。

西方文化对俄罗斯社会产生影响最突出的表现是巴洛克等风格盛行。

巴洛克风格是 17 世纪广为流传的一种艺术风格。巴洛克风格在俄罗斯社会的风行和发展，也促进了各种形式的启蒙运动的发展和扩大。此外，16 世纪也是俄罗斯语言形成的关键时期，由莫斯科公国的方言和周边部族的方言逐渐融汇而成的语言也逐渐成为俄罗斯民族统一的语言；与此同时，图书印刷业也得到了迅速的发展；学校教育中初级学校数量增多，还出现了高等教育性质的学校。1687 年，俄罗斯第一所高等学府——斯拉夫 - 希腊 - 拉丁语学校开办，对 17 世纪末至 18 世纪上半期俄罗斯教育的发展发挥了重要的作用。

值得一提的是，17 世纪下半期俄罗斯东正教会的分裂，是俄罗斯转向西方过程中发生的影响深远的事件。当时的总主教尼康进行的宗教改革是导致俄罗斯教会分裂的直接原因，改革的支持派与反对派形成强烈的对立，最终导致东正教会的分裂，使得俄罗斯文化也按照旧信仰和新信仰的原则呈现两极分化的态势。

俄罗斯重新面向西方所作的种种努力，对俄罗斯社会的经济政治和文化生活都产生了重大而深刻的影响，为后来彼得一世时期的大规模改革奠定了良好的思想基础，也创造了一定的社会条件。

二、彼得一世改革——欧洲化的高潮

彼得一世的改革，使俄罗斯的欧洲化达到了高潮，也揭开了俄罗斯现代化历史的序幕。

彼得一世改革了俄罗斯陈腐的国家管理体制，确立了绝对的君主专制制度，并对中央和地方的行政机关在职能和职位设置上都作了全新的调整和规定。他依照欧洲的方式改造军队，加强了常备军的实力；为了满足军事需要，彼得一世仿效英国和荷兰，开采矿藏、兴办工厂，此期间纺织、冶金、军械和造船等工业得到了迅速的发展，此外他还为了发展经济，修建新公路、开凿运河。

在文化教育方面，彼得一世着力兴办正规教育，按照西方的教育制度和科学创新制度建立具有现代意义的大学和中小学以及专门技术学校,还建立了俄罗斯国家科学院,发展博物馆制度。彼得一世下令成立的彼得堡科学院是俄罗斯第一个非宗教的科学中心。另外,为了促进文化的传播,彼得一世下令以一种简易的新字体代替了原来的教会斯拉夫体,从而降低了印刷和学习的困难程度。

在宗教方面,彼得一世虽然是一个不信教的沙皇,但他深知宗教对于巩固政权的重要意义,因此他也实行了宗教改革,使教会权力完全归属于国家政权,神权依附皇权。1721 年,牧首制被废除,东正教公会建立,沙皇因此完全控制了教会。

在社会生活方面,彼得一世大力推行社会习俗的改革,引进欧洲人的生活方式、价值观念和社交方式,乃至欧洲人的衣着打扮。在改革之时,俄罗斯上流社会呈现出一派欧洲风范十足的景象。在平民百姓中间,许多旧的社会习俗也被摒弃,破除束缚妇女的风俗就是其中之一。

彼得一世的改革涉及方方面面,深刻地改变了俄国的政治、经济、宗教和社会生活,为俄罗斯发展成为现代化的国家奠定了良好的基础。虽然在欧化的过程中也存在种种矛盾和困难,改革的远大目标与改革的实际成效没有成正比,但是彼得一世改革作为俄罗斯历史上重大的三次改革之一,它的意义之深远,对文化传承和历史发展的贡献不可磨灭。

三、开明君主专制——西方文化思潮的冲击

西欧启蒙思想尤其是法国的启蒙思想传入俄罗斯,不仅促进了当时俄罗斯社会思潮的发展,也直接推动了沙皇政权统治思想的变化。叶卡捷琳娜二世发动政变执政以后,正是受到了启蒙思想以及欧洲政治潮流的影响,大力推行开明君主专制,使其进入鼎盛时期。

18 世纪中后期,开明君主专制的政治思潮开始风行,许多欧洲国家在一定程度上接受某些自由主义的原则,实行改进司法审判等改革。早在彼得一世时期,已经向欧洲敞开大门的俄罗斯就不可避免地受到了开明君主专

制政治思潮的影响,到叶卡捷琳娜二世时期则是将这一制度推向高潮。

叶卡捷琳娜二世经常与当时著名的启蒙思想家伏尔泰、狄德罗、孟德斯鸠等保持通信,在1773年还邀请狄德罗来俄参与改革。自小就受到西方良好教育的叶卡捷琳娜二世大量研读法国启蒙思想家的著作,在执政期间更是根据自身的需要,形成了具有俄罗斯特色的开明君主专制制度,1767年的法律著作《圣谕》就是大量参考孟德斯鸠等思想家的学说编纂而成。

叶卡捷琳娜二世在经济上主张经济活动自由,赞成私有财产的合法性。她认为健康的经济发展具有自然的、自发的性质。她颁布诏令宣布工商业自由,鼓励出口,解除贸易限制。经济自由的主张推动了俄罗斯工商业的发展,增强了俄罗斯的经济实力。在文化教育上,叶卡捷琳娜二世拨巨款发展俄罗斯科学院,鼓励兴办各类学校,取消国家对印刷出版业的垄断从而允许私人开办出版社等,她还鼓励文学创作,引领自由创作之风。

叶卡捷琳娜二世的开明君主专制顺应了欧洲的政治潮流,适应了俄罗斯社会变革的要求,促进了西方先进文化思想在俄罗斯的传播。但是叶卡捷琳娜二世的开明君主专制仍然保留着浓厚的沙皇专制制度的色彩,她对本国的一些知识分子和启蒙思想家的残酷手段就足以证明这一点,但是尽管如此,开明君主专制的推行仍然使俄罗斯的欧化过程前进了一大步,范围进一步扩大,程度也进一步加深,使得当时的俄国在文化生活和社会发展上发生了深刻的变化。

四、十月革命之前沙皇俄国的文化现象

1812年开始的反对拿破仑侵略的卫国战争激发了俄罗斯人民强烈的爱国热情,随着跟随军队征战西欧,越来越多的人见到了俄罗斯以外更加进步的世界,先进的资本主义经济和人民自由生活的状态使得自由主义对俄罗斯人民形成了强烈的冲击。

1825年12月在彼得堡等地爆发的12月党人运动是一场反对沙皇专制制度和封建农奴制的运动。12月党人起义是俄罗斯历史上第一次有组织、

有纲领的反对沙皇专制的行动。① 12 月党人运动虽然最后惨遭失败,运动的主要组织者也都或处死或流放,但是此次运动揭开了俄罗斯思想解放的序幕,把自由和解放的思想带给了俄罗斯人民,对俄罗斯社会的精神和文化生活产生了重大的影响。

1856 年克里木战争的失败,促使当时的沙皇亚历山大二世实行改革,这次改革最具有划时代意义的成果就是农奴制的废除,农奴制的废除使俄罗斯经济走上了资本主义发展的道路,为俄罗斯的现代化夯实了基础。此外,亚历山大改革也给当时的社会带来了新的文化氛围,促使了独立的社会意识形态的形成,使俄罗斯变得更加开放、更加繁荣。

1905 年革命是俄罗斯现代化进程中的重大事件。1905 年俄罗斯在日俄战争中的惨败再一次暴露了沙皇政府的落后与无能,当时的执政沙皇尼古拉二世仍然固守陈旧的专制制度不愿改变,并用政治高压和军事独裁等残暴的手段镇压国内四起的要求改革的声音,这导致大批反对者的群起反抗与起义。虽然 1905 年革命没能推翻沙皇政府,却在一定程度上动摇了沙皇专制制度,为以后的思想解放和大革命打下了良好的基础。

1917 年大革命,包括二月革命和十月革命,是沙皇俄国各种社会矛盾激化的彻底爆发。二月革命推翻了沙皇专制制度,也推翻了过去陈腐的传统、特权、等级以及种种专制和封建意识。伴随着人民群众空前高涨的革命热情,十月革命的胜利使沙皇政府对俄罗斯的统治彻底终结,十月革命的胜利拉开了社会主义的历史序幕,使俄罗斯进入了全新的时代。

五、沙皇俄国时期文化发展的特点

(一)国家政权始终发挥主导性作用

从彼得一世改革一直到 1917 年大革命,俄罗斯国家的政权就一直在社会生活和文化发展中发挥着主导性的作用,无论是为了应对来自外部侵略

---

① 　参见朱达秋、周力:《俄罗斯文化概论》,上海外语教育出版社,2010 年,第 112 页。

者的威胁,或是摆脱国家内部的统治危机,沙皇政府的目的始终都是保持和维护沙皇专制永恒的地位。尤其是自彼得一世改革后教会也依附于国家,使得沙皇政府的统治地位更加权威。专制政权促进了俄罗斯国家的统一,在改革与发展过程中也发挥了巨大的作用,但是也是由于沙皇专制制度不能与时俱进,导致了俄罗斯长期落后于西方发达国家。

(二)各种思想潮流不断涌现冲击俄罗斯本土文化

在这一时期,自彼得大帝开始,俄罗斯敞开国门面向西方,各种先进的风行的思潮和文化渐渐渗透,与俄罗斯在沙皇帝国之前形成的东方式的文化相互碰撞,让俄罗斯人民的精神世界发生着一场场激烈而有意义的战役。沙皇政府在不断借鉴西方、引进西方文化的同时,又在找寻具有本国特色的先进文化,这就致使西方先进的思想与俄罗斯传统的文化一直处于矛盾的两极,难以恰当的融合,这也是各种思潮不断斗争的原因。

(三)文学艺术得到繁荣发展

俄罗斯在面向西方的早期就已经出现了许多文学派别和代表作品,到19世纪六七十年代亚历山大二世改革之后得到了繁荣发展,出现了现代俄国文学的奠基人普希金,民主主义思想最具影响力的代表人物涅克拉索夫,讽刺文学体裁大师谢德林,以及反映社会运动的作家屠格涅夫、征服欧美的文学巨匠托尔斯泰与继他们之后的陀思妥耶夫斯基。此外,这一时期的戏剧、音乐和绘画艺术也走向了世界,为世界文化的繁荣发展也做出了巨大的贡献。

第四节 苏联时期——马克思主义思想的传入

一、十月革命胜利后的社会文化

从19世纪后期俄国马克思主义流派的出现、列宁主义的诞生,到俄国自由主义的激进化,再到十月革命时期布尔什维克党真正成为把握住了人民脉搏的政治力量,俄国在世纪之交发生着种种文化思想之间的冲突,而代表无产阶级利益的布尔什维克党以十月革命的胜利为标志,开启了俄罗斯文化史的一个全新的篇章。

十月革命胜利后的最初几年,是苏维埃文化形成的时期,也是苏维埃政权为马克思列宁主义思想体系的确立而斗争的时期。共产党希望大众树立科学的世界观。无产阶级政权确立后,共产党将资产阶级报纸查封,创办苏维埃的报刊;1918年,开办了社会主义科学院;1919年,创办了专门传播共产主义思想的共产主义大学;国内战争结束后,马克思和列宁的重要著作逐一在国内翻译出版,为共产主义思想的传播提供了有利的条件。

随着社会主义革命的胜利,教会与国家之间的关系也发生了变化,根据1918年1月23日的人民委员会决议,教会脱离了国家、学校也脱离了教会。[①] 全体公民真正享有了宗教信仰的自由,并且享有宪法承认的进行信仰或反对宗教的权利。

苏维埃政权在国内战争中胜利后实行新的经济政策,国内经济的复苏、人民社会生活的进步,都使得反对苏维埃政权的力量失道寡助,濒临崩溃;在文学艺术领域,共产党领导人也采取了很多措施以避免国民被不正当的意识形态所影响,彰显共产党精神的文学作品、戏剧、电影等开始出现;在文化教育方面,文盲现象的扫除和人民教育的发展是社会主义改造的重要一环,并且通过出台文件、学校改革、无线电广播宣传等多渠道的努力,也取得可观的效果。

1922年12月30日,苏维埃社会主义共和国联盟成立,苏联模式正式确立,长达70年的社会主义道路正式启程。

二、二战之前的社会文化

19世纪20年代与30年代之交,苏维埃社会中出现了一些新的文学艺

---

① 参见［俄］M.P.泽齐娜等:《俄罗斯文化史》,刘文飞、苏玲译,上海译文出版社,2005年,第236页。

术倾向,革命和社会主义建设题材的文学作品和戏剧作品如雨后春笋般出现,一些儿童剧院的开演也是国家文化生活中的新现象。1936 年,苏维埃还设立了苏联人民艺术家称号。那一时期的音乐和造型艺术,包括美术和建筑都开始成立联合各国的协会,促进了不同文化的交流和融合。

在社会主义社会建设的初期,人民的文化素质和政治素养得到了提升。全苏联的群众性文教运动促进了扫盲工作的开展;在第一个五年计划期间,实行了对儿童初等义务教育的普及;30 年代初期,学校教育的教学内容和方法得到了质的提高,中等学校开设网络课程等都为人民的文化素质提升发挥了重大的作用。此外,国民经济的社会主义改造,也使人们的生活习俗和政治素养发生了变化,无神论教育、共产党员理论素养的提升教育等都在其中发挥了作用。

在这一时期,培养专家工作的大规模开展,使知识分子的数量剧增,知识分子的结构组成以及大学生的社会构成也发生了变化,第一个五年计划期间着力培养工程技术干部,使得工程技术工作者数量的增加,对以后的俄罗斯联邦工程教育的发展产生了一定的影响;大学生的来源也有所增加,还为妇女提供了平等入学的机会。

三、战时及战后时期的社会文化

1941 年,二战波及苏联,与法西斯德国之间的战争被称为"伟大的卫国战争"。战争的开始使得整个国家"全民皆兵",除了物质力量的需求外,对社会精神力量的动员也必不可少。战争时代,需要许多新的意识形态用于战争动员,因此广播、电影和报纸这些最能动员人民精神力量的传媒工具得到了发展,其意义被放大。

战争时代同时也要求改革知识分子的结构,改革文化机构。由于应征入伍和其他原因,科学和文化工作者虽有所减少,但是也没有阻碍科学文化工作的发展。科学研究的主题被重新设定在军事技术、对原料的利用和对工业的科学援助三大主题上。除了科学研究外,理论研究、历史研究等也没有中断。

二战结束以后,随着新学科、新潮流的出现,许多新的科研集体如精密机械和计算技术研究所等创办形成;在第四个五年计划期间,学校网络和文化教育网络在得到恢复的基础上规模又扩大了,1947 年,无线电广播也完全恢复;重建剧院、扩大出版业等战后的复苏举措都为活跃社会文化创造了条件。

50 年代以后,苏联在外与国际的文化交流增强的同时,对内采取科学和生产相结合的方针,使得苏联步入了科技革命的时代。高等学校的科研成果、科学杂志的出版等都为苏联的科技发展做出了巨大的贡献。1957 年 10 月 4 日世界上第一颗人造地球卫星的发射、1961 年 4 月 12 日有史以来第一次的环绕地球飞行,使苏联的科技成果震惊了世界。航天科技的发展,也为其他学科的发展提供了动力。社会学、仿生学、新生学科宇宙遗传学等都在各自的学科领域得到了发展。

此外,在学校教育方面,1958 年学校教育的改革在学校教育的各层次、各领域都实施了相应的改革措施;在思想与文化生活方面,对真实生活的追求、展示生活的本来面目,成为当时的作家和艺术家探索的主要倾向,这也必然影响当时的社会。

四、发展停滞时期及解体前的社会文化

苏联自 70 年代开始出现了经济和社会上的消极现象,这就自然使人们的精神生活也受到影响。文化管理上的官僚主义、领导文化生活的行政命令手段导致了科学领域的落后、学校教育水平的降低,以及人民精神情绪的消极化等现象。文化生活中出现的一些问题又由于政府财政支出的缩减而更加严重,政府用人民的钱来建造研究中心、纪念碑等,这些做法与人民对政府的期许相去甚远。

在学校教育方面,到 1975 年,全国已经有 86% 的适龄青年接受了完成了中等教育。① 在中等教育阶段,中学教育的大纲、教科书和教师干部的培养都实行了一些改革;在职业教育方面也规定了要用普及职业教育来作为中等教育的补充;在高等教育阶段,建立了高等教育中心,也建立了大学毕业后的教育体系和专家进修体系等来完善教育体系。

在文化艺术方面,虽然这个时期社会发展的脚步几乎处于停滞的状态,但是 20 世纪七八十年代的文学和艺术在受其影响的情况下仍然艰难前行并取得了一定的成果,一批批反映社会现实的文学艺术作品出现,于 80 年代中期出现的艺术政论作品激发了社会舆论。这个时期的文学和艺术探索都以现实为题材,承载着人们所需要的真正的价值追求和道德标准,试图成为人们理想和道德上的指南。

在这个解除冷战后的“解冻”时期,苏联社会的发展与停滞对社会文化产生了不小的冲击,但是俄罗斯的文学和艺术也在压力之下自强不息,不断地前进着。

自 80 年代中期开始,苏维埃社会开始对生活的所有方面进行了重建,从 1984 年 4 月开始的、涉及社会生活所有领域的改革,为整个社会创造了全新的空气和精神境界。开始于 1987 年的高校改革也为俄罗斯联邦高等教育的发展奠定了一定的基础;一些曾经被不公正审视的文学艺术作品得到了解放,人民的精神生活质量也得到了提升。

1989 年,苏联各地开始出现独立工人运动;1990—1991 年间,许多相互对立的思潮也相继出现,民主运动、爱国主义运动和文化革新运动等随即开始。在种种政治原因和文化思想原因的作用下,苏维埃社会主义共和国联盟解体了。

---

① 参见[俄]M. P. 泽齐娜等:《俄罗斯文化史》,刘文飞、苏玲译,上海译文出版社,2005 年,第 319 页。

五、苏联时期文化发展的特点

（一）文化在无产阶级与资产阶级思想的斗争中发展

社会主义革命的胜利,使得无产阶级的思想体系在全国占有了主导性的地位,马克思主义的理论体系早在十月革命之前的数十年就已经武装了无产阶级先进分子及其他维护无产阶级的社会人士的头脑。但是要在新的观念之上改变社会精神生活等意识形态的体系并不是那么容易的事,资产阶级思想体系在俄罗斯社会并没有消亡并且始终坚定地存在着。马克思列宁主义思想体系引导的当时社会的主流文化在科学领域、出版领域、文学艺术与教育领域都面临着来自资产阶级思想的反对,在整个苏联时期,这两种文化并没有哪一方被取代,而是在不断碰撞与摩擦过程中都得到了不同程度的发展。

（二）文化发展具有鲜明的政治倾向

十月革命胜利以后,高度集权的苏联模式逐渐形成,国家权力掌握在苏联共产党手中。无论是国家发展的重大政策方针的制定,还是人民社会生活的思想问题和学术问题,甚至是衣食住行、风俗习惯全部都要在国家政府的掌控之中。斯大林时期的个人崇拜是苏联共产党对人民思想文化控制最明显的表现之一,人们必须按照斯大林的观点编写历史,理解政治、经济和知识。苏联政府还利用信息垄断、统一思想舆论等措施来控制国民的思想。在这种集权式的管理下,苏联运用强制力高效率地进行了经济文化建设,从而克服了重重困难,在一段时间内得到了飞速的发展。

（三）社会文化发展的封闭性

苏联在整个社会发展时期始终与资本主义世界相抗衡,拒绝对外开放、拒绝学习西方那些能够促进全人类发展的先进成果。在政治上反对西方的三权分立,在经济上更是固守计划经济而针对资本主义国家的市场经济。苏联这种过分强调社会主义与资本主义的本质对立,导致了苏联在社会发展和文化演进的过程中一直抵触以资本主义国家为代表的西方文化的渗透,在政治经济各个领域全封闭的管理模式下,加之严格的思想控制和教条主义盛行,使得其逐渐走上了丧失活力与发展停滞的境地。

第五节　现代俄罗斯——西方文化的再临

俄罗斯联邦成立以后,叶利钦放弃了共产主义道路,敞开国门力图大力融入欧洲发展的步伐,西方文化再一次如潮水般奔涌至俄罗斯社会的各层各面,然而对西方文明的"盲目崇拜"导致俄罗斯联邦在转型的初期出现了国有资产严重流失、民众生活水平下降的社会局面。叶利钦的"休克疗法"并没有拯救俄罗斯,反而使俄罗斯从苏联时期的大国行列中掉队,传统文化也受到了重创。

新千年的到来伴随着普京总统的上任,从此俄罗斯开始踏上了综合发展的新阶段,通过政策调整与国家调控,俄罗斯的政治经济逐渐步入正轨,整个社会大环境也渐趋稳定。联邦政府矫正了上世界末对西方文明的盲目崇拜,再次到来的西方文化与俄罗斯的千年传承的文化相互渗透与融合,不断形成了兼有俄罗斯和西方特色的当代俄罗斯文化,使俄罗斯民族文化以它独特的本质特性屹立于世界文化之林。

第六章 俄罗斯高等教育的历史沿革及其特点

第一节 沙皇俄国时期的高等教育

一、高等教育的开端——圣彼得堡大学

彼得一世把教育改革视为与改革政治、经济和军事同等重要的一部分，他的教育改革在初等教育和中等教育领域的主要举措是：开办普通学校，促进世俗知识的传播，注重创办专门学校以培养实用型科技人才。

在高等教育方面，1724 年，在圣彼得堡设立了俄罗斯科学院，并附设一所大学和一所文科中学，这是俄罗斯历史上的第一所高等教育学府，是其高等教育的开端。彼得一世下令从国外订购了仪器设备，聘请西欧著名的学者来科学院担任院士。学校的办学宗旨本着理论结合实际的原则，紧密结合国家发展的需求和未来的趋势。圣彼得堡大学是俄罗斯最古老的大学，也是世界上最优秀的大学之一，自彼得一世建立以来，经过历史的沿革，虽经过数次更名，但是它的影响力和对俄罗斯高等教育的贡献一直没有发生改变，直至今天，它成为全世界排名前列的著名的综合性大学，为俄罗斯、为全世界培养了一批又一批拔尖的优秀人才。

二、罗蒙诺索夫——莫斯科罗蒙诺索夫大学

在彼得一世时期，著名科学家罗蒙诺索夫、俄国历史上第一位杰出教育

家,创建了俄罗斯历史上另一个历史悠久、世界著名的大学——莫斯科大学,对俄罗斯的科学和教育事业做出了巨大的贡献。自创办以来,莫斯科大学发展成为俄罗斯最大的大学和学术中心,与圣彼得堡大学共同跻身世界顶尖大学的行列。

1755年,在罗蒙诺索夫的倡导下,莫斯科大学建立。莫斯科大学作为一所特立独行的大学,没有按照当时西欧大学均设立神学系的惯例,而只设立了法律、哲学和医学三个系。莫斯科大学成立之初的办学宗旨是,重视科研,教育直接为国家科学和经济发展服务,把莫斯科大学发展成为科学力量的中心。罗蒙诺索夫的教育思想和办学理念无疑使莫斯科大学的创建成为俄罗斯教育史上的一个重要标志。莫斯科大学成立前后,俄国出现了官办学校和社会集团办的学校,对文化发展起到了积极的促进作用。

三、非国立高等教育的产生与发展

在尼古拉二世时代,沙皇政府对大学采取了压制和摧残的手段,使得大学发展受到了一定影响。19世纪60年代,俄国进行了教育改革,1863年颁布了《大学章程》,为大学恢复了一定的自治权,也为教师提供了更多追求学术自由的机会。19世纪下半叶俄国进入资本主义发展时期,各种工业的发展促使许多新型的高等工业院校发展起来。

由于国立高等教育无法满足社会对人才的需求,因此非国立高等教育作为高等教育重要的补充部分而产生。1905年12月3日,沙皇尼古拉二世批准了沙俄人民教育部部长伊·伊·托尔斯泰提交的允许开设私立学习班的奏折,以此标志着俄罗斯非国立高校系统的创建开始走入规范化。沙俄时期的非国立高校属于精英教育,教学质量很高,尤以女子教育、商业教育和科学教育为长项。截至1917年2月,在俄国稳定运作的非国立高校有59所,国立高校为65所,非国立高校在数量上几乎与国立高校并驾齐驱。然而曾经辉煌一时的非国立高等教育发展并不乐观,很多非国立高校还未来得及获得充分发展就被关闭了,余下的非国立高校的发展也步履维艰,缺乏物质基础和政府、社会的支持。

四、沙皇俄国时期形成的教育理论

（一）民主主义者的教育主张

18世纪后期，俄国先进思想家阿·尼·拉吉舍夫的代表作《从彼得堡到莫斯科旅行记》反映了他的哲学、政治经济和教育观点。他反对学校教育中的古典主义，主张用民族语言讲述科学知识；他认为教育的主要任务是培养具有公民意识的、具有高尚品德的人；主张孩子与父母的关系应该建立在相互尊重、热爱和合理要求的基础上，反对压制儿童、也反对溺爱，认为儿童应该在简朴的生活中健康成长。

俄国著名教育家阿·格·奥博多夫斯基于1835年出版了《教育学或教育的科学指南》一书，这本书成为当时由俄罗斯人编写的唯一一本教育学教材。全书论及普通教育、家庭教育、社会教育和性教育等多个方面，在书中阐述了人的发展和能力的培养，教育的定义和教育的目的、必要性，教育与教学之间的区别与联系，教育的对象与理想等，对当时俄国的教育理论发展和实践指导做出了重要的贡献。

在19世纪中叶，俄国形成了反对专制和农奴制的革命运动，形成了最激进最革命的思潮，激进的革命民主主义者要求彻底推翻农奴制，主张男女平等、普及义务教育。他们中的代表人物有著名文学评论家别林斯基、作家赫尔岑、文学评论家杜勃罗留波夫和哲学家车尔尼雪夫斯基。他们发表了极具代表性的著作，以表达自己的观点主张，为推动俄国农奴制的改革发挥了重要作用，为教育理论的成熟也奠定了一定的基础。

（二）乌申斯基的教育理论

康斯坦丁·德米特里耶维奇·乌申斯基，是俄国著名民主主义教育家，俄国国民学校、师范教育和俄国教育科学的奠基人，也是俄国当时民主派的代表人物，被誉为"俄国教育科学创始人"和"俄国教师的教师"。乌申斯基认为，教育分为有意的教育和无意的教育，教育的目的是培养全面和谐发展的人,教育的永恒理想在于造就完满的人。他主张把古典课程与实科课程相互结合,同时注重知识的传授和能力的培养。

在道德教育方面,他认为道德的影响是教育的主要任务,热爱祖国是一个人身上最强烈的情感,祖国语言和文学、祖国的历史和地理是爱国主义教育最好的教材。

在论及教育学和教育者的培养时,乌申斯基认为教育学不是科学,而是学艺。教育学分为广义和狭义之分,广义的教育学是教育学者所必需的或有用的知识的汇集,狭义的教育学是指教育活动规则的汇集。他建议成立教育系,目的是研究人和人性的一切表现及其在教育艺术上的专门应用。

19世纪,俄国形成较为完整的近代教育体系,乌申斯基的教育理论与实践对以后俄国乃至苏联的学校教育的产生都具有深远的影响,对世界教育科学的发展也做出了贡献。

第二节 苏联时期的高等教育改革

一、二战前苏联的高等教育改革

(一)苏维埃政权建立初期

苏维埃政权自成立之初,就开始对国民教育非常重视,并着手进行全面的改革。这个时期改革的重点是废除旧的教育制度,改变学校的性质,确立无产阶级政党对教育事业的领导地位。在普通初等和中等教育方面,建立了统一的劳动学校制度;改进了学校教育的内容、组织形式和教学方法,1921—1925年间正式公布了《国家学术委员会教学大纲》;在全国开展大规模的扫盲运动,积极发展少数民族教育和成人教育;在教师队伍建设上,团结、教育和改造教师等。

这一时期,高等教育的改革主要涉及以下方面:

1. 改革教育管理体制

十月革命以前,俄国学校具有鲜明的等级性、阶级性和宗教性;在十月革命胜利之后,苏维埃政权从地主、资产阶级手中夺回教育领导权,彻底改革教育管理体制成为改革的首要任务。

1917 年 10 月 26 日,苏维埃政府建立了以卢那查尔斯基为首的教育人民委员部,成立了国家教育委员会,之后不久,就将隶属于教会的所有学校一律转交由教育人民委员部管辖,学校教育彻底与教会分离。1918 年 1 月起开始,废除旧的国民教育管理制度,彻底克服了革命前学校管理方面的分散和混乱现象,保证了学校领导的统一性。

2. 改进高校招生制度

1918 年 8 月,由列宁起草的《关于苏俄高等学校的招生问题》获得通过,该文件明确指出开放高考招生,不容许资产阶级享有任何法律上和实际上的特权,指出应该无条件地招收无产阶级和贫困农民出身的人,发放奖学金。根据这一指令性文件的精神,高等学校招生规章规定:"一切年满 16 周岁的公民都有可能成为高等学校的学生,不需要什么考试,也不需要缴什么毕业证书。"①为贯彻落实这一决议,保证高校向工农敞开大门,工农速成中学诞生,为工农青年补足了一定的文化知识才能,使他们能够顺利进入高等学校。

3. 加强高校教学与生产的联系

教育与生产劳动相结合,是当时马克思列宁主义思想体系中的重要内容,它既体现了社会主义国家教育的必然规律,又反映了现代教育的根本特征。苏维埃政权初期,高校改革充分响应教育与生产劳动相结合的精神号召,在高校的课程内容上和教学形式上等都进行了改革,旨在将高等学校的学校教学与苏联社会的生产实际紧密结合,为社会培养最需要的有用人才。

这一时期的高等教育改革确立了党对高等学校的领导,在培养专家的

---

① [苏]伊·阿·凯洛夫等主编:《苏联的国民教育》,人民教育出版社教育编辑室等译,人民教育出版社,1958 年,第 365 页。

数量和质量上都有了提高,改变了大学生的社会成分,加强了教育与生产、理论与实际的联系。然而这一时期的高等教育仍然存在教学工作不够完善、过于重视实践而忽视系统的理论知识的传授,以及缺乏合理的教学计划和教学大纲等问题。

(二)20 世纪 30 年代至二战以前

苏联政府从 30 年代初期在着手整顿中小学的同时,也开始了对高等教育的继续改革和调整。

1. 改革招生制度

1932 年 9 月 19 日,《关于高等学校和初中等技术学校教学大纲和教学制度的决议》规定,凡报考高等学校的考生,必须通过几门主要学科考试才能被录取。在 1936 年 6 月 23 日颁布的《关于高等学校的工作和高等学校的领导的决议》又对高等学校的入学考试进行了进一步明确说明,规定高等学校的根本任务是培养具有现代技术水平的高等专门技能的专家和专门人才,①调整完善专业课程设置。

由于政权成立初期的大力扩招,苏联的高校数量得到了跃进式发展,到 30 年代初期,已有高等院校八百余所。在高校数目跃进式发展的同时,猛增的高校在专业设置上也发生了重大变化,出现了专业面过窄、专业设置过细过多而又重复等现象,在 1931—1932 学年,高校多达九百个专业中许多专业之间的区别极小。这使得苏联党政当局下达指示,整顿专业设置,经过 1933 年的调整,专业进行了大规模的合并,数量上减少了近三分之二。在专业的整体设置上呈现出规范化、合理化的特点。

2. 改进教学工作及加强学校管理

1934 年 5 月,苏联高等学校委员会成立,委员会的根本职责是批准高等学校标准的教学计划和教学大纲,任命高等学校的校长、授予高等学校教师教授和副教授的头衔。1937 年以后,高等学校确立了博士、副博士两级学位

---

① 参见《苏联普通教育法令选择》,周蕖等译,人民教育出版社,1955 年,第 62~64 页。

和教授、副教授、助教三级学衔。① 1939 年 9 月 5 日,苏联人民委员会批准公布了《高等学校标准规程》。其中充分体现了国家对高等学校的严格要求,全面论述了高等学校的办学宗旨、任务、工作内容等,对高等学校的规范化和统一化发展发挥重大作用。

二、二战后苏联的高等教育改革

(一)1958 年的教育改革

20 世纪中期开始,现代科学技术的进步使全世界都迈进了一个新的时期,这也促使苏联的教育又发生了重大的变革。二战使苏联的人口数量损失巨大,从而在劳动力上存在严重不足,又由于 30 年代的教育改革过于重视理论知识的传授而忽略了生产劳动教育。种种背景下,教育改革已经势在必行。

1958 年 12 月 24 日,苏联最高苏维埃主席团审议通过了《关于加强学校同生活的联系和进一步发展全国国民教育制度的法律》。该法律指出了教育改革的必要性,即生产力的发展和劳动性质的改变对劳动者和技术人员的要求越来越高;过去学校教育脱离生活、脱离生产劳动,学生没有获得实际的劳动本领和从业的思想准备。该法律对普通教育、职业学校、技术学校都提出了具体的改革措施。

对高等教育的改革,是此次改革的重点之一。该法律指出高等学校的使命是培养精通科学和技术的、具备多方面知识的人,在课堂教学上要求学生有更多的时间参加实际的生产劳动和教学实习;高等学校应该逐步减少录取应届毕业生,对具有从事实践工作经历的人应当优先录取,并废除原来规定的中学毕业生获得金银奖章直接升入高等学校的优先权;还强调要重视加强重点大学的建设,尤其是注重尖端专业的发展;还规定从 1959 年开始,所有全日制大学和高等学校都要同时开办夜校和函授学校。

---

① 参见《苏联普通教育法令选择》,周蕖等译,人民教育出版社,1955 年,第 64 ~ 65 页。

1958 年的高等教育改革从总体上看并不是很成功,由于强调生产与劳动而过多地占用了学生的时间,使得学校的教育秩序受到严重干扰,教育质量下滑;在招生录取方面,优先录取有实践经验的人给招生工作带来了极大的困难。

(二)六七十年代的教育改革

二战以后,各国从战争的疮痍中慢慢恢复,到 20 世纪六七十年代,科学技术得到了迅猛发展,社会经济的进步必然要求教育的发展,可以说这一时期是世界各国教育大改革的时代。从 1964 年开始,战后的苏联教育改革也进入了第二个阶段。通过颁布法案来对普通初中等教育教学内容进行改进,对职业教育的教育体系和与普通教育的衔接性进行完善等。

在高等教育方面,苏联在 70 年代时期高级专门人才的数量已经基本满足了国家所需,在教育质量上仍有待提升,因此苏共中央和苏联部长会议于 1972 年和 1979 年分别通过了有关改进高等教育质量和关于提高专家培养质量的两项决议。决议中指出了当前高等教育存在的问题:一些高等学校的毕业生的理论和专业知识水平不足以满足国家科学和生产的要求;科学技术的许多成就在学校教育中都没有得到反映,教育大纲并没有与时俱进;在教学过程中的教学方法还不够先进,没有充分运用现代科学组织方法和教学技术设备;尽管专门人才数量越来越多,但是在某些专业领域如冶金工业、建筑业和石油开采业等仍然存在人才稀缺问题。针对这些当时现存的问题,决议都相应地提出了改革措施。

此外,苏联自 1969 年开始在高校设立预科,这也是这一时期高等教育改革的重大举措,目的是改进第一线具有实际经验的先进工农兵青年受教育不足的问题,提高他们接受普通教育的水平,为他们创造更多的升入高等学校的机会。预科分为日课、夜课和函授三种形式。1976 年,苏联当局提出在高校采用不脱产培养干部的新形式,广泛采用函授和夜校两种形式的教育来提高劳动者的文化水平。

苏联时期第二阶段的改革有着与 1958 年第一阶段改革不同的改革宗旨,此阶段的改革重在加强教育的现代化和科学性,然而在实际的实施过程中其效果并不是十分理想,改革初衷想要培养出的既能掌握基础知识又能拥有熟练技能的人才很难产出,因此矛盾的突出使得改革不见成效,继而导致了又一次的改革的来临。

(三)80 年代的教育改革

1977 年,迎来了苏联教育改革的又一个阶段,此次改革一直持续到了1984 年。这次改革的主要目的是解决苏联学校教育中长期存在的问题,即知识教育与劳动教育的矛盾问题、学校教育肩负升学和就业双重使命的问题、学生学习负担过重的问题,以及普通教育和职业教育的矛盾问题。

此次改革在高等教育方面主要解决高等教育学生数量和人才质量之间的平衡问题和高校培养出的学生能否满足社会所需、使其充分发挥价值的问题。20 世纪 80 年代苏联高等学校普遍存在一些问题:教学过程中教材数量太多从而增加了学生的课业负担,无法培养学生独立学习的能力和创造性思维;学校专业划分过细;教育与社会相脱节,学校与科学院和专业科研机构的联系相当薄弱;教育经费不足,等等。

为了解决这些问题,第三阶段的改革提出了一系列措施,包括要使教育、生产和科学紧密结合,实现一体化,根据法律规定采取措施来强化高校、企业、科学文化机构等在培养和使用干部人才方面的责任;培养学生的创造性才能,提高专门人才培养的质量;建立全国统一的干部进修和能力提高制度;提高教师队伍的质量,加强学校的科研工作等。

从 1958 年改革到苏联解体之前,这三大阶段的改革都分别在不同程度上对苏联的高等教育进行了改进和提高,但也都分别存在一些遗留性的问题。十月革命胜利以后,社会的转型对教育提出了更高的要求。经过大力的改革和发展,到 1975 年,国民中受过高等教育的人数位居世界前列,为苏联的经济建设和社会发展提供了充分的人力资源保障。在这个时期,也涌现出了很多享誉世界的教育家,形成了影响至今的著名教育理论。

第三节　俄罗斯联邦的高等教育

一、社会转型时期的高等教育改革

自 1991 年苏联解体以后,俄罗斯的政治、经济、社会文化等都发生了翻天覆地的变化,俄罗斯的教育也进入了一个全新的时期,俄罗斯政府一方面对原有的教育法规进行了修订,另一方面又着力制定一系列新的法规。

1992 年 7 月,《俄罗斯联邦教育法》颁布,成为俄联邦高等教育改革的开端,俄罗斯真正意义上的高等教育改革也以此为标志正式开始。该法奠定了俄罗斯国家教育政策的基础。该法在总体思想上继承了苏联解体前的国家政策,又表现出新的特点。首先,将原来的普通教育、中等专业教育、职业技术教育和高等教育四部分重新划分归为普通教育和职业教育两大部分;其次,确立了创办教育机构的开放机制,使非国立高等教育的实施成为可能;此外,还扩大了教育机构的管理和经营的自主权,允许教育机构从事一定范围内的经营性活动,为教育系统引进市场机制提供了政策依据。1996 年 1 月,《俄罗斯联邦教育法》的补充修订版颁布,在许多内容上进行了重大的增减和修改。

（一）高等教育改革

1991 年以后,俄罗斯首先在国家政治体制、经济体制等方面进行了大刀阔斧的改革。随着改革的推进,高等教育也越来越不能满足社会的需求。现有高等教育机构所有制形式单一、数量少,国家对教育投入不足,教学大纲、教学内容陈旧与实际脱节,经济建设急需的专门人才培养滞后等问题凸显。而在此时,欧洲和美国的高等教育已经表现出明显的多元化、大众化、商业化、市场化以及国际化的趋势。在这种情况下开始的俄罗斯高等教育改革,既是为了满足国内社会经济建设对专门人才的需求,也是为了顺应世界高等教育发展的趋势。

1. 高等教育机构多样化

苏联时期,高等教育的办学体制比较单一,是国家"包办"教育。苏联解体后,俄罗斯改变了这种单一办学的格局,允许办学主体的多样化。1992年7月,俄联邦新的《教育法》开始颁布实施。其中明确规定:"教育机构可以是国立的(由联邦或联邦主体开办)、地方的或非国立的(私立的以及由社会和宗教组织开办)。"此后,俄罗斯非国立高等教育走上复兴之路,非国立教学机构大量出现,教学机构数量的增加为更多的人才进入高校提供了可能。到2000年,高校录取总人数达到129.25万人,是1992年的2.2倍。除了开放办学之外,俄罗斯联邦对创办高等学校的社会组织和个人实行一定的优惠政策,从而调动各方办学的积极性,满足市场经济的不同需求。

2. 高校人才培养多层次化

苏联时期的高等教育人才培养结构非常单一,学习年限长、专业跨度窄,高校毕业生适应社会的能力较差。为了使高等教育适应市场经济的发展需求,俄罗斯对高等教育的人才培养体制进行了改革。根据法规规定,俄罗斯高等教育逐步过渡为三个层次:第一层次为不完全高等教育,学制两年,结业后的学生可以持不完全高等教育的证书进入任何一所高校继续深造,也可以选择就业;第二层次为基础高等教育,学制两年或四年,这一层次相当于原来的大学本科教育,毕业后的学生可以就业或到第三层次的学校学习;第三层次为完全高等教育,在这里重点进行的专门化教学,学生毕业后可以获得某一专业的专业工作人员资格证书和硕士学位证书。在这三个层次之上设立研究院,培养科学博士和副博士。除了拓宽层次外,俄罗斯高校委员会还对高校的专业目录进行了大的调整,以培养专业面宽、适应性强的专门人才。

3. 高校管理体制的多样化

与高等教育所有制形式改革相适应的,是教育行政管理体制的改革。苏联时期单一的、集权式的国家教育管理体制被新时期更为灵活的、分权式的多级管理体制所取代。1992年《俄罗斯联邦教育法》确定了联邦、地区和地方三级教育管理体制,规定包括高校在内的教育机构具有法人地位。高校也由此在教学、科研以及资金筹措和使用方面获得了更多的自主权。在高校招生体制方面,俄罗斯实行各校自主命题、自主考试和录取的招生制度;在毕业生就业方面,俄罗斯改变以前的统包统分,鼓励学生自主择业,充分调动了学生的学习积极性,也促进了社会对人才待遇的提高。

4. 教育投资体制改革

教育投资体制的改革也是俄罗斯高等教育改革的一个重点。一方面是国家财政拨款的严重不足,另一方面是社会对教育服务需求的日益增长。在这种情况下,改革教育投资体制、多渠道筹集办学经费成为高校求生存、求发展的必由之路。根据联邦法律,高校除了得到国家的教育拨款外,还可以接受社会组织、机构、企业及个人对教育的投资,或通过商业性经济活动和非商业性的经济活动获得收入。

5. 建立高校综合评估机制

俄罗斯高等教育改革的另一要务,即建立国家高校综合评估机制。综合评估由三部分组成:取得许可、参加评定和进行资格审定。根据1992年的《俄罗斯联邦教育法》,所有教育机构必须首先取得办学许可资格,然后要通过评定委员会的评定。对于那些希望获得颁发全国认可的、国家样式的《高等教育毕业(学位)证书》权力的高等学校来说,还需要接受教育管理部门或鉴定委员会的鉴定。通过鉴定的高等院校,可以被纳入国家财政支持范围,享受国家财政拨款的优惠。

(二)高等师范教育改革

苏联解体后,俄罗斯的高等师范教育也进行了具有深远意义的改革。教育体系由原来的单一化也改为三个层次的结构:第一层次是培养初中以下的普通学校教师,修业三年;第二层次是培养高中教师,授予学士学位,在第一层次的基础上再修业两年;第三层次是在第二层次基础上再修两年,培养文科中学、私立学校和大学助教等,授予硕士学位。

除了教育体系的改革外,新时期高等师范教育的改革还利用地域优势,如师范院校积极参与到某些旅游胜地以及建有大型合资企业的城市的文化和经济建设中;经常组织学生与相邻的外国使馆进行联谊,锻炼学生的语言能力,来吸引学生报考。

为了借鉴国外的经验,俄罗斯将诺夫哥罗德市的工学院、农学院、医学院以及师范学院全部并入了诺夫哥罗德大学。这些之前独立的院校成为综合性大学的下属学院,由大学统一调配资源、设备和师资队伍,避免了专业设置重复和人力资源浪费等现象。这一举措解决了苏联时期师范院校教育水平低于综合性大学的难题,为培养跨专业的优秀人才开辟了新途径。此外,师范院校自90年代以后不断进行教学内容的调整和更新,调整后的课程类别架构合理,课程内容设置突出人文性和师范性。

二、俄罗斯联邦《大学法》的颁布

从2003年起,俄罗斯高等教育改革进入了深化和推进阶段。2003年11月,俄罗斯联邦国家杜马教育与科学委员会提出了《大学法》的草案。这是俄罗斯第一部针对高等教育活动的联邦法律。《大学法》的颁布标志着俄罗斯高等教育改革进入了一个新阶段。法案强调大学应获得实际的自治权,包括大学的学术委员会可以对本校的教师进行评定,大学可以独立授予学位并颁发本校样式的学位证书,大学的管理应通过选举出的代表进行,教育服务市场的竞争能够促进大学提高教学效果。《大学法》还指出,大学应该是开放的,大学与科研院所的紧密联系能够保证社会智力资源的发展,并有助于实现智力的再生产,俄罗斯国内高等教育的封闭状态必须打破等。

三、加入博洛尼亚进程以来的高等教育改革

博洛尼亚进程可以说是欧洲高等教育一体化进程的代名词。1999年6月19日,29个欧洲国家教育部长在意大利博洛尼亚举行"欧洲高等教育空间"研讨会,研讨会结束之后,签署了《博洛尼亚宣言》,博洛尼亚进程因此而得名。博洛尼亚进程的核心目标是——到2010年建立欧洲统一的高等教育体制,打通教育体制,整合欧盟的高教资源,建立一个师生无障碍学习交流、

学分互换成熟、优质课程共享、教育质量保障、教育资源高效利用的"欧洲高等教育区"。《博洛尼亚宣言》的一项重要内容是推广欧洲高等教育两级学位证书制度:带有职业培训性质的、学制为三年的学士学位和带有科学教育性质的、学制为一至两年的硕士学位。

2003 年 9 月,俄罗斯联邦教育部部长在柏林签署《博洛尼亚宣言》,俄罗斯成为第 40 个加入"博洛尼亚进程"的国家。"博洛尼亚进程"不仅是俄罗斯加强与欧洲合作的一个机会,更为俄罗斯高等教育的国际化提供了平台,使俄罗斯的教育成果可以进入欧洲市场。

加入"博洛尼亚进程"之后,俄罗斯高等教育改革的措施主要在以下六个方面:

1. 调整学位结构

高等教育学位制度的改革是俄罗斯高等教育改革的一个重要方面。苏联高等教育的人才培养有着与世界高等教育不同之处,主要表现在修业年限和学位证明两个方面:在修业年限方面,世界上高校本科学习修业年限一般都为四年,而苏联的修业年限为五至六年;在学位证明方面,当今各国普遍实行了学位制,尽管各国家的学位级别划分或称号不完全一样,但大致上都设有学士学位、硕士学位、博士学位和博士后资格。

2. 实行国家统一考试

俄罗斯的国家统一考试制度于 2001 年开始在三个联邦主体进行试点,2009 年在全俄罗斯推广普及。实行全国统一考试是俄罗斯在整个改革教育领域力度最大的一项举措,俄罗斯以前一直实施的高等院校自主招生制度、自行命题,考生需要到高校参加各校自己组织的入学考试,这种考试制度明显已与现在俄罗斯发展的要求不适应。因此,俄罗斯推行国家统一考试制度,由国家教委统一命题。国家统一考试的基本目的之一就是形成一种评价体系,以便客观评价中学毕业生的培养情况,同时创造条件以调高中等教育国家证书的等效性。

3. 进一步增加教育预算

进入 21 世纪以来,普京政府和梅德韦杰夫政府在教育领域的经费投入大大增加。从 2004 年起,教育预算在联邦政府的整体预算中所占比例不断攀升,2006 年达到 4.7%,2007 年为 5.1%,而 2011—2015 五年以来,教育预算在联邦政府的整体预算中所占比例已经连续超过了 10%,在 2018 年达到了 14.3%。其中,2005 年以来,高等教育预算在联邦教育总预算中所占比例均超过 70%,2013—2015 年,高等教育预算在联邦教育总预算中所占比例均超过 80%。2010—2014 年,联邦政府计划投入 450 亿卢布,以建设 29 所国际领先水准的科研型高校,期望以经费的高投入推动高校教育质量和科研能力提升。此外,在拨款方式上也一改由联邦中央直接拨付方式,而向市场化竞争模式转变,以高校招生人数和生源质量为要素的"实名制国家财政券"制度,取代了以往根据前一年度开支进行预算的做法,将中央财政拨款与国家统一高考紧密联系。"实名制国家财政券"制度中根据高考成绩将学生分为五个等级进行拨款,不同等级对应不同的拨款数额。

4. 加强学生和教师的国际流动

苏联时期的高等教育培养了一大批顶尖的学术人才,这也吸引了许多当时社会主义国家的学者来苏学习。苏联解体后,俄罗斯社会陷入了政治动荡阶段,来俄罗斯留学的人数越来越少。为了重新树立苏联时期高等教育的辉煌形象,提升自身高等教育的吸引力,也为了提高国内和国外学生的流动,俄罗斯联邦采取了以下措施:形成院校和个人结合的拨款机制,旨在提高俄罗斯和世界范围内的学生流动;推行了参与国际计划和课程的目标课程;俄罗斯高等教育机构学分计算的方法得到发展,并在所有高等教育机构实施。

此外,为了推动俄罗斯与欧洲教育一体化的进程,实现当初制定的到 2010 年在成员国内互相承认大学文凭及其他高等教育的普遍标准的目标,俄罗斯国家杜马于 2007 年 11 月通过了在俄罗斯实施学士-硕士两级高等教育制度的联邦法律,实行与国际接轨的新学制,但同时保留五年制的俄罗斯传统"专业培养"高等教育学制,即"双轨"学制。

5. 积极推进高等教育国际化

俄罗斯通过参与博洛尼亚进程而努力融入欧洲高等教育一体化空间,

与此同时,也在积极推进在亚太地区的高等教育交流活动,这也是普京积极推进亚太外交思想的重要部分。2011 年俄罗斯首次加入东亚峰会并参与东盟伙伴关系,2012 年正式成为世界贸易组织成员,开始探寻与亚太各国建立包括经济、文化、军事以及教育等领域的合作。其中与中国的教育文化交流更是俄罗斯亚太战略的重中之重。继 2006 年在中国举办"俄罗斯年",2007年在俄罗斯举办"中国年"的"国家年"之后,中俄两国又开展了"语言年""旅游年""中俄教育年"等系列活动,并组建了"上海合作组织""中俄教师教育联盟"等组织机构。

6. 创建大学综合体

为了实现高校教育的现代化、增强高校对社会发展和所在区域的经济的影响力、强化和提高高校的科研实力,俄联邦政府提出了以大学为基础,组建大学综合体的新理念。"大学综合体"是指教学－科研－生产的联合体,强调高等院校与科研和生产部门密切合作。主要是以大学为中心,创建一个专门的区域,这一区域包含各级各类学校等的一体化模式,还有企业教育机关等,达到教学和科研的有机结合。

2008 年 5 月 7 日,俄罗斯总统梅德韦杰夫签署了 716 号《联邦大学》总统令,确定了联邦大学的建立程序。① 自此开始,俄罗斯开启了精简高等教育结构、推动高等教育系统的现代化进程。到 2012 年,俄罗斯已基本完成了高等教育在全国范围内的大的布局,共成立联邦大学九所,为今后俄罗斯高等教育的进一步发展奠定了良好的基础。在此基础之上,俄罗斯为进一步进行高校的资源整合,于 2013 年在全国范围内启动了"大学合并"的改革项目,重组的大学并不意味着关闭,而是要与其他优质的大学进行合并,以提高大学系统的基本效率和教育质量,实现教师和学生的自我发展。

---

① 参见夏辽源、曲铁华:《新世纪俄罗斯高等教育改革举措及其特征分析》,《外国教育研究》,2014 年第 10 期。

第四节　俄罗斯高等教育发展沿革的特点

一、高等教育发展的阶段性

（一）社会转型与高等教育演变

教育与历史、文化是相互依存的关系，俄罗斯作为一个转型大国，从基辅罗斯到统一的俄罗斯帝国，直至现今的俄罗斯联邦，这期间经历了五次重大的历史与文化的转型，每一次的社会转型必然对教育产生不可避免的巨大影响。俄罗斯的高等教育在第三次社会转型即彼得一世改革后发展起来，这一时期也是俄罗斯文化发展极为关键的时期，高等教育作为文化中精神财富的重要组成部分，伴随着社会的变革也发生了暴风骤雨式的变化。

（二）苏联解体后俄罗斯联邦的阶段性改革

苏联解体后俄罗斯联邦的高等教育改革以 1992 年 7 月正式颁布实施的俄联邦新《教育法》为开端。综观俄罗斯联邦高等教育改革的二十余年，可按其进程划分为两个大的阶段，自 1992 年至 2002 年的改革可以认为是俄联邦高等教育改革全面开展的阶段，而 2003 年俄罗斯联邦《大学法》颁布至今则是俄联邦高等教育改革进入更加深化和推进的阶段。两阶段的改革各有侧重，也呈现了不同的发展特点。通过俄联邦政府多管齐下的大力度改革，俄罗斯的高等教育领域发生了巨大变化，使其教育地位在世界教育中占据重要地位。

二、高等教育改革的全面实效性

（一）高等教育改革渐趋全面性

俄罗斯高等教育真正意义上的改革是开始于俄罗斯联邦时期，苏联解体以前时期的俄罗斯高等教育改革，在改革的过程中往往存在很大的片面性,因此在改革的过程中常常与改革的初衷相违背,暴露出很多的不足而又屡次颠覆以往的法规与制度。随着 1992 年《教育法》的颁布实施,俄罗斯联邦的高等教育改革进入了全面化发展的阶段,高等教育的改革涉及方方面面,从高校办学体制、管理模式到高等教育结构,从高校的专业科目设置到高等教育质量保障,以及教育资金投入等都进行了如彼得一世改革那般大刀阔斧的改革。

(二)高等教育改革极具实效性

俄罗斯高等教育的改革有着坚实的法律后盾,国家对高等教育改革的重视度可以从不断出台的各项法规中彰显出来。对比苏联解体之前的高等教育,俄联邦如今的高等教育在管理模式上从中央集权到中央、地区、学校三级分层管理;在办学体制上由单一的国家办学到多渠道多单位办学相结合;在教育结构上从单科类本科为主的院校发展成为既有专科学院又有综合大学,既有本科,又有研究生教育、博士后教育等;在专业设置上从偏重重工业等科目发展成学科门类齐全的综合课程体系;在办学质量上更加注重质量一关,对非国立高等教育也更加严格要求。高等教育的改革在全面发展的脚步中也踏踏实实做出了实际的成效。

三、高等教育地位的改变

(一)由依附到相对独立

自原始社会解体、学校教育开始出现后,俄国的学校教育在其后发展的上千年之间都是依附于宗教和政治。就高等教育这一高层次的教育而言,其整个发展与沿革则更不可避免地从这种依附关系中发展而来。从彼得一世改革开始到农奴制的废除,俄国的封建主义制度瓦解,却进入了更具军事封建性的资本主义社会;从十月革命的胜利到苏联政府中央集权化的教育管理,甚至进入现代工业社会后教育与宗教和政治也存在着紧密的关系;从苏联解体到俄罗斯联邦进入现代化社会逐步实行的高等教育改革,在历史车轮不断向前滚动与社会经济不断发展的过程中,高等教育从依附于神权宗教、完全受控于政治逐渐被摆在了国家优先发展的战略地位,尤其是俄联邦《大学法》的颁布,极大程度地促进了高等教育的自由与独立发展。

（二）由等级的化身到社会发展的基础

俄罗斯高等教育产生于封建社会,在宗教与政治的控制下发展壮大,高等教育在最开始只有社会上层的人士才可以接受,因此它是等级与地位的象征,一个人的社会地位就决定了他所能接受的教育的等级。随着封建制度的瓦解,沙皇专制制度的完结,高等教育从平凡人触不可及的地位逐渐落向大众,苏联时期开放高考限制成为这其中一个重要的举措。俄罗斯联邦早在 20 世纪 80 年代高等教育就已经步入大众化阶段,俄罗斯全民受教育程度在全世界都名列前茅,这些数字都已说明,高等教育已经作为社会发展的基础,并为促进社会文明的进步做出了巨大的贡献。

（三）俄罗斯对世界高等教育发展的贡献

俄罗斯文化是世界文化发展的重要组成部分,俄罗斯的高等教育也为世界高等教育的发展发挥着不容小觑的作用。在自然科学和基础研究方面,俄罗斯的高等教育的水平居世界领先地位,航空航天、军事工业等工程技术领域亦属世界一流。俄罗斯圣彼得堡国立大学与莫斯科罗蒙诺索夫国立大学作为世界著名的高等学府,为全世界培养输送了大量的科研与政治精英。俄罗斯的十八位诺贝尔奖获得者中,有十一人曾在莫斯科大学有过学习或工作的经历。作为世界文化之林中的一朵奇葩,俄罗斯高等教育以其独特的文化底蕴和发展道路在世界教育领域中占据主要位置。

四、对中国高等教育改革的借鉴

俄罗斯在高等教育领域改革中有许多成功经验值得我国借鉴,如俄罗斯政府以国家法律的形式确定教育的优先发展权,对师资培养、财政拨款、高等教育标准等都采用政策约束,并通过一系列相关法律确保实施;确立了大学的法人地位,高等学校获得更多的自主权和自治权;能够整合高等院校和科研院所的科研资源,确定高等院校的发展是俄罗斯科学和创新综合体的最重要的组成部分;重视教育投资,多种途径解决办学经费不足问题;大力推行高等教育质量保障体系,为每个专业制定"国家教育标准"的方式,为国家评定高等教育提供办学目标和办学质量的客观标准;对非国立高校的发展也给予极大的重视。探索一条适合中国国情而又广泛吸收国外之长的高等教育发展道路,是中国高等教育走向世界的必由之路。

主要参考文献

1. 何汉文:《俄国史》,东方出版社,2013 年。

2. [俄]M. P. 泽齐娜等:《俄罗斯文化史》,刘文飞、苏玲译,上海译文出版社,2005 年。

3. [苏]诺索夫:《苏联简史》,武汉大学外文系译,生活·读书·新知三联书店,1977 年。

4.《苏联普通教育法令选择》,周蕖等译,人民教育出版社,1955 年。

5. 夏辽源、曲铁华:《新世纪俄罗斯高等教育改革举措及其特征分析》,《外国教育研究》,2014 年第 10 期。

6. [苏]伊·阿·凯洛夫等主编:《苏联的国民教育》,人民教育出版社教育编辑室等译,人民教育出版社,1958 年。

7. 张建华:《俄国史》,人民出版社,2014 年。

8. 朱达秋、周力:《俄罗斯文化概论》,上海外语教育出版社,2010 年。

第三编　印度高等教育的演变

　　印度是人类文明的摇篮之一，其历史大致可追溯到四千多年前。至今，印度先后经历了从古典印度到近代被殖民再到现代独立三个历史阶段。伴随其历史发展的脉络，印度文化则经历了从以吠陀、佛教和伊斯兰教为根基的传统文化，到殖民时期以盎格鲁-撒克逊为主导的西方文化，再到独立后仿效苏联、借鉴美国的双元文化的变迁历程。在这样的历史发展与文化变迁中，印度高等教育也历经三次不同的嬗变，从古印度时期的萌芽阶段演变为英殖民阶段的形成阶段，最后形成了独立后的发展阶段。

　　第一阶段，为古典印度时期，自公元前1500年由婆罗门主导的吠陀时代到1707年莫卧儿王朝的解体为止。这一时期又分为两个阶段，即以佛教为主导的时期（从公元前1500年到1206年德里苏丹国建立）和推广伊斯兰教的时期（从1206年德里苏丹国建立到1707年莫卧儿王朝解体）。这是印度传统高等教育的萌芽时期。这一时期的印度高等教育曾辉煌一时，是当时南亚地区的教育胜地和宗教中心。高等教育以经院式为典型特征，具体表现在高等教育大多集中于探求宗教课题，且主要在寺院（佛寺或清真寺）中进行，课程与宗教有关，寺院阶层垄断高等教育，仅有少数寺院阶层人士享有接受高等教育的机会。印度古代高等教育以培养神职人员、官员和教师为培养目标。

　　第二阶段，自1707年莫卧儿王朝的解体到1947年印度赢得民族自治为止，这是殖民时期印度高等教育的发展阶段。这一阶段的印度高等教育主要是英国殖民化的产物，带有鲜明的盎格鲁-撒克逊民族的文化痕迹。英国殖民政府仿效英国大学在印度建立大学，并推行英国学院式高等教育。殖民统治者主张在印度大学推广西方教育,采用英语教学,建立西方教育制度,培养符合殖民当局统治需要的政府行政人员。此外,英国殖民统治者在印度大学推行奴化教育,停办原来学习印度文化的学校,引进西方的科学知识,推行自由民主思想。西方高等教育的引进,对印度社会的教育、宗教、文化等方方面面都产生了深远的影响。一方面,学院式高等教育的引入推动了印度历史的发展和传统文化的变迁,不仅培养了一批杰出的知识分子,促进了印度生产力的发展,也改革了落后的社会制度,提高了人民大众的知识水平,建立了现代教育制度;另一方面,这种移植的高等教育也带来了不少弊端。

第三阶段,自1947年印度赢得民族独立到当代印度全方位改革为止,这是独立后印度高等教育迅速发展和改革阶段。这一阶段印度考察了欧美发达国家后,结合本国文化传统和现实国情,确立了适合印度国情的"后发外生型"的发展,即"多元发展"模式。它强调政府、社会、高校三者在控制、协调和分配权力过程中的多元发展理念,侧重于参与高等教育利益群体和行为主体的多元化。

第七章　印度的历史沿革

　　目前,关于印度历史的发展沿革划分方式,史学界一般都持一致的看法。他们普遍认为,"印度的历史发展,大致分为三个时期:古代印度时期、殖民时期和独立后时期"①。但在印度历史发展沿革的具体阶段划分方面,史学家们往往因各自的侧重点不同而作出不同的划分。本书并未直接依据某一家的划分观点,而是根据每一时期中印度历史发展的主要方面,并参照印度学者对分期的某些看法,对印度历史沿革作了如此的阶段划分。

　　具体来说,古代印度时期主要包括原始社会阶段、早期文化阶段、十六雄国阶段、孔雀王朝阶段、笈多王朝阶段、拉其普特阶段、德里苏丹国阶段、莫卧尔帝国阶段。殖民时期则先后经历葡萄牙殖民阶段、英国殖民阶段。独立后时期又可以具体分为印巴分治阶段、共和国阶段。共和国阶段又分为三个阶段,即尼赫鲁执政阶段(1947—1964)、英迪拉·甘地从政阶段(1966—1984)、改革阶段(1984 年至今)。

第一节　古代印度时期

一、原始社会

　　在讷尔默达河谷地区发现的一些零散的早期人类化石(后定名为讷尔

---

① 　刘武安、倪培耕等:《泰戈尔全集》,河北教育出版社,2000 年,第 327 ~ 420 页。

默达人)表明,至少在旧石器时代中期印度已有人类居住。讷尔默达人的系属分类未定(直立人或智人),对于其生存年代从距今 20 万年到 50 万年不等。旧石器时代晚期大约开始于 4 万年前,结束于 1.5 万年前。

中石器时代对应地质学上的全新世。中石器文化广泛分布于印度次大陆各地及斯里兰卡。在斯里兰卡发现了最早的中石器时代遗址,而最北的遗址发现于兴都库什山脉,那里的文化看起来是同一地区旧石器文化的直接发展。

大约自公元前 6000 年起,印度各地进入新石器时代。新石器文化的分布范围更加广泛。印度新石器文化总体来说晚于两河流域文化。

在印度的金石并用时代,或称为红铜时代,金属已经进入人类生活。金石并用时代的文化主要发现于恒河与亚穆纳河河间地,以及拉贾斯坦、旁遮普和古吉拉特。

二、早期文化

已知的最古老的印度文明是公元前第三千纪的印度河流域文明,通常以其代表遗址所在地哈拉帕(在西旁遮普)命名,称为哈拉帕文化。[1] 哈拉帕文化在达到相当发达和成熟的情况下,由于至今不明的原因而衰落直至最终彻底消失。

取代哈拉帕文化的是由西北方进入印度的雅利安人带来的新文化体系,这一文化(有时以其圣典的名字称为吠陀文化)是古典印度文化的起源。种姓制度在这时大概已经出现。这一历史时期是所谓的列国时期,因为佛教产生于这一时期,也常称为佛陀时期。列国时代的印度精神生活十分活跃,出现了许多哲学或宗教流派,其中影响最为久远的是佛教和耆那教。

---

① 参见曾向东:《印度现代高等教育》,四川大学出版社,1986 年,第 217~221 页。

三、十六雄国

十六雄国是十六个强盛的王国或共和国,其范围涵盖肥沃的印度河－恒河平原,同时也有其他较小的国家散布在这个范围上。通常所指的十六雄国是:迦尸、憍萨罗、鸯伽、摩揭陀、弗栗恃(跋耆)、摩罗、支提、跋蹉、俱卢、般遮罗、摩差耶、修罗色那、阿湿波、阿槃底、犍陀罗和甘菩遮(剑洴沙)。在许多印度邦国之中,位于今比哈尔邦的摩揭陀国逐渐居于优势地位。

四、孔雀王朝

公元前 6 世纪末期,波斯阿契美尼德王朝国王大流士一世征服了印度河平原一带。在大流士一世之后侵入印度的是马其顿国王亚历山大大帝,他对孔雀王朝的兴起起了助推作用。

亚历山大撤出印度之后不久,被称为月护王的旃陀罗笈多推翻了摩揭陀的难陀王室。旃陀罗笈多建立了印度历史上的第一个帝国式政权孔雀王朝。他赶走了希腊人在旁遮普的残余力量,逐渐征服北印度的大部分地区。月护王在位后期击退了塞琉古一世的入侵,并获得对阿富汗的统治权。孔雀王朝终于在阿育王时期到达巅峰。

从前 2 世纪初开始,大夏希腊人、塞人和安息人先后侵入印度,塞人的侵略尤其广泛。大月氏人成为最成功的侵入者,他们在北印度建立了强大的贵霜帝国。

五、笈多王朝时代

贵霜帝国在强盛了若干世纪之后分裂为一些小的政治力量,取代他们在北印度的优势地位的是旃陀罗笈多一世建立的笈多王朝。笈多王朝是孔雀王朝之后印度的第一个强大王朝,也是由印度人建立的最后一个帝国政权,常常被认为是印度古典文化的黄金时期。与孔雀王朝一样,笈多王朝的发源地是在摩揭陀。这个王朝的头几位君主都是征服者,他们确实统一了北印度,但在南方则并没有扩张得太远。在文学上,出现了古代印度最伟大的诗人迦梨陀娑。

从中亚侵入印度的嚈哒人(白匈奴)严重地损害了笈多王朝。嚈哒人后来被印度社会所同化,但他们在5世纪至6世纪的活动促成了帝国的解体。许多地方王公和民族反对笈多王朝的中央权力,于是这个帝国迅速瓦解了。所以后笈多王朝(实际上与真正的笈多王室没有关系)的统治权力再次退回摩揭陀。

六、拉其普特

大约在公元7世纪,北印度兴起了一种新的力量,即拉其普特人。他们在7世纪至8世纪后的印度历史中起了突出作用。从7世纪中叶直到12世纪末穆斯林征服北印度之间的历史时期常常被称为拉其普特时期。

阿拉伯人在8世纪初征服了印度西北部的信德,揭开了穆斯林远征印度的序幕。9世纪至11世纪在南印度出现了几个强大的王国,如朱罗国(注辇)和潘地亚。其中朱罗国曾经侵入印度尼西亚诸岛屿。

七、德里苏丹国

伊斯兰对印度的真正征服开始于11世纪,是由中亚的突厥人进行的。伽色尼王朝的苏丹马茂德远征印度十二次以上,在北印度造成严重破坏。伽色尼王朝在中亚的领土于1173年被位于阿富汗的原附庸廓尔王朝吞并。廓尔王朝的统治者穆伊兹丁·穆罕默德(廓尔的穆罕默德)在1192年的第二次德赖战役中决定性地击败了兆汗人,他留在印度的总督(出身奴隶)顾特卜-丁·艾伯克于1206年采用苏丹头衔统治被穆斯林征服的北印度地区,定都德里。此后直到莫卧儿帝国建立,北印度的历史即为德里苏丹国的历史。

八、莫卧儿帝国

德里苏丹国瓦解造成的权力真空并没有持续很长时间,新的穆斯林征服者很快在西北方出现。1526 年,突厥人帖木儿的直系后代巴卑尔从中亚进入印度,在第一次帕尼帕特战役中击溃了罗第王朝的最后一个苏丹易卜拉欣·罗第。巴卑尔占领了德里并被尊为"印度斯坦的皇帝"。他继而在1527 年击败拉其普特人,1529 年又消灭了阿富汗人的残存力量。由巴卑尔建立的政权被称为莫卧儿帝国。

1707 年奥朗则布去世后的莫卧儿帝国称为"后期莫卧儿"①。这一时期的特点是,皇帝大都昏庸无能,马拉塔人愈战愈强,大有取莫卧儿而代之的趋势。但是决定印度命运的因素是欧洲列强。

第二节　殖民印度时期

最早在印度建立据点的欧洲国家是葡萄牙,他们的殖民地位于莫卧儿帝国版图之外。此后荷兰人也积极介入,并打败了葡萄牙人。奥朗则布在帝国极盛时期忽视欧洲殖民者的危险,而他的子孙们在被迫面对欧洲人时已经由于帝国已经衰落而软弱无力。到了 18 世纪,在印度追求利益的欧洲强国主要是英国和法国。经过一番斗争,英国人取得了优势,把法国的存在削弱到只剩下几个小殖民点。

经营英国在印度事务的主要实体是不列颠东印度公司。1818 年马拉塔人势力最后覆灭后,大多数印度王公都承认了东印度公司的宗主权。最晚被英国兼并的印度领土有信德(1843 年)、锡克人控制的旁遮普(1849 年)、

---

① 王处辉、朱焱龙:《欧洲高等教育治理研究的新动向及其启示》,《中国高教研究》,2014 年第5 期。

贝拉尔(1853年)和奥德(1856年)。由于殖民者的种种不利政策,1857年爆发了著名的印度民族大起义。1858年通过的《改善印度管理法》①取消了东印度公司,由印度事务大臣接管其全部职权,并成立以印度总督为首的印度政府。英国人也正式结束了已无存在意义的莫卧儿王朝,将巴哈杜尔沙二世流放到缅甸。此后印度进入由英政府直接统治的时代。英国直接统治下的印度(称英属印度)分为13个省,其中包括缅甸。另外约有700个由印度王公统治的土邦在英国严密监督下存在着,这种土邦占整个印度面积的40%(有些省里也有土邦)。② 以印度为根据地,在亚洲遏制俄国扩张的思想使一些英国官员致力于在西北方向扩展英属印度的疆域,结果引发了1878—1880年的第二次阿富汗抗英战争。1885年,印度国大党成立。1906年组建全印穆斯林联盟。英国人有意识地利用了印度教徒和穆斯林之间的矛盾。

在1885年以后,印度几乎每年都有民族主义者的集会,但维多利亚时代的英国官僚显然漠视印度人的诉求,英国人在印度的统治目标仅仅是避免出现饥荒。1909年,英国通过莫莱-明托改革法案,规定穆斯林和印度教徒在立法机构改选中实行分别选举,此后教派政治成为制度,印度民族运动分裂。

第三节 独立后的印度

一、印巴分治

一战对印度民族主义的发展带来了重大影响。1919年4月13日,发生英军屠杀印度群众的阿姆利则惨案。这些事实使已经成为国大党主要人物

---

① 参见孙伦轩、陈·巴特尔、赵雅静:《大学治理:欧洲观点》,《江苏高教》,2014年第5期。
② 参见蒋洪池、马媛:《高等教育治理模式及其经验观测维度的比较分析框架》,《比较教育研究》,2012年第5期。

的莫罕达斯·卡拉姆昌德·甘地转变了对英政府的态度,并于 1920 年改组国大党。国大党在两次世界大战之间多次领导反英斗争,其指导方针是甘地提倡的非暴力不合作。

在二战中,印度民族运动继续发展。1944 年,甘地与真纳的会晤以失败告终,而印度穆斯林已经广泛支持建立独立的伊斯兰教国家。

二战结束后,英国实力急剧衰落,其在印度的殖民统治已经不可能维持。1946 年发生印度皇家海军起义。1947 年英国提出蒙巴顿方案。根据该方案,巴基斯坦和印度两个自治领分别于 1947 年 8 月 14 日和 8 月 15 日成立,英国在印度的统治宣告结束。

二、共和国

独立后的印度共和国面临着一系列严重问题,尤其是印巴分治所带来的后遗症。独立后第一年印度与巴基斯坦就由于克什米尔争端而爆发军事冲突。尼赫鲁执政时代,印度倾向于社会主义,并仿照苏联制定了经济发展的五年计划。印度在 1971 年的第三次印巴战争中大获全胜,但也付出了倒向苏联的政治代价。印度于 1975 年吞并锡金王国,将原锡金王国设为锡金邦。21 世纪初的印度,已成为世界新兴经济体之一。

第八章　印度的文化变迁

第一节　以吠陀、佛教等为根基的传统文化

印度的传统文化主要包括吠陀文化、佛教文化和伊斯兰教文化。[①] 除此之外,印度传统文化还有其他宗教和部落文化,如婆罗门教文化、印度教文化、密教文化等。

印度最早有文字可考的文化是"吠陀文化",年代大约为公元前 1500 年至公元前 600 年。印度吠陀文化,可分为早期吠陀文化和后期吠陀文化。吠陀文化源自这一时代文化的印度宗教经典文献——《吠陀经》。这个时期的文化以婆罗门教(又称吠陀教)为代表,吠陀文献就是婆罗门教的经典。

这个时代又可分为前期和后期。前期主要指《梨俱吠陀》所反映的文化,故亦被称为"梨俱吠陀时代"。《梨俱吠陀》为四部吠陀本集之一,年代最古老,大体为公元前 1500 年到公元前 1000 年。这部经典共有 10 卷,汇集了1028 首抒情诗歌,除 20 余首关于世俗生活的诗歌外,皆为颂神之作。后期吠陀文化是指其他三部吠陀反映的文化,年代大约在公元前 1000 至公元前600 年。后期吠陀时代与印度两大史诗《罗摩衍那》和《摩诃婆罗多》所反映的时代大体一致,故又称"史诗时代"。

吠陀时代是一个非常重要的时代,这个时代创造的文化对后世的印度文化有深远的影响。我们今天所称的"印度文化",大部分可以追溯到吠陀

---

① 参见郑金洲:《教育文化学》,人民教育出版社,2000 年,第 124～125 页。

文化。

公元前 5 世纪至 6 世纪,随着经济的发展,城邦的兴起,出现了沙门思潮。尼泊尔国南部的释迦族中有一位年轻人乔达摩·悉达多(即释迦牟尼),接受了沙门思潮,最终建立一种新宗教——佛教。它吸收原来婆罗门教的生死轮回和因果报应的思想,但是它反对人依照出生种姓等级而认定命运,而是相信人人都可以通过自身的修养来达到成佛——意为觉悟者,达到觉悟的人。

自 12 世纪到 17 世纪中叶,印度处在穆斯林的统治下,印度文化又出现了一个新的元素,即伊斯兰教文化。这一时期又分为两个时代:德里苏丹时期和莫卧儿时期。

13 世纪初至 16 世纪中的三百多年,史称德里苏丹时期。这个时期印度次大陆的政治统治大体分为四个部分,即以德里为中心的突厥人建立的穆斯林政权如德里苏丹政权、脱离德里苏丹而独立的东部孟加拉国穆斯林王国、德干高原北部的穆斯林巴曼王国和南印度的印度教国家维查耶纳伽尔王朝。由于伊斯兰教与印度教在神明观、救赎理论、生活习俗、出世入世方式,以及法律、典籍、历法等诸多方面存在差异,二者陷入了文化上的争论与冲突。

1526 年,帖木儿的五代孙巴卑尔攻陷德里,建立莫卧儿帝国,印度进入一个新的时代。在文化上,莫卧儿王朝推行伊斯兰教,同时也倡导相对宽容的文化政策。在政府的提倡和保护下,诸宗教和平相处,文学、艺术、绘画出现了繁荣。在莫卧儿时代,尤其阿克巴时代,随着统治的稳固和外来者的本地化,统治者的宗教政策趋于开明,印度教和伊斯兰教开始相互吸收对方的思想和习俗,发生了融合倾向。

第二节 以盎格鲁-撒克逊为主导的西方文化

莫卧儿王朝崩溃后的印度再次陷入混乱和内战,印度遭受外来力量征服的时期又一次到来。不过,这个时候的世界已悄悄发生了重大变化:工业革命先后在英法等西欧国家完成,一种新的文明,即西方工业文明开始兴起,而印度文明实际上已经衰落,再难现昔日辉煌。决定遭受外来力量征服的命运的唯一问题是,到底由哪一个欧洲强权来执行此事。历史选择了英国。

1498年,葡萄牙航海家达·伽马绕过非洲好望角来到印度西海岸的克利克特,这是近代欧洲人在印度活动的开始。葡萄牙人在西海岸建立了据点,与印度人贸易并传教。17世纪时荷兰人来了,赶走了葡萄牙人;18世纪法国人、英国人来了,赶走了荷兰人。1600年英国东印度公司的成立标志着英国人正式染指印度,18世纪后半期开始积极干涉印度事务,一步步扩大势力。它在马德拉斯、加尔各答和孟买设立了商埠,从印度低价买进货物,然后在欧洲高价卖出。为保护自己的利益,它运来了军队,修筑了工事,对那些不听话的土邦王公实行武力征服。1757年普拉西战役标志着英国征服印度的开始。19世纪初英国将法国等势力逐出印度。后经三次迈索尔战争、三次与马拉塔人的战争、两次与锡克人的战争,共打了大小一百多次仗,到19世纪中期终于在印度确立了统治。

1877年,英国维多利亚女王成为印度女王,印度正式沦为英国的殖民地。英国统治下的印度分为两部分:一部分是直接统治区,称"英属印度",面积约占印度的三分之二;另一部分是受英国保护的几百个土邦,称"土邦印度",约占印度的三分之一。同以往任何一次异民族征服不同,这次征服者的文明程度第一次高于被征服者,因而历来的征服,即先是征服者征服了土地,后被印度文明同化的,此次没再出现这种情况。英国人不仅征服了印度土地,还摧毁了印度文明的基础,征服者不仅没有受本地文明的影响,而且还以冷漠的态度和粗暴的方法破坏印度文明,试图按自己的想法塑造印度。历次异族只触及了印度文明的表面,而这次征服却触及了它的内心。

英国人给印度带来了新的元素:商品、机器、铁路、科学思想、枪炮、议会民主制。英国人在印度也推行了一些有益的改革,建造铁路、工厂和学校,在加尔各答、马德拉斯和孟买设立大学,西方司法制度的确立也为印度带来了新的司法原则,这同印度以《摩奴法论》为代表的种姓法规根本不同。宪法和一套现代法律的制定是印度历史上的第一次。铁路的修建、邮电和机器生产方式的引进，客观上也为印度近代资本主义的发展创造了一定的条件，但这些好处的代价是政治上的暴虐统治和经济上的残酷掠夺。殖民统治者大肆掠夺印度的财富，通过制定新的田赋制度剥夺农民，征收重税，对印度的手工业者、商贩和农民巧取豪夺。西方的机器生产摧毁了印度传统的手工业，造成大批人失去维生的手段。印度沦为英国的商品市场和原料产地。残酷的剥削引起印度各阶层的强烈不满。早在殖民统治确立不久的1857 年就爆发了大规模反抗英殖民统治的民族大起义。此后反抗殖民统治的斗争不断。1885 年，印度国大党成立，开始这是一个主要由知识分子组成的组织，后来逐渐具有反英的色彩，成为印度民众反英运动的领导力量，并产生了第一任国大党主席班纳吉以及提拉克、甘地等一批优秀的民族解放运动的领袖。在反英运动的不断打击下，英国在印度的统治摇摇欲坠，终于不得不撤离次大陆。将近 200 多年的殖民统治终于结束了，印度于 1948 年8 月 15 日终于获得了独立。

从政治上看，英国的统治为长期四分五裂的印度带来了新的凝聚因素，使次大陆比以往任何一个帝国时期都更统一。军队的建立、铁路、邮电、通信设施的完善等，为印度的统一提供了物质基础，英语的推广使印度知识分子之间有了交流的媒介。但殖民统治也带来了一些分裂的因素。以政党、选举为特点的西方式政治制度的建立，带来了印度本身宗教、种族、种姓之间矛盾的激化。民主思想的影响，也使原来处于种姓体制最底层的不可接触者有了觉醒，他们的反抗增加。此外，英国人为了便于统治，利用印度固有的宗教、种族矛盾，对人们实行"分而治之"的政策，也强化了印度的进一步分裂和离心因素。这些因素导致印度在英国撤离次大陆时的再次大分裂。

从文化上看，这一时期是古老的印度文化与近代西方文化相遇并发生激烈冲突的时代。印度近代思想家维维卡南达曾这样描述过印度与西方文化的巨大反差和印度文化面临的挑战：近代西方科学，以无限的光明眩惑人眼，驾驭着人们可知的并用毅力所收集的严格事实的车辆；而印度古代祖先的、有前途的和强力的这些传统,则是印度本土和国外伟大圣哲从印度历史书籍中找出来的。①

英国殖民统治在文化上对印度带来的影响也是多重的。一方面,英语教育、西方式教育制度的实施,西方科学思想的引进,培养了一批受西方文化影响的资产阶级知识分子。这些人善于学习外国民族的长处,不故步自封,吸收了大量西方文化的养分,以新的眼光看世界,西方世俗主义思想影响了印度超自然主义的生活方式,使传统印度文化发生了深刻的变化。他们接受了西方的民主主义、自由主义、世俗主义的观点,同时也对印度传统文化进行深深的反思,出现了宗教、思想、文学、法律、艺术领域的全面革新。古老的印度文化、古老的习俗和社会制度从未遇到过如此严重的挑战,从未发生过如此深刻的变化。另一方面,西方文化咄咄逼人的进攻也刺激了印度知识分子对自己传统文化的珍视。② 出现了发掘、整理古典文化的热潮。他们从古典文化宝库中需求灵感,寻求抗衡西方文化的武器。这样,印度文化出现了空前的分化,从而更加具有多元、复合的特点。

传统印度文化的变化可概括为以下几个大的方面:第一,科学技术和现代学术的兴起。受西方文化的影响,不仅建立了自然科学体系,还建立了新式的历史学、哲学、语言学、逻辑学和社会科学等。第二,世俗化的影响,从超自然中心的生活方式中摆脱出来,没有宗教狂热,世俗的利益、世俗文化得到承认。世俗思想深深影响了一大批人,以至于独立后的印度宪法将"世俗主义"作为政府的一个目标。第三,在近代西方思想的影响下,正统的印度教出现了一系列改革运动。他们用现代的观点重新解释印度教教义,批判传统印度教的弊端和陋习,从而使印度教出现了分化:在形成一些改革派的同时,也出现了一些捍卫古老传统的派别。第四,灭亡了的佛教又复兴起来,但新的佛教是被重新解释的佛教,它又以与婆罗门教对立的形式出现。第五,伊斯兰教民族主义的觉醒。穆斯林与印度教徒矛盾加剧了,这些分化

① 参见尚会鹏:《印度文化史》,广西师范大学出版社,2007 年,第 50 页。
② 参见陈亚敏:《维多利亚统治时期对亚洲殖民地的文化植入》,《校园英语》,2017 年第 14 期。

同政治斗争联系在一起,形成错综复杂的局面。

受西方思想和价值观的影响,印度教出现了改革的风潮。如前所述,历史上印度宗教也不断有改革,不断有新的教派出现,但都没有这次来得全面而深刻。传统印度文化崇尚宗教超越而轻视现实经验,对人生有一种深刻的悲观情绪。人们倾向于认为,生命是一种痛苦的惩罚,而不是一种机会或奖励。在正统的印度教徒看来,西方人对待生命的感情,不满足的野心,那些省气力却损害精神的工具的发明,那进步,那速度,是对于事物之表象的沉溺,是拒绝终极真理的技巧,说到底是浅薄和幼稚的表现。

第三节　独立后仿效苏联、借鉴美国的双元文化

独立后,印度的高等教育是学习和借鉴美苏的文化移植的结果。1947年印度独立后,印度政府在政治上学习美国的"三权分立"建立联邦制国家,在经济上借鉴苏联的"社会主义经济"实行公私并存的混合经济体制。因此,实行中央政府和联邦政府合作管理的高等教育管理体制。

1948 年以后,印度以种姓制和佛教为根基的传统文化与斯拉夫民族集权政治文化相互涵化,[1]使印度传统文化的性质和结构发生变化,并逐渐转变为中央和邦政府操控印度高等教育的高度集权的行政文化价值观。高等集权的行政文化价值观,使印度在高等教育实践中最终选择了中央和邦政府共同治理公立高校的"政府主导"型。

斯拉夫民族文化是斯拉夫人创造的智慧结晶。斯拉夫人发源于今波兰东南部维斯杜拉河上游一带(欧洲的北部),于 1 世纪时开始向外迁徙到欧洲东部某些地区,至 6 世纪时期居住地已经遍布东欧和俄罗斯地区,语言属于斯拉夫语族,是欧洲各民族和语言集团中人数最多的一支。在 5 世纪至 6 世纪时,东北亚民族北匈奴人向西迁移,引发日耳曼人向西移动,引起了斯拉夫人的大迁徙,向西进入奥得河和易北河-萨勒(Elbe - Saale)河之间的地

---

① See Agarwal, *Higher Education in India*：*The Need for Change*, ICRIER, 2006.

区,向南进入波希米亚、摩拉维亚、匈牙利、巴尔干地区,向北则沿第聂伯河向上游迁移。6世纪前后,斯拉夫人出现在东欧平原上,那时的他们介乎于游牧渔猎民族和农耕民族之间,有时还靠抢掠为生。以后几个世纪,各斯拉夫民族几乎没有发展成为统一体。西斯拉夫人的文化和政治生活已和一般的欧洲合为一体。俄罗斯人和巴尔干斯拉夫人因其土地被蒙古人和突厥人所侵扰,正好成为北亚和欧洲之间联系的桥梁和纽带。19世纪,在知识分子、学者、诗人中开展过泛斯拉夫主义,但对于实际政治无甚影响。即使20世纪如南斯拉夫那样的一些政治联盟,也并不常在民族感情或文化上一致配合。二战以来,虽都实行共产主义,也并未出现超出高度政治和经济联盟之外的局面。

20世纪50年代以来,印度的传统民族文化,借鉴吸收美利坚民族的技术知识、社会结构、思想观念,并接受和认可美利坚民族的风俗习惯、语言文字、传统文化,两种文化间相互涵化,使印度传统文化的形式和内容发生变化,并逐步变为倡导社会力量参与高等教育的"自由和实用主义"文化价值观。印度在"自由和实用主义"文化价值观的影响下,最终在高等教育实践中,选择了适合现实国情的社会力量参与高等教育的"市场导向"型。

美利坚民族文化是美利坚人缔造的文化果实。随着统一市场的形成,各殖民地之间的文化交流也日益频繁,在这个基础上形成了共同的文化,英语便是这个共同的文化的媒介。北美居民在开拓世界的艰苦斗争中,养成了一种特有的性格——勇于创新、富于进取和个人奋斗的精神。因此,到18世纪中叶,在北美英属殖民地上已经形成了一个新兴的民族——美利坚民族。对于美利坚民族精神,人们会毫不犹豫地说:自由、民主、平等、坚毅、顽强、积极进取,等等。《独立宣言》颁布时,美国就骄傲地对世界宣告:"我们认为下面这些真理是不言而喻的:人人生而平等,造物者赋予他们若干不可剥夺的权利,其中包括生命权、自由权和追求幸福的权利。"闻名世界的自由女神像,更是被誉为美国的象征。它高高地耸立在纽约港口的自由岛上,象征着美国人民争取自由的崇高理想。

第九章　印度高等教育的演变

关于印度高等教育史的阶段划分,较大的分段如古代印度高等教育、殖民地时期印度高等教育(或称英属印度高等教育)和独立后印度高等教育(或称新印度高等教育),印度教育史学界一般都持一致的看法。参照印度学者对分期的某些做法,结合斯坦福大学教授的划分标准,本书又对独立后印度高等教育作了如下的阶段划分:尼赫鲁执政时期的高等教育(1947—1964)、英迪拉·甘地时期的高等教育(1966—1984)、改革时期的高等教育(1984—2014)。

第一节　印度传统高等教育的产生

古代印度经院式高等教育根植于其相应的种姓制度文化环境中,种姓产生于公元前 1500 年左右的吠陀时代。[1] 约公元前 1500 年,原居于中亚高原的雅利安人部落,凭借其拥有铁制武器和马拉战车的军事上的优势,穿越印度西北部的山脉入侵当地的土著居民达罗毗荼人。入侵者为避免血统混乱,以肤色深浅来划分人群,白皮肤征服者称为雅利安瓦尔纳,当地皮肤较黑的土著人称为达斯瓦尔纳,初步形成了瓦尔纳体系。瓦尔纳体系经过分化、繁衍,发展成为代表不同小集团利益的等级体系,影响印度社会长达3000 多年历史之久的四大种姓制度由此产生。[2] 印度种姓制度包括婆罗门、

---

[1] See Ahluwalia I, Little I., *India's Economic Reforms and Development*, Oxford University Press, 2012.

[2] See AICTE., *Approval Process Handbook*, AICTE, 2011.

刹帝利、吠舍、首陀罗。印度教法典《摩奴法论》规定：“婆罗门最好的本业是教授吠陀、为人祭祀、接受布施；刹帝利最好的本业是保护百姓；吠舍最好的本业是经商；首陀罗最好的本业是心甘情愿地伺候好上述诸种姓。四个种姓,各司其职,不得僭越。”①

对印度人而言,种姓不仅是一种制度,而且是深入他们思想意识中的一种观念。改变制度容易,但改变一种观念非常困难。② 在种姓制度中,婆罗门居于社会金字塔的顶端,掌管祭祀,垄断文化和教育。而低级种姓在印度社会里处于受歧视、压迫地位,被剥夺参与祭祀、接受教育的权利。

吠陀时代,巴瑞萨和隐士林是古印度最早的高等学府。前者早期常由三名造诣较深的婆罗门学者组成,为学者集会之所。一些已受基础教育而有志深造的青年,长途跋涉前来就教。学习《吠陀》、神学、法律学、哲学、天文学等。学校发展,规模扩大,常由二十一名学者组成;后者是年老退休的婆罗门学者开展教学活动的场所。公元前 600 年,印度的一些文化中心开始出现大学。著名的有塔克撒西拉大学,学校设有宗教、哲学、逻辑、文学、数学、天文、医学等多种学科。此外,本那拉斯的巴璃萨大学也可与塔克撒西拉大学相媲美。中古时期印度教著名的高等教育中心位于克什米冬、贝拿勒斯、米提坪、纳迪亚等地,由婆罗门操控,在托尔里修习逻辑、法律、诗学、天文学、文法等学科。而在印度南部则有许多寺庙学院,如辛格尔普特的蒂茹若利夷尔等。

佛教时代,印度的高等教育已从家庭式发展到寺院式,具有相当规模。那烂陀寺位于印度比哈尔邦的巴特那附近,该寺始建于 5 世纪。6 世纪中叶该寺扩建,进而成为学习文化,尤其是研习佛学的大学院。7 世纪时已成为全印度瞩目的大乘佛学中心。7 世纪,比哈尔王嘎那嘎时期又扩建了一次,10 世纪成为印度最有名的大寺。那烂陀是研究佛学的重要地方,也是培养

① Altbach P G, Teichler U., Internationalization and Exchanges in a Globalized University, *Studies in International Education*,2001,5(01):5-25.

② See Anandakrishnan M., *Higher Education in Regional Development: Some Key Pointers*,Indo - UK Collaboration on Higher Education - Policy Forum Workshop,2004,pp.12-13.

佛教徒的重要场所,是古代印度佛教最高学府和学术中心。寺院阶层僧侣或者上层阶级适龄学生有机会进入古代印度寺院大学接受免费教育,但学生完成学业后,为表达谢意,可以按照自己的意愿和能力向寺院支付相应的酬金。印度宗教圣典《摩诃婆罗多》中伏腾迦完成学业且事业有成后,回归寺院报答其教育之恩便是最好的佐证。①

经院式下的古代印度高等教育倡导森林教育和心灵教育。印度古代的高等寺院大学都建立在远离纷扰的森林里,如那烂陀大学。森林中的古代印度寺院高等教育强调尊崇知识、尊重教师、追求灵魂解脱,这使经院式下的古代印度高等教育具有浓厚的宗教和哲学色彩。在森林教育中,教学处于自由互动的状态,采用问答式的教学方式,主张教师把自己拥有和信奉的知识、价值及理论传授给学生,启迪学生灵性,反对专制式灌输知识的行为。心灵教育在印度教育史上源远流长,曾在古代印度高等教育学府中盛极一时。泰戈尔指出:“古代印度文明的继承,主要依靠的是心灵教育。”②无论是印度的婆罗门教育,还是佛教教育,抑或是其他教派教育都比较注重心灵的教育。冥想和修行是印度心灵教育的重要形式。古代印度人认为,获取知识不是教育的最终目的,教育的终极目标是实现人生的解脱。探索梵我如一最高真实的过程并非仅仅依靠诵读经典或聆听教义,而是需要通过内省参悟才能实现的。心灵教育是印度古代寺院大学教育的主旋律,寺院学校倾向于让学生通过瑜伽修行,不断训练学生身体、心智与精神,使学生觉悟真理,走向解脱,这是印度寺院学校教育的精髓,也是印度古代寺院教育的核心。

从公元8世纪开始,阿拉伯人、阿富汗人等族开始入侵印度,将伊斯兰教带到了印度。1206年穆斯林在印度建立德里苏丹国家,奉伊斯兰为国教,传播伊斯兰文化。1526年外族人巴布尔建立莫卧儿帝国,成为世界上最强大的国家,将伊斯兰文明推向一个新的高度。为适应这一历史发展与文化变

①　See Assocham, *Envisaging the Future of Higher Education in India*, Assocham, 2010.

②　Board of Education, Minutes of the Board, http: www. education. nic. in.

迁的需要,伊斯兰高深学问以及传播这一学问的伊斯兰寺院高等教育得以发展。位于摩洛哥非斯、于 859 年建立的卡鲁因大学(University of Al - Karaouine)被视为伊斯兰国家最古老的伊斯兰学校。959 年,埃及开罗亦随之成立了艾资哈尔大学,还有巴格达创设的智慧大学,即拜伊特·勒·赫克迈。这些学校主要教授伊斯兰法律、神学、医学及自然科学,通常附属于清真寺。在印度,中古时期莫卧儿帝国的阿克巴大帝(1542—1605)积极支持教育事业,将印度的伊斯兰教育推上了顶峰,伊斯兰高等学校——"马德拉沙"(Madrasas)在帝国首府和各个省会城市纷纷建立起来。亚拉、德里、拉合尔、江普尔、古吉拉特、锡亚尔科特、艾哈迈达巴德、比德尔等地,成了穆斯林高等教育的主要中心,具有浓厚的宗教倾向。这些学校所教的内容,除了解经学、先知圣传、伊斯兰教教法学等学科外,也学习语言、文学、数学乃至自然科学。后来,阿克巴还在法特普尔·西克里、亚格拉等地方建立学院。数学、天文学和医学是所有学院的必修科目,还设置逻辑学、测量、会计、行政管理和农业方面的课程,从而使高等教育具有了世俗化的特点。这些高校建立初期只招收穆斯林子弟,后来也允许印度教徒子女入学。

第二节　殖民时期印度高等教育的发展

独立之前,印度曾是英属殖民地。1857 年,英殖民当局在钦奈、加尔各答和孟买建立了三所公立大学(钦奈大学、孟买大学、加尔各答大学),这标志着印度现代体系的初步建立。① 而这三所大学当时作为管理机构并非作为教学主体的形式存在。当时,印度借鉴宗主国的英属国立伦敦大学的发展,将三所公立大学定性为举办考试机构的大学,作为设置课程、主持考试、授予学位的机构。作为考试机构的大学,它有权合并接受其考试的学院,并且为通过考试的学生颁发学位。它由殖民当局设立,并由殖民当局负责监

---

① See Calcutta University, Some Defining Events in the Biography of the University, http://www. cal-univ. ac. in/About%20the%20university/Some%20De? ning%20Events. htm.

督其机构的运营实施。伍德和申克曼认为,殖民当局不但没有把大学当作教学主体,也缺乏划拨教育经费促进各类学院发展的目标,它更关心的是教育质量的监管和管理。①（印度此时的大学只是一种考试和管理机构,为各自的附属学院制订教学计划,进行毕业考试,授予学位等,教学和科研活动都在附属学院进行。这种隶属制度被称为附属学院制,即大学对附属学院的督导制度。）

　　殖民时期英印殖民政府推行学院教育的"放任政策"②,允许个人和非政府团体创办各类学院,一时间印度私立学院纷纷建立,促进了印度高等教育的发展。相应地,因缺乏严格的统一办学标准和制度保障,致使印度高等教育质量大幅度下滑。（附属学院制度尽管存在缺陷,不利于各学院特色的形成,但是这种制度利于中央对地方高等教育的管理。此外,教育质量的提高关键在于加强大学对学院的有效管理,而不是盲目地增加数量,要把握好附属学院的设立标准,设立严格的入学标准和考试制度。）1882 年,印度建立了印度历史上第一个教育委员会。该教育委员会认为政府在高等教育方面应推行"放任政策",鼓励民间办学、鼓励个人和非政府团体参与高等教育。而印度殖民政府加强了对印度高等教育的行政控制和财政资助。1904 年,为强化政府对高等教育的管理,印度殖民政府颁布了《1904 年印度大学法》③,其中有关条款明确规定:政府有权监督大学行政管理机构,有权批准与否决大学评议委员会制定的各项管理规章制度,有权规定新设附属学院的必备条件和入学标准,有权制定附属学院的教学标准和考试制度等。

　　政府对高等教育管理的渠道和途径有:①行政控制,包括制定教育政策、制定教育发展规划和纲要、确立教育目标、制定教育质量标准、制定学制

　　① See Chaudhary L., Musacchio A., Nafziger S., Yan S., *Big Brics, Weak Foundations*: *The Beginnings of Public Elementary Education in Brazil, Russia, India and China*, NBER, 2012.

　　② Chibber V., Organized Interests, Development Strategies and Social Policies, In UNRISD Flagship Report on Poverty: *Project of Poverty Reduction and Policy Regimes, India*, United Nations, 2010, pp. 163 – 181.

　　③ See Clark B., *The Higher Education System*: *Academic Organization in a Cross National Perspective*, Berkeley, University of California Press, 1983.

系统、进行教育立法等方式,如 1882 年推行高等教育"放任政策"、《1904 年印度大学法》颁布等。②财政资助,涵盖鼓励民间办学,允许个人和非政府投资高等教育,为私立高校提供经费支持,政府拨款资助接受政府投资和管理的私立院校,分配教育经费。

奈克教授认为,殖民阶段,印度的私立学院以培养殖民政府行政人员为办学目标,生源大多来自中等教育后的印度适龄学生,课堂教学以英语为教学媒介语言,教授艺术、科学等学科。① 工程学院建立之初也附属于上级大学的监督和管理,直到 1864 年,工程学院才开始具有学位授予权,具有部分大学自治权。②

乔杜里 1910 年对国家教育经费支出的研究结果表明,印度和其他金砖国家类似的是社会精英权力和利益集团操控着高等教育系统。联邦政府对邦立大学和学院保持相对较高的教育经费支出,支出额度远远超过人均收入水平较为富裕的日本的教育经费支出,但却低于人均收入水平相似的国家,比如秘鲁。③ 类似于加列戈观点,乔杜里认为教育权力下放是金砖国家高等教育的重要特征之一,应该在国家政策和联邦自治之间完美结合,尤其是联邦政府的教育财权自治。然而金砖国家地方政府缺乏教育的行政权和财权,这导致社会精英跻身于地方政府,影响教育政策,这与阿西莫格鲁的预测的研究结果相似。④

尽管对大学教育改革进行了一些尝试,印度在殖民时期建立的联邦结构仍基本保持完好无损,唯有 1904 年通过的《1904 年印度大学法》除外。联

---

① See Clark B., *Creating Entrepreneurial Universities*, Elsevier Science, 1998.

② See Deem R., "New Managerialism" and Higher Education: The Management of Performances and Cultures in Universities in the United Kingdom, *International Studies in Sociology of Education*, 1998, 8(1): 47 – 70.

③ See Enders J., Higher Education, Internationalization, and the Nation – state: Recent Developments and Challenges to Governance Theory, *Higher Education*, 2004: 361 – 382.

④ See Fuchs T., Woessman L., What Accounts for International Differences in Student Performance? A Re – examination using PISA Data, *Empirical Economics*, 2007: 433 – 464.

邦结构和《1904 年印度大学法》使中央政府加强了对高等教育的管理。① 然而《1919 年印度政府法案》明确规定,中央政府应把教育行政权下放给联邦政府,该法案的出台利于联邦政府加强对邦属大学和学院的管理。②

1921 年,英印政府成立了中央教育咨询委员会,负责协调和联邦政府的教育政策制定的问题。③ 1945 年,该委员会成立了萨卡尔委员会,萨卡尔委员会接纳了萨卡尔的建议,在印度境内的各邦建立一个高等技术机构。1946 年,印度成立了印度技术教育委员会,负责监督大学层次的技术教育。

总之,英印政府建立了联邦大学体制,这一体制确立了邦立大学由联邦政府负责运营和管理的发展模式。实际上,邦立大学的附属学院大部分是私立学院,它们是教学的主体,为少数特权阶级的人提供具体的教学服务。这一阶段,高等教育的目标是提高高等教育的质量,为英印政府培养社会精英,造就政府行政人员。联邦政府通常以制定大学标准的方式参与大学治理,而不是采用制定高等教育发展规划、提供教育经费、直接参与管理等方式。

少数社会精英是推动殖民时期印度高等教育办学由私立学院向联邦大学转型的重要因素。④ 随着社会精英对附属学院和私立学院的教育质量表示质疑和不满,对附属学院制的办学越来越失望,他们开始探索新型的大学,联邦大学顺应社会和时代的需求应运而生。联邦大学的出现也是殖民时期印度独特政治体制的产物。殖民时期,英印政府推崇埃尔芬斯和麦考莱"精英教育"⑤的思想,实行精英政治体制。他们主张高等教育应培养殖民

① See Gallego F., Historical Origins of Schooling: The Role of Democracy and Political Decentralization, *Review of Economics and Statistics*, 2010, 92(2): 228 – 243.

② See Government of India (GOI)., Ministry of Human Resources Development. National Policy on Education, http: www. education. nic. in.

③ See Government of India (GOI)., Report of the Committee on Alternate Models of Management, http: www. education. nic. in.

④ See Government of India (GOI)., Report of the CABE Committee on the Gnanam Committee Report, http://www. education. nic. in.

⑤ Government of India (GOI)., Report of the CABE Committee on the Autonomy of Higher Education Institutions, http: www. education. nic. in.

统治需要的行政精英人才，即"把高学位的教育传授给社会上层统治阶级，而把低级教育传授给普通人"①。独立前，印度高等教育的容量不足，仅能满足少数人接受高等教育的需求。此外，在精英政治观念的影响下，殖民时期的精英高等教育最为关心的是如何保证大学教育质量的问题。

第三节 独立后印度高等教育的发展和改革

一、尼赫鲁执政时期的高等教育（1947—1964）

独立后，印度效仿西方资本主义的"三权分立"制度，最终确立了具有印度本国特色的议会民主制，成为推动印度教育现代化的重要力量。1949 年11 月通过并于 1950 年正式生效实施的印度宪法规定高等教育的管理权限归各邦所有，中央政府有权"协商并决定高等教育或者研究与科学技术机构的标准"②。根据宪法的权力分工，一方面，各邦仍执行《1919 年印度政府法案》的要求，负责管理高等教育方面的问题。邦政府不仅有建立大学的权限，而且还能影响乃至控制邦立大学的运作。另一方面，印度宪法也明确规定了中央政府在干预高等教育方面的权限，而各邦的管理权限也就因此受到限制，中央政府管理高等教育事业有了比以往更大的权力，这一现象被戏称为"准联邦制的高等教育"③。

印度宪法第 45 条规定中央政府在管理儿童免费和义务教育方面的权限，而印度宪法第 1 条第 64 ~ 66 款规定了中央政府在管理高等教育方面的权限。其中第 66 款规定，中央政府有权"制定高等教育标准"，而第 64、65款却规定了中央政府在管理受政府资助的科学技术机构方面的权限。此

---

① Government of India（GOI）., Report of the Working Group on Undergraduate Education, http: www. Knowledgecommission. gov. in.

② Government of India（GOI）., Higher Education in India: Issues Related to Expansion, Inclusiveness, Quality and Flnance, http: www. education. nic. in.

③ Government of India（GOI）., Report to the People on Education, http: www. education. nic. in.

外,宪法规定议会许可成立的各类央属组织和机构,必须接受中央政府的管理和监督。[①]（印度宪法虽然以法律的形式确立公民的平等权和文化教育权,不提供教派和党派主义,但为赢得选民及党派团体的好感和支持,在涉及选民宗教和党派利益时,也在其教育政策和发展规划上打上宗教和党派印记。）

因此,各邦政府对高等教育的管理权限在理论上以法律的形式得以确定。但事实是,中央和各邦间的政治权力平衡、党派领袖的政策倾向性是决定高等教育权归谁的主导性因素。

尽管印度按照西方启蒙思想家的构想选择实行议会民主制,实行民主政治,鼓励多党竞争,倡导不同的利益集团通过议会进行博弈,实现对政府权力的制约和平衡,但印度独立后至20世纪90年代以来的相当长的一段时间,无论是中央政府层面还是在各邦的立法会议选举中,印度的国大党都一党独大,长期控制印度政坛,掌握着对高等教育的绝对控制权。马克斯·韦伯认为:"正当的权威不外乎三种历史形态,即传统型权威、魅力型权威、法理型权威。"[②]高等教育现代化的过程就是传统型权威经魅力型权威向法理型权威转变的过程,而魅力型权威是印度高等教育现代化过程必然的过渡阶段。国大党领袖尼赫鲁因拥有广泛的民意支持、良好的社会基础和个人魅力从而长期掌控国家权力,居于统治地位,为其执政权力来源的合法性奠定了群众基础,使其成为典型的个人魅力型权威。由于尼赫鲁在国大党党内以及整个印度都享有崇高的威望,他凭借其不可替代的绝对影响力实行中央政府占主导地位的国家型高等教育,其中中央政府掌控着高等教育管理的行政权力,负责对各级各类学校的资金划拨、审批新建学校、监督和评估教育质量、制定各类标准等高等教育问题。克里认为:"领导策略有三种类型:保守型、稳健性、进取型。尼赫鲁是典型的进取型领导者。因此,尼赫

---

① See Government of India（GOI）., Education Commissions and Committees in Retrospect, http: www. education. nic. in.

② Hardgrave R. L. Jr, Kochanek S. A., *India—government and Politics in a Developing Nation*, Harcourt Brace Jovanovich, 1986.

鲁时期,印度中央政府实施了一系列形式多样、适应性强的制度化教育政策和发展规划。"①例如,印度在不同阶段根据不同的经济社会发展目标而先后制定了十一个五年计划,其中对高等教育发展目标也作了不同的要求。第一个五年计划(1951—1956)提出要改进高等教育,第二五年计划(1956—1961)提出要提高大学和学院的教育标准,第三个五年计划(1961—1966)提出大学拨款委员会(UGC)应加大对公立大学和学院的拨款额度,"提供学生宿舍、图书馆和其他以学术自由为基础的研究工作的设施"②。为实现国家工业化的目标,尼赫鲁采取措施加强中央政府对高等教育控制和管理。例如,印度中央政府通过了建立各级各类高等教育机构的议会法案;中央教育咨询委员会下属的职能部门大学教育委员会、中等教育委员会先后拟定了《1949年印度大学教育现状报告》《1952年中等教育发展报告》两份报告。两份报告不仅制定了大学教育的入学条件、修学年限、考试制度等,也鼓励大力发展技术教育使其达到国家标准的要求。1948年,大学教育委员会建议成立一个国家标准监管机构,负责监管各级各类大学和学院认真执行国家教育标准,并把各级各类高校执行国家教育标准的具体情况以书面报告反馈给中央教育委员会,为印度政府制定高等教育政策提供参考意见。

印度政府接受萨卡尔委员会和教育委员会的建议,建立了全印技术教育理事协会,并在1950—1961年间成立了第一批央属印度理工学院。此外,中央和联邦政府共建了地区专业学院,如地区工程学院、规划与建筑学院等。"尽管近几十年来,印度专业学院的招生率比较低。但与1947年相比,截至2000年,印度专业学院已有在校生211894人,入学率同比增长58%。"③印度中央政府通过制定《议会特别法案》的形式建立了央属的各级各类高等教育管理机构,利于确保中央对高等教育的控制和管理。

1956,印度大学拨款委员会(UGC)作为国会法案下的法定实体成立,其

① INSA., *Pursuit and Promotion of Science: The Indian Experience*, INSA, 2001.

② Jain U. C., Nair J., *Encyclopedia of Indian Government and Politics, Centre - state Relations*, Pointer Publishers, 2000.

③ Joshi V., Little I., *India's Economic Reforms*, Oxford University Press, 1996.

主要目的在于监督和管理印度高等教育标准。该委员会的主要职责包括：①促进和协调大学教育。②确定和保持教学、考试和研究标准。具体表现为制定高等院校教师录用标准、大学入学和收费标准。③统筹分配政府拨款资助各级各类大学和学院。印度大学拨款委员会按照中央政府的要求，评估大学和学院的教育质量，进而为大学和学院提供教育经费。④指导大学参照大学教育标准进行教育教学。⑤定期核查大学财政和教育运营情况。⑥核实和撤销未切实履行大学教育标准的各类学院的财政资助资格。1956 年之前，大学负责核实和撤销附属学院的财政资助资格。1956 年之后，印度大学拨款委员会往往根据大学的建议认定或撤销大学附属学院的财政资助资格。事实上，由于法律强制附属学院接受大学拨款委员会的财政资格认证，印度大学拨款委员会仍具有负责核实和撤销附属学院的财政资助资格的管理权。印度大学拨款委员会曾是印度高等教育的最高实体，但国会法案却未授权予其建立大学和学位授予权。因此，"印度大学拨款委员会仅是印度中央政府控制下的高等教育管理机构，它必须在政府的安排下执行其法定职能"①。

中央从国家税收中拨款给各邦政府，邦政府然后从中央拨款中投入部分资金作为高等教育经费。教育经费以专项资金的形式存在，即资助大学运营的财政拨款。中央政府严格控制地方财政收入的行为使各邦投入基础设施的资金不足，也限制了邦政府的自治权。因此，各邦认为中央政府存在严重的集权化倾向。奈克指出："各邦政府对尼赫鲁的高度集权行为日益不满和质疑。中央政府已经基本上控制了印度高等教育的管理权。"②然而由于尼赫鲁领导的国大党控制着中央和各邦的立法议会的大部分议席，各邦政府对国大党一党独大，长期控制印度高等教育管理权的事实也无计可施。

地方社会精英强烈要求高等教育扩招，但各邦却因高等教育经费投入短缺而导致高等教育容量不足。为此，各邦利用尼赫鲁的宽松立场，把中央

①　Kapur D., Indian Higher Education., In C. Clotfelter (Ed.), *American Universities in a Global Market*, Chicago, University of Chicago Press, 2010.

②　Kirp D., *Shakespeare, Einstein, and the Bottom Line*, Cambridge, Harvard University Press, 2003.

给地方的财政拨款用于资助私立学院,受资助的私立学院被称为私立公助学院。在私立公助学院的经费来源中,大部分来自政府财政拨款,部分来自学费、捐款及慈善款。政府财政拨款主要用于维持学院运营支出费用,其他经费则用于学院学术和科研活动的经费补贴。因此,1947年以前,印度存在大量真正意义上的私立性质的高等教育。但1947年之后的相当长的一段时间里,各邦政府对私立高等教育提供高额的经费资助,把他们纳入国家高等教育系统中来,使私立高等教育呈现出国有化的发展趋势。私立高等教育的国有化趋势具体表现在:①从经费来源角度讲,私立学院几乎失去私立性质。②从管理角度讲,各邦政府控制学院中的关键环节,如控制学院扩招人数、享有人事任免权、制定学院收费标准、制定教师薪金待遇标准、确定课程设置标准等。

印度两级政府都直接参与高等教育,鼓励高等教育的扩招,但目标、参与方式不同。中央政府参与高等教育时更多注重提高高等教育质量,为实现国家工业化目标而培养高素质的高校毕业生。中央直属的大学和学院的教育经费相对充足,印度大学拨款委员会根据中央政府的安排为国立大学和学院提供发展和维护资金,支付大学运营经费和基础设施建设的费用支出。相比之下,各邦政府通过接管私立学院或资助私立学院的方式来扩大高等教育容量。随着高等教育行政权和财政管理权的下放,各邦政府获得更多的高等教育权限和财政预算资金支配权,比如它们不仅有权办大学和学院,而且能够通过给邦立大学和学院教育经费拨款的方式来影响和操控整个大学的运作。

尼赫鲁执政时期,印度高等教育机构数量增多,且高等教育入学率呈明显增长趋势。尽管取得了一些成绩,但印度高等教育质量在后尼赫鲁统治阶段呈现"双元形态的分化局面"①。双元形态的高等教育质量分化局面表现为部分中央直属的技术学院和殖民时期邦立大学的高等教育质量相对较

---

① Kohli A., Can Democracies Accommodate Ethnic Nationalism? Rise and Decline of Self – determination Movements in India, *Asian Studies*,1997,56(2):325 – 344.

好,而各邦立大学和学院的教育质量相对较差。出现截然不同的两种教育质量的原因在于,少数央属国立大学和学院教育经费充足、各种教育资源条件优越、学费相对比较低,以及中央政府对高等教育的有效管理。通常,中央政府直接控制国立大学和学院的财政经费预算和人事任命权、专业和学科设置、入学和教育标准,在一定程度上极大地为国立大学和学院学生提供了优质管理和服务,能够更好地培养国家工业化亟须的高素质大学毕业生。

相对而言,各邦立大学和学院则教育经费短缺、各种教育资源条件较差、学费相对较高,各邦政府难以对高等教育进行科学的管理。一般而言,各邦政府能够直接影响和控制整个大学和学院的运作,提供通才教育,影响学术政策(任命邦立大学学术委员会成员)、财政预算和人事任命权,但严格意义上来讲,邦立大学和学院因其无序、盲目、无选择的高等教育扩招方式往往难以为学生提供优质的服务和科学的管理,也难以培养大批国家工业化所必需的高素质专业人才。奈克认为:"从各邦的层面上讲,印度各邦因邦立大学管理体制方面存在不足和缺陷使其高等教育质量也呈现出'双元形态分化的局面',即少数经费充足、管理体制完善、教育资源优越的邦立大学提供专业教育,提供优质教育质量,培养高素质的研究型专才;而大部分经费短缺、管理方式缺失、教育资源不足的邦立大学则提供通识教育,提供劣质教育质量,培养新型的复合型技术技能人才。"[1]奈克认为:"各邦政府推行的不同高等教育教育举措的最大受益者是各邦的上层特权阶级。但尼赫鲁执政时期,高等教育的行政权已从各邦权力集团转移到中央政府的特定利益集团手中,他们有权制定高等教育政策、高等教育优先发展规划和项目。简言之,尼赫鲁统治时期,印度高等教育最突出的特色是中央政府享有高度集权的高等教育决策权。它不仅有权根据国家经济社会发展需求制定高等教育发展规划,有权制定普惠于统治权力集团利益的高等教育政策,有权制定所有法定高等教育机构的标准,还有权直接控制和影响国立大学运

---

① Kohli A., State and Redistributive Development in India, In UNRISD Flagship Report on Poverty: *Project of Poverty Reduction and Policy Regimes*, *India*, United Nations, 2010, pp.182－206.

作等。"①

总之,邦立大学成为各邦政府控制和操控高等教育的有效工具。为实现少数精英权力集团的利益追求,邦政府的各党派利益集团影响和操控私立学院的运作并不断扩大其规模和数量。加列戈同样认为:"印度的联邦政治体制使接受高等教育的人数不断扩大。"②邦政府在教育政策制定、发展规划制定及教育制度运行等方面发挥关键性的监督作用。中央直属的国立大学和学院享有高度的学术自治权,但其财政自治权和人事任免权却被中央政府严格控制。中央政府建立了很多专业管理实体和委员会来维持法律确立的高等教育标准,他们的主要职责是通过实际调查研究进而向中央政府提交供教育决策部门参考的调查报告,确保印度的高等教育协调发展。比如,全印度技术教育委员会、印度医学会、印度农学会等各专业实体也参与专业院校的管理,承担了相应院校的部分管理工作。此外,中央政府还成立了各类各级高等教育管理机构来负责国立大学和学院的管理,其中各教育职能部门职责清晰,分工明确。

马丁·特罗认为:"尼赫鲁时期的印度高等教育属于高等教育发展的第二阶段。"③这一阶段,印度高等教育的特征突出表现为:第一,高等教育的扩张亟须国家投入各类教育资源来维持高等教育运作的资金供应链。第二,少数社会精英却占用了大部分的优质高等教育公共资源。第三,高等教育的目标是提高高等教育质量,为实现国家工业化而培养高素质的专业人才。第四,大学和学院以社会经济需求为导向,为学生提供专业教育,为社会培养复合型的技术技能人才。再者,尼赫鲁统治时期,印度高等教育扩张的双重目标:国立大学扩张的目标和邦立大学扩张的目标使印度也形成了独特的"政府中心型"的高等教育,强调政府在高等教育中的主导地位,排斥"市

① Kumar V., *Committees and Commissions in India*, 1947–1973, D. K. Publishing House, 1975.

② Lindert P., *Growing Public: Social Spending and Economic Growth Since the Eighteenth Century*, Cambridge University Press, 2004.

③ Marginson S., Ordorika I., *The Transformation of the "public" Research Universities: Shaping an International and Interdisciplinary Research Agenda for the Social Sciences*, Social Science Research Council, 2010.

场导向型"和"学者自治型",忽视社会团体和学术群体的利益诉求。"政府中心型"的高等教育又可以细分为"中央政府中心型"和"各邦政府中心型"两类,但两类"政府中心型"高等教育却都高度重视专门行政管理人员团队的组织和构建,成立相关职能部门负责大学和学院的教学和科研事务。"中央政府中心型"侧重于中央政府在高等教育的核心作用,突出其对国立大学和学院的各项事宜的绝对控制和管理。而"各邦政府中心型"则强调各邦党派集团的政治利益,彰显其在邦立大学和学院运作中的主导作用。

此外,尼赫鲁执政时期,中央和各邦的高等教育扩张目标大相径庭。为保证高等教育质量,印度选用两种形式(主体)来具体明确中央和各邦所要实现的高等教育扩张目标。中央政府通过新建自治学院的方式招收成绩优异的学生来保障高等教育的质量,而各邦政府则通过政治精英积极参与邦立大学和学院的学术机构管理的方式来维持学术标准。事实上,邦内的政治精英是为实现党派政治利益诉求而直接参与高等教育的,而对邦立大学和学院的教育质量却漠不关心。例如,各邦立大学的校长基本上都由现任邦长兼任,即使个别不是由邦长兼任的,邦长也是其"视察员"[1],权力与校长相同。邦长具有大学人事任免权,可以直接任命邦立大学学术事务和行政管理的最高决策者,从而制定符合党派精英团体利益诉求的高等教育政策和发展规划。在实践中,自治学院和中央直属的国立大学和学院因其在全国的高等教育机构中所占比重偏少,进而难以弥补各邦私立学院大规模的扩招而导致教育质量下滑的缺陷。

二、英迪拉·甘地时期的高等教育(1966—1984)

1966—1984 年大致和印度总理英迪拉·甘地的执政时期相吻合。纳加拉杰认为:"与尼赫鲁相比,英迪拉·甘地更多关注的是农村贫困问题。"[2]因

---

[1]　Nagaraj R., Development Strategies and Poverty Reduction, In UNRISD Flagship Report on Poverty: *Project of Poverty Reduction and Policy Regimes*, *India*, United Nations, 2010, pp. 22 – 54.

[2]　Naik J., *The Role of the Government of India in Education*, Union Ministry of Education, 1963.

此，她主张推行大众高等教育。大众高等教育意味着改变尼赫鲁时期中央政府过多地干预高等教育，为国立大学和学院提供充足教育经费的行为，也意味着要改变传统的"精英导向型"工程技术教育人才培养。

《1966 年教育委员会报告》和 1968 年制定的《国家教育政策》都反映了英迪拉·甘地的政策倾斜性。她不仅提倡多媒介语言教学，也主张大力发展农业和成人教育。1968 年制定的《国家教育政策》也强调应减缓邦立大学扩张的进程，同时提出各邦政府应根据教育经费投入的能力和邦立大学的教育质量等条件决定是否要批准建立新邦立大学。1969 年的印度大学拨款委员会报告指出，各邦不仅应以法律的形式给予邦立大学更多的财政经费决定权，各邦亦不应过多干涉邦立大学学术事务和行政管理工作。

1969 年印度大学拨款委员会还指出，邦立大学的体系涵盖大学评议会、大学行政委员会、大学学术委员会三类机构。其中，大学评议会是最高权力决策机构，它涉及许多内部和外部的利益相关者，主要为公众了解大学的运行等情况提供咨询服务，是一个咨询机构；大学行政委员会是主体，具体负责大学的行政事务；大学学术委员会是最高的学术决策机构，负责制定大学学术标准和学科发展方向等科研事务。通常，邦立大学系统的一般流程是大学学术委员会制定大学学术标准，然后提交大学评议委员会审议通过，最终由大学行政委员会负责大学学术标准执行工作的监督和评估。

1976 年印度宪法修正案规定，高等教育由中央和邦共同负责。高等教育从邦政府的权限范围划入协同权限范围，中央政府对高等教育有了比以往更大的权力。1976 年印度宪法也进一步明确了中央和邦的各自权限，其中规定中央政府负责制定高等教育质量标准，而各邦政府则负责为邦立大学和学院提供教育经费。

尽管国大党继续主导印度国家政治，但英迪拉·甘地领导的国大党在其第二个任期内因地方性政党的影响力增强而逐渐丧失对印度高等教育的影响力，即中央政府对地方的控制权不断遭到削弱，各邦政府的自治权力则不断扩大，中央政府的各种高等教育政策要在全国范围内统一推行，就可能会遭到以地方性政党为代表的地方性政治力量的强烈抵制，势必影响中央政府的高等教育政策的推广效率。例如,喀拉拉邦和西孟加拉邦的印度共产党以及泰米尔纳德邦的平民党都表示理解和支持英迪拉·甘地推行的普惠于中下阶层群体的高等教育倾向性政策。然而由于各党派群体间的政治利益诉求和政治主张不同,他们对英迪拉·甘地领导的国大党推行的大众高等教育政策却面临两难选择,即支持国大党的大众高等教育政策,一方面符合公平正义的要求,另一方面却又违反党派的政治利益诉求。

英迪拉·甘地的执政方式极大地影响着各邦政府对高等教育的行为。克里认为:"尼赫鲁执政时期,尼赫鲁领导的国大党一党独大,长期控制印度政治,形成了党政高度集权政治环境。这种环境不仅塑造了尼赫鲁强硬、专横、激进的执政方式,也利于中央政府维持对高等教育的影响力和控制力,捍卫中央政府在公立大学和学院的核心地位和行政管理权力。而英迪拉·甘地统治阶段,因国大党党内斗争频繁、腐败问题恶化、新政治力量影响力增强的挑战,以及魅力领袖消失等因素,她领导的国大党不但难以保持国大党一党专政的局面,而且还难以维系其长期的执政地位,渐渐滋生了多党竞争格局、多党联合执政的政治环境。这种多党竞争、多党联合执政的不利政治格局一方面塑造了英迪拉·甘地坚强、独立自主、亲民的执政方式,也使她为赢得广泛的社会群众基础和党派政治基础而树立'穷苦人的斗士'的亲民形象,推行大众高等教育的倾向性政策。另一方面,多党竞争、多党联合执政的不利的政治格局也使得英迪拉·甘地领导的中央政府对高等教育的控制权渐渐削弱,而各邦政府对高等教育的自治权力不断扩大。"[1]中央政府面临着新生政治力量的挑战,这严重制约了其为实现社会公平而推行的各种教育举措。然而中央政府却牢牢地掌控教育财政经费支配权,这一事实不仅使各邦高等教育经费短缺,而且在一定程度上也阻碍了印度高等教育扩张的速度和效率,致使高等教育扩张增长率远不及尼赫鲁时期的50%。例如,"高度重视教育事业的喀拉拉邦的中小学教育教育经费充足,而其高

---

[1]　Naik J., *Policy and Performance in Indian Education*, Dr. K. G. Saiyidain Memorial Trust, 1974.

等教育经费投入则长期被忽视"①。

尼赫鲁统治时期的印度高等教育已达到马丁·特罗的"高等教育大众化发展阶段理论"②中的大众化向普及化的转型阶段,此阶段内大众的、非精英的高等教育机构数量不断增加。中央政府是印度高等教育进入转型阶段的主导力量。英迪拉·甘地时期的印度高等教育与殖民阶段、尼赫鲁统治时期的高等教育,因中央政府教育举措的不同而使印度高等教育进入了不同的发展阶段,即殖民时期的精英教育阶段,尼赫鲁时期的大众教育阶段,以及英迪拉·甘地时期的转型阶段。而在转型阶段,印度政府需要解决实现社会公平和扩大高等教育规模的双重发展目标的两难问题,其中中央政府负责解决实现社会公平的问题,而各邦政府则着力解决高等教育规模扩张的问题。

三、改革时期的高等教育(1984—2014)

改革阶段的高等教育始于 1984 年,止于 2014 年,这一时期被广泛地认为是经济全球化和政治权力下放的起始阶段。地区性政党影响力的增强对印度政治产生重要的影响,逐渐促使政治权力下放到地区政治力量中。"以地区性政党为代表的地区性政治力量 1984 年开始崭露头角,继 1989 年之后获得人民院席位的数量不断增加,至 1998 年则完全掌控各邦的政治权力。"③截至 2012 年,没有一个全国性政党再能如同当年的国大党一样在地方选举中获得单独组阁的多数席位,也不能如同当年的国大党一样拥有长期控制各邦的政治权力。地区政党一般都是代表一邦的地区利益或者是某一种族、宗教、语言或种姓集团的利益,因此在本地区有着深厚的群众基础,

① Przeworski A., Limongi F. , Political Regimes and Economic Growth , *Economic Perspectives*, 1993, 7(3):51 –69.

② Santiago R., Carvalho T., Alberto A., Lynn V., Changing Patterns in the Middle Management of Higher Education Institutions: The Case of Portugal, *Higher Education*, 2006, 52(2):215 –250.

③ Schenkman A., Higher Education in India, *Far Eastern Survey*, 1954, 23(2):24 –28.

在地方上有着得天独厚的政治优势。因而权力下放不仅是印度各群体和阶层积极参与民主政治的重要体现,也是印度走向政治民主化迈出的重要一步。

随着经济全球化、政治民主化和权力下放等新形势和环境的影响,印度高等教育正面临着许多潜在的且难以调和的两难问题,如规模扩张与质量、平等的矛盾,扩大招生与毕业生过剩的矛盾等。为解决这一系列的问题,印度各级各类高等教育管理机构开始着手设计和实施新的高等教育方案,其中包括制定新的高等教育发展目标、确立新阶段的高等教育政策和发展规划、开展教育平权行动等教育举措。例如,印度人力资源开发部下设的中央教育咨询委员会提出"实现印度高等教育入学机会平等、就业机会均等的可持续发展的目标"[1]。印度中央和各邦政府为解决高等教育规模扩张而引起的教育不平等的两难问题开展教育平权行动。印度中央政府实施国立大学"种姓预定制度",即要求国立大学等公立院校必须为源自低种姓、部落和"中下阶层"的中学毕业生保留不低于宪法规定的 22.5% 的入学名额。[2] 此外,各邦政府在政治民主化和权力下放的过程中获得了更多的教育自治权后也开展了各类教育平权行动,其中包括要求邦内所有大学和学院必须为低种姓、部落后裔和"中下阶层"的中学毕业生保留高于 50% 的入学名额。例如,马哈拉施特拉邦政府不仅为低种姓、部落后裔和"中下阶层"的中学毕业生提供了配额比例不低于 50% 的入学名额,[3]并把配额从邦内公立院校扩展到所有邦立大学,还为其提供资金以资助他们的生活和学习。事实证明,尽管中央和邦政府都为应对高等教育当时面临的挑战作出了努力,他们的目的和方式却不尽相同。(印度高等教育的双重目标造成了中央和邦政府目的和方式的显著性差异。)

[1]　Sunder S., *Higher Education Reforms in India*, Yale University, 2010.

[2]　See Tilak J., Higher Education and Development in Kerala, *Socio – economic and Environmental Studies*, 2001.

[3]　See Trow M., *Problems in the Transition from Elite to Mass Higher Education*, Carnegie Commission on Higher Education, 1973.

影响印度高等教育规模扩张的主要因素包括中等教育的普及、教育民主化的压力、社会经济发展的需求、高等教育自身发展的需求，以及下层弱势群体和中产阶级的青年要求上大学的迫切需要等。其中，下层弱势群体和中产阶级的青年迫切要求获得接受大学专业教育的机会来提升自身文化修养，从而应对全球化带来的各种挑战，这标志着印度高等教育的发展从关注通才教育的精英教育阶段向重视专才教育的大众教育阶段转型。

阿加瓦尔认为："各邦政府对高等教育的投入一直呈上升趋势，而且高等教育经费在政府财政预算中所占比重最大，即所占比重高达 19%。然而中央政府却不断减少对高等教育的拨款，从 1970 年高等教育经费主要来自中央财政拨款，到 2010 中央政府对高等教育的投入经费平均不足 5%。总的来说，各邦政府当前对高等教育的投入经费额高达 76%"①，而"中央政府对高等教育的经费投入仅占印度高等教育经费总投入比重的 24%，但其对高等教育经费投入 85% 的拨款却投到招生率仅为 3% 的国立大学和学院"②。中央政府不断减少对高等教育资助的事实表明，区域性政党精英和经济全球化思潮能够在一定程度上左右着印度中央政府财政支出的方向。事实上，经济全球化浪潮的出现极大地影响着印度政治精英的高等教育价值观，这使得他们提倡精英教育，坚持培养社会精英的办学主导方向，坚持捍卫学术追求和科学探索的学术价值取向。因此，掌控印度国立大学和学院（如印度理工学院和印度管理学院）权力的政治精英所推崇的学术价值趋向的精英教育观，以及与之相应的办学，严重阻碍了印度高等教育大众化的进程。

20 世纪 80 年代以来，印度出现了财政紧缩的局面，政府减少了对高等教育的拨款，同时也鼓励社会力量投资高等教育。总的来说，高等教育经费短缺是印度面临的一大难题。为解决高等教育经费短缺的难题，印度实施"多渠道筹资"的教育举措。第一，减少政府对高等教育的拨款。"中央和各

---

① University of London., A Brief History, http：www. london. ac. uk/history. html.

② Wood C., Wood's Despatch to Lord Dalhousie, http：//www. caluniv. ac. in/Aboutthe university/Some Defining Events. htm.

邦政府对高等教育经费投入的总额远不及其国民生产总值的50%。"①第二,高等教育机构普遍实行收费或高收费政策。"1996年,印度私立学院的平均学费标准为3331卢比,而其他机构则平均学费标准为1198卢比。"第三,鼓励社会民间力量投资高等教育。例如,1980年,各邦政府仅批准少数具备办学资质和办学条件的企业和慈善团体投资私立高校。1990年,各邦政府加大支持各种社会民间力量投资私立高校的力度,从而真正为私立高校的发展奠定了政策基础。阿加瓦尔指出:"近几十年来,印度中产阶层的人均收入水平不断增加,但其人均高等教育支出却几乎翻了两番。1983年,印度的人均高等教育支出约占家庭总支出的1.2%,但2003年,印度的人均高等教育支出约占家庭总支出的4.4%。"②第四,提倡高等院校自筹资金。第五,倡导私人捐赠、国际机构和组织的援助。

印度宪法规定印度实行"尼赫鲁式社会主义经济体制"的混合经济,其中公营经济主要集中投资基础工业和公共设施等领域,私营经济主要从事商业利润高的消费品行业和服务行业等。公营和私营经济都参与各级各类高等教育资源的开发,提供足够教育资源的责任主要由政府承担。如高等院校教育经费主要由中央和邦政府共同承担,剩余部分是学费、捐款及慈善款。获得承认的私立高校也可以从各级政府获得大量的拨款,但其必须坚持非营利性的正确办学方向,坚持高等教育非产业化的办学宗旨和原则。印度最高法院1993年通过了私立高校必须"坚持非商业化办学方向"③的条款。条款规定印度宪法和法律承认私立高校剩余收益的合法性,并允许其将剩余收益用于教育再投入活动,但私立高校必须坚持"非营利性和非产业化的高等教育"办学宗旨和原则,且在宪法和法律的许可范围内开展各种教育活动。

尽管私立高校面临政府财政投入不足和资源短缺等各种挑战,但各种

①② Tilak J., Higher Education and Development in Kerala, *Socio - economic and Environmental Studies*, 2001.

③ Przeworski A, Limongi F., Political Regimes and Economic Growth, *Economic Perspectives*, 1993, 7 (3):51-69.

2

社会力量纷纷投资兴办私立专业学院,导致了专业学院的大量涌现,从而进一步扩充了高等教育机会。据全印技术教育委员会权威统计:"2008 年,印度社会力量投资创办了 1691 所新的各类专业学院,相当于每天新建 4 所私立学院。新建的各类私立专业学院主要涵盖工程、技术、建筑、医学、教育、管理、农业等专业,且大多数都提供四年制的工程教育。"①95% 的新建专业学院都是不接受政府资助的私立学院,其每年招生人数规模低于 1000 人(入学人数低于 1000 人)。

改革时期,社会力量作为高等教育重要的行为主体积极参与私立高等教育的建设,而中央和邦政府却因财政紧缩减少对私立高等教育的扶持。阿加瓦尔认为,改革阶段的印度高等教育的显著特色是中央和邦政府几乎退出了对私立高等教育的经费投入和管理。"高校不想失去政府的经费资助,而政府也不愿放弃控制高校的权力。"②

尚且不论阿加瓦尔的"政府几乎退出私立高等教育的管理和支持"观点的正确性。邦政府在入学机会平等、提高教育质量等各方面都发挥着重要作用,所以难免忽视了对私立高等教育的支持。为解决高等教育经费短缺的问题,邦政府引入社会力量参与私立高等教育的建设,而私立学院在高等教育中充当"外包供应商"的角色,负责执行邦政府的政令并接受邦政府和大学的监督和管理。邦立大学对私立学院的行政管理权限有以下几个方面:①制定学术标准,②制定体检和财政标准,③确定教师录用资格,④设置课程科目和教材,⑤组织和监督考试,⑥提名和任命学院校长,⑦推荐代表参与教师和校长委员会。而邦政府负责的高等教育行政权限则表现在以下几方面:①指派代表参与大学行政管理机构,②制定高校收费标准,③确定高校招生人数,④影响和控制邦立大学的运作过程,⑤任命高校高级行政人员,⑥任命大学行政委员会组成人员。私立学院也缺乏办学自主权。事实上,《印度政府学院报告》指出,政府对学院行政管理、教师录用及入学标准

　　① Przeworski A,Limongi F.,Political Regimes and Economic Growth,*Economic Perspectives*,1993,7(3):51 - 69.

　　② Naik J., *The Role of the Government of India in Education*, Union Ministry of Education, 1963.

制定等方面的控制和监督的缺位往往会导致学术标准下滑。

对中上层阶级而言,由于大多数新建的专业学院都建立在各邦内的富裕地区,他们可以自由选择各级各类高校。阿南达·克里希南认为:"一般而言,邦立大学和学院都会选择人口比例高、经济发展水平好的城市地区作为校址。"[①]

恩德斯认为:"与欧洲不同,印度的决策和发展规划未能实现从'邦政府控制型'向'邦政府监督型'的过渡,即难以形成'邦政府评估'。"这一事实表明,中央政府通过直属的教育管理机构加强对大学自治的监督和管理,其中印度大学拨款委员会是印度高等教育管理机构的重要职能部门。2003年,印度大学拨款委员会颁布了《自治学院指导方针》,并发表声明指出:"要不断增加自治学院的数量,实现其约占全国学院总数的10%的目标。"[②]尽管《自治学院指导方针》削弱了大学对附属学院的课程设置和评估标准的行政干预权,大学仍控制着自治学院的行政管理权(任命自治学院管理委员会成员、负责监督和评估自治学院的经费运行)和学位授予权。例如,马德拉斯大学的六所原附属学院获得了自治地位,它们可以自主地制定大学入学章程,选择教学内容,组织和实施考试。但它们却必须接受其母大学行政管理以及学术上的监督和评估,最终使其毕业生能够顺利地完成学业从而获得相应的学位。再者,《自治学院指导方针》规定,凡获得自治地位的学院必须接受大学拨款委员会的监督和管理,并获得相应的经费资助。尽管可以获得巨大的自治权,附属学院却并未对要求自治表现出多大的热情。截至2011年12月,在全印度25951所各类学院中,仅约250所自治学院,约占印度全部学院的1%,甚至低于1%的水平。

这种局面显然可归咎于多种因素综合作用的结果。第一,附属学院拒绝同时接受大学和大学拨款委员会的双重管制。第二,邦立大学不愿放弃管理附属学院的行政权,也排斥政府和大学协同的理念和行为。第三,获得

①　Naik J., *The Role of the Government of India in Education*, Union Ministry of Education, 1963.

②　Nagaraj R., Development Strategies and Poverty Reduction, In UNRISD Flagship Report on Poverty: *Project of Poverty Reduction and Policy Regimes*, *India*, United Nations, 2010, pp. 22 – 54.

自治地位后的附属学院难以享有以往的在各种权力机构中的代表权,也难以获得以往的较丰厚的经费补助。第四,邦立大学质疑自治学院的办学质量和学术水准,担忧其有损大学的声誉和学术标准。事实证明,邦立大学是政府控制和管理高等教育的一种工具。殖民阶段,英印地方政府通过邦立大学对附属学院的质量评估来维持其学术标准;而独立后,各邦政府也长期通过邦立大学来实现对高等教育的有效控制和管理。总而言之,邦政府几乎不愿失去或调整其在高等教育中的角色和地位。

自筹经费学院改革传统领导方式和管理,勇于创新,引入"市场导向型"高等教育,成立了"大学管理委员会",主要负责任命学院院长、行政和科研教学人员、筹集和管理学院经费、制定学院长期发展规划、审查学院年度工作计划。此外,自筹经费学院管理委员会长期聘任专门行政人员来负责大学的运作,尤其是设备管理、教师聘任、招生人数等行政和学术事务。自筹经费学院与克拉克教授所说的"创业型大学"十分类似,而其性质和办学理念却与迪姆的"新管理主义"极为相似。其相似之处表现在:第一,大学和政府控制其自筹部分经费的管理和支配权。第二,学院引入社会力量投资办学,并以社会和企业的需求为办学方向,以培养学生解决问题能力为培养导向,充分考虑个体的特定需求,但忽视提供公共产品和服务社会的功能。第三,学院采纳学术人员和专门管理大学事务的行政人员协同管理。

以印度大学拨款委员会为代表的各类专业管理实体和委员会的官方报告指出,"英迪拉·甘地时期的高等教育质量出现了急剧下滑的趋势",如1990年印度大学拨款委员会报告,导致高等教育质量下降的主要因素有:高等教育机构数量的激增、高等教育的改变、高校自治权的扩大、私立高校商业化的运行、教授学术自治权缺乏,以及大学学术委员会行政化色彩浓厚(次要因素)。[①] 而《印度政府2006年报告》指出,大部分私立学院行政化色彩浓厚,其学术委员会却难以独立地行使"统筹行使对学术事务的咨询、评定、审议和决策权"。尽管少数包括自治学院在内的印度私立学院提供比公

---

① See Naik J. *The Role of the Government of India in Education*, Union Ministry of Education, 1963.

立大学和学院更为优质的教育质量,但是大多数私立学院却因学校基础设施差、教学负担重等因素而致使其教学质量差、学术标准下降。例如,《印度2008年政府报告》指出,截至2008年,自筹经费学院的讲师职位空缺率高达52%,而副教授职位空缺率高达28%;相比之下,其他学院的讲师职位空缺率为41%,而副教授职位空缺率为18%。

　　印度中央政府除制定附属学院自治条例外,还积极采取措施改善高等教育质量。其改善措施包括:①统一制定外资高等教育机构的学术标准;②设立新型国家监管机构,负责授予邦立高校行政权,监督和管理邦立大学与学院行政权力的合理运行,以及协调和处理政府与高校间利益争端。然而截至2012年,由于邦政府的强烈反对和抵制,一系列旨在改善高等教育质量的教育举措尚未付诸实施。

　　简言之,改革时期的印度高等教育系统采取降低高校成本和扩充私立高等教育机构的数量等措施,来顺应教育行政权下放、全球化浪潮侵蚀,以及欧美国家盛行等国内外环境的变化要求。据不完全统计,改革时期的印度高等教育机构的年增长率为23.5%,其中2000—2009年间的高等教育机构年增长率最高达28.2%。

　　然而近年来,高等教育质量下降的趋势却凸显印度"邦政府导向型"的集权式的缺陷和不足。改革阶段,邦政府的教育行政权愈益增强。邦政府通过掌握教育资源分配权和教育政策制定权来控制和管理高等教育,这弱化了印度宪法赋予的中央政府的教育行政权。最终,中央和邦政府在高等教育的教育行政权归属问题上出现了分歧,形成了"中央政府主导型"和"邦政府主导型"两种不同的集权模式。普利兹沃尔斯基和利蒙吉认为:"'无论是中央政府主导型'抑或是'邦政府主导型',两者不仅会损害其他利益相关者的利益诉求,而且都体现了'官僚式'政府集权的趋势,即政府试图扩大其对印度高等教育的行政权和影响力,不断追求其权力和利益集团的核心利益诉求。"[1]

---

[1]　Naik J., *Policy and Performance in Indian Education*, Dr. K. G. Saiyidain Memorial Trust, 1974.

四、总结

印度文化大致经历了从古代传统印度文化到殖民时期的盎格鲁-撒克逊外来文化移植,再到独立后效仿苏联、借鉴美国的双元文化的三次变迁。随着其文化的三次变迁,印度高等教育历经三次不同的嬗变。在不同文化因素的影响下,印度高等教育的历史发展有三个阶段:从吠陀时代到1857年的经院式教育阶段,到英殖民统治时期的精英教育阶段,再到1947年独立后至今的规模发展阶段。不同时期的印度高等教育各有其特征。总的来说,与当时印度的特殊社会政治、经济结构相对应,与其历史和文化变迁相关。

古代社会,印度传统高等教育推行经院式教育模式(含婆罗门教育、佛教、印度教育、伊斯兰教),旨在为各类宗教开展宗教仪式和宗教活动培养少数的宗教教职人员,其学习内容以神学为主,也涉及较为广泛的宗教知识。同时还出现了以"古儒学校"和"寺院"为代表的非正规教学场所,形成了以"个别教学"为主的非常规教学组织形式。这一时期的经院式教育对印度乃至周边地区的教育都产生了巨大影响。如唐朝高僧玄奘曾赴印度那烂陀大学研习佛法。

殖民阶段,印度高等教育盛行学院式教育模式,带有明显的盎格鲁－撒克逊民族文化痕迹。独立后的印度将斯拉夫民族传统文化背景下的国家中心和美国文化影响下的市场导向相融合,形成了适应性和成长性较好的媾合式高等教育复合模式。基于以上特征分析,研究印度高等教育历史轨迹,应避免历史虚无论,用现代意义高等教育去替代过去传统高等教育;考察印度高等教育嬗变,应该避免西方依附论,用他国、他民族高等教育来衡量印度高等教育,应该把印度高等教育演变放在其历史发展和文化变迁中进行梳理。

主要参考文献

1. 黄建如:《比较高等教育 - 国际高等教育体系变革比较研究》,社会科学文献出版社,2008 年。

2. 蒋洪池、马媛:《高等教育治理模式及其经验观测维度的比较分析框架》,《比较教育研究》,2012 年第 5 期。

3. 蒋忠新译:《摩奴法论》,中国社会科学出版社,2007 年。

4. 刘武安、倪培耕:《泰戈尔全集》,河北教育出版社,2000 年。

5. 孙伦轩、陈·巴特尔、赵雅静:《大学治理:欧洲观点》,《江苏高教》,2014 年第 5 期。

6. 王处辉、朱焱龙:《欧洲高等教育治理研究的新动向及其启示》,《中国高教研究》,2014 年第 5 期。

7.(唐)玄奘、辩机:《大唐西域记》,中华书局,2000 年。

8. 郁龙余、蔡枫等:《印度文化论》,重庆出版社,2008 年。

9. 郑金洲:《教育文化学》,人民教育出版社,2000 年。

10. 曾向东:《印度现代高等教育》,四川大学出版社,1986 年。

11. 周毅:《美国历史与文化》,首都经济贸易大学出版社,2010 年。

12. Acemoglu D, Johnson S, Robinson, Disease and Development in Historical Perspective, *European Economic Association*, 2003, 1(02).

13. Agarwal, *Higher Education in India: The Need for Change*, ICRIER, 2006.

14. Ahluwalia I, Little I., *India's Economic Reforms and Development*, Oxford University Press, 2012.

15. AICTE., *Approval Process Handbook*, AICTE, 2011.

16. Altbach P. G., Teichler U., Internationalization and Exchanges in a Globalized University , *Studies in International Education*, 2001, 5(01):5 - 25.

17. Anandakrishnan M., *Higher Education in Regional Development: Some

Key Pointers, Indo – UK Collaboration on Higher Education – Policy Forum Workshop, 2004.

18. Assocham, *Envisaging the Future of Higher Education in India*, Working Paper. Assocham, 2010.

19. Board of Education, Minutes of the Board , http: www. education. nic. in.

20. Calcutta University, Some Defning Events in the Biography of the University, http://www. caluniv. ac. in/About% 20the% 20university/Some% 20DeFfning% 20Events. htm.

21. Chaudhary L., Musacchio A. , Nafziger S. , Yan S. , *Big Brics, Weak Foundations: The Beginings of Public Elementary Education in Brazil, Russia, India and China*, NBER, 2012.

22. Chibber V., *Organized Interests, Development Strategies and Social Policies. In UNRISD Fagship Report on Poverty: Project of Poverty Reduction and Policy Regimes, India*, United Nations, 2010.

23. Clark B. , *Creating Entrepreneurial Universities*, Elsevier Science, 1998.

24. Clark B., *The Higher Education System: Academic Organization in a Crossnational Perspective* , Berkeley, University of California Press, 1983.

25. Deem R. , "New Managerialism" and Higher Education: The Management of Performances and Cultures in Universities in the United Kingdom, *International Studies in Sociology of Education*, 1998, 8(1): 47 –70.

26. Enders J., Higher Education, Internationalization, and the Nation – State: Recent Developments and Challenges to Governance Theory , *Higher Education*, 2004;361 –382.

27. Fuchs T. , Woessman L., What Accounts for International Differences in Student Performance? A Re – examination Using PISA Data, *Empirical Economics*, 2007: 433 –464.

28. Gallego F. , Historical Origins of Schooling: The Role of Democracy and

Political Decentralization, *Review of Economics and Statistics*, 2010, 92（2）: 228 - 243.

29. Government of India（GOI）, Education Commissions and Committees in Retrospect, http: www. education. nic. in.

30. Government of India（GOI）, Higher Education in India: Issues Related to Expansion, Inclusiveness,Quality and Fnance ,http: www. education. nic. in.

31. Government of India （GOI）, Ministry of Human Resources Development. National Policy on Education , http: www. education. nic. in.

32. Government of India（GOI）, Report of the CABE Committee on the Autonomy of Higher Education Institutions ,http: www. education. nic. in.

33. Government of India （GOI）, Report of the CABE Committee on the Gnanam committee Report, http://www. education. nic. in.

34. Government of India（GOI）, Report of the Committee on Alternate Models of Management , http: www. education. nic. in.

35. Government of India （GOI）, Report of the Working Group on Undergraduate Education, http: www. Knowledgecommission. gov. in.

36. Government of India（GOI）, Report to the People on Education ,http: www. education. nic. in.

37. Hardgrave R. L. Jr., *Kochanek S A. India—government and Politics in a Developing Nation*, Harcourt Brace Jovanovich, 1986.

38. *INSA. Pursuit and Promotion of Science*: *The Indian Experience*, INSA, 2001.

39. Jain U. C. , Nair J., *Encyclopedia of Indian Government and Politics*, *centre - state Relations*, Pointer Publishers, 2000.

40. Joshi V. , Little I., *India's Economic Reforms*, Oxford University Press,1996.

41. Kapur D., Indian higher education. In C. Clotfelter （Ed. ）, *American Universities in a Global Market*, Chicago, University of Chicago Press, 2010.

42. Kirp D., *Shakespeare, Einstein, and the Bottom Line*, Cambridge, Harvard University Press, 2003.

43. Kohli A., Can democracies Accommodate Ethnic Nationalism? Rise and decline of Self – determination Movements in India, *Asian Studies*, 1997, 56(2): 325 – 344.

44. Kohli A., State and Redistributive Development in India. In UNRISD Fagship Report on Poverty: *Project of Poverty Reduction and Policy Regimes*, *India*, United Nations, 2010.

45. Kumar V., *Committees and Commissions in India*, 1947 – 1973, D. K. Publishing House, 1975.

46. Lindert P., *Growing public: Social Spending and Economic Growth Since the Eighteenth Century*, Cambridge University Press, 2004.

47. Marginson S, Ordorika I., *The Transformation of the "public" Research Universities: Shaping an International and Interdisciplinary Research Agenda for the Social Sciences*, Social Science Research Council, 2010.

48. Nagaraj R., *Development Strategies and Poverty Reduction. In UNRISD fagship Report on Poverty: Project of Poverty Reduction and Policy Regimes*, *India*, United Nations, 2010:22 – 54.

49. Naik J., *The Role of the Government of India in Education*, Union Ministry of Education, 1963.

50. Naik J., *Policy and Performance in Indian Education*, Dr. K. G. Saiyidain Memorial Trust, 1974.

51. Przeworski A., Limongi F. Political Regimes and Economic Growth, *Economic Perspectives*, 1993, 7(3): 51 – 69.

52. Santiago R., Carvalho T, Alberto A, Lynn V., Changing Patterns in the Middle Management of Higher Education Institutions: The Case of Portugal, *Higher Education*, 2006, 52(2): 215 – 250.

53. Schenkman A., Higher Education in India, *Far Eastern Survey*, 1954, 23 (2): 24 – 28.

54. Sunder S., *Higher Education Reforms in India*, Yale University, 2010.

第四编　中国高等教育的演变

　　中国，又称为"华夏""中华""神州"等，《尚书正义》注"华夏"："冕服华章曰华,大国曰夏。"《左传·定公十年》疏云："夏,大也。中国有礼仪之大,故称夏;有章服之美,谓之华。华,夏一也。"中国自古就被称为衣冠上国、礼仪之邦。中国作为金砖国家中文明最为古老的国家,有着五千多年的悠久历史,这一历史背景下哺育的文明连绵不断,源远流长,相较与其他文明古国的文明或失于早衰或有过断层,中国就显示出其文明的独特之处和优异之处,究其原因,主要有以下几个方面：

　　地理环境。中国的四面被山脉、沙漠或大洋环绕,这一系列的地理障碍横亘在中西方文明之间,在生产力不发达的情况下,想要克服遥远的路途以及这些地理障碍是十分困难的,这就使得中国较中东或者印度诸民族而言甚少面对外来入侵。715年,爆发了怛罗斯之战,战争以阿拔斯王朝(黑衣大食)的胜利告终,但不久之后崛起的吐蕃王朝隔断了大唐和阿拉伯帝国的疆域,抵挡了阿拉伯的兵锋。总体而言,在西方殖民主义入侵以前,中国一直处于一个相对隔绝的状态,为其文明的孕育、绵延提供了温床。

　　语言、文化和选官制度。中国是一个多民族、多语言、多方言、多文种的国家,根据学术界的通常说法,有八十种以上的语言,三十种左右的文字。虽然各地区的语言文字差别很大,但在商朝时就已形成了含义相通的书面语。相较于其他金砖国家,如印度由于没有主体民族导致语言文字众多,至今仍有十四种"民族语言",且各语言之间不能互通;巴西因殖民经历使得其官方语言为葡萄牙语;而中国不仅拥有自己的语言和文字,而且产生了以儒学为主体的稳定的、连续的传统文化,各民族在"大一统"思想的影响下逐步融合,形成了相对稳定的道德准则和文化内涵,且在这种文化的影响下形成了实行一千三百余年的科举选官制度,不仅培养了知识分子顺从的性格,为安邦治国提供了保障,也使中国文明得到了政治上和思想上的高度统一,为文明的延续奠定了基石。

人口因素。中国目前是世界上人口最多的国家,历史上中国人口数量也长居世界前列,在16世纪初叶葡萄牙人初次到达中国的时候,中国的人口就已达到一亿多,超过了整个欧洲的人口总和。庞大的人口资源在生产力不发达时期本身就是最强大的社会力量,在面对外来入侵时总能驱逐入侵者或以自己的文化将其同化。如魏晋南北朝时期,面对佛教传入的冲击,中华文明不是被其取代,而是走上了与儒家文化相结合的禅宗道路,而印度的本土宗教则在穆斯林的三次大规模入侵下惨遭覆灭。

中华文明的连续性也直接反应到了高等教育上。尧舜时期便已有了学校——成均。董仲舒云:"五帝名大学曰成均。"(《礼记·文王世子》)而后又有了上庠、东序、瞽宗、辟雍等高等教育机构。孙诒让在《周礼正义》中有云:"周大学之名,见此经(《周礼》)者唯成均,见于《礼记》者由又有辟雍、上庠、东序(又称东胶)、瞽宗与成均均为王学,皆大学也。"由此可见,中国高等教育发端之早、高等教育机构种类之丰富。在长达数千年的高等教育发展、演变的历史过程中,高等教育的形式、内容和作用都随着社会的进步而不断发生变化,由传统的人文阶段向科学阶段转变,并向人文与科学的结合不断迈进。

第十章　中国的悠久历史

第一节　农耕文明的时代

一、农耕文明的起源与发展

大约在一万年以前,美索不达米亚平原周围地带的居民最早驯化了野生麦类,人类世界开始农耕。其次在中国的黄河流域、长江以南地区,随着小麦、水稻的大量人工培植,形成了农耕中心,中国进入了农耕社会,并在此基础上形成了农耕经济。农耕经济对中国社会的发展产生的重要影响在于,它催生了当时社会最先进的文明——农耕文明。农耕文明是劳动人民在长期的农业生产中逐渐形成的以农耕经济为基础,服务于农业生产的文化集合,它包括国家制度、礼俗制度、文化教育等。

中国的农耕文明发祥于黄河流域和长江流域,由于黄河流域土质松软,更适宜于远古铜器农具的推广应用,故黄河流域先于长江流域成为农业中心。周朝立国时,大力发展农业,改良生产工具和前朝历法,表明农业发展已达到相对发达的程度。春秋战国时期铁农具和牛耕的推广大大提高了生产效率,加上都江堰、郑国渠、灵渠等水利工程的兴修大大改善了农业生产条件,中国的农耕区域逐渐扩大并向南发展。汉晋以降的数百年间,北方饱受战火蹂躏,生态环境遭到破坏,大量人口被迫南迁,长江流域优良的自然条件对于发展农耕的巨大潜力很快被挖掘出来,农耕中心自此由黄河流域转移到长江流域,“苏湖熟、天下足”的谚语是这一现象的真实写照。到了唐朝,农业生产迎来了发展的高峰,大量水利工程的修建,以及新式工具筒车、曲辕犁的发明为农业的高效发展提供可能。据史料记载,当时谷子和麦子播种和收获的比例最高可以达到1:200左右;而根据欧洲的记载,在13世纪的英国,这一比例只有1:3左右,即播下一千克种子,只能收获三千克的粮食。明清时期是农耕文明的繁盛时期,玉米、番薯等高产农作物的引进缓解了人口增长的压力,而北方一年两熟、南方一年三熟的生产模式大大提高了粮食产量,江南种植粮食的人越来越少,转而发展手工业,孕育了早期资本主义萌芽,与此同时,中国的农耕文明也受到了西方工业文明的强大冲击,鸦片战争后,开始向工业文明转变。

农耕文明的发展历程折射出了传统文化的博大与包容,作为唯一没有发生文明中断的文明古国,中国连绵不断、长盛不衰的文化很大程度上得益于农耕文明。与欧洲游牧文明的逐水草而居和商业文明的向外开拓不同,聚族而居、精耕细作的农耕文明强调的是对土地的守望,逐渐形成安土重迁的思想。且农耕文明的代表性学说——儒家学说中有很多是提倡守旧和服从、反对标新立异的内容,形成了知识分子内敛的文化性格。这一切都助益文化的持续发展,文化的延续性直接反映到了文明的连续性。同时,农耕经济的多元结构赋予文化强大的包容性,春秋战国时期百家争鸣,尽显文化之纷繁多样,到了秦汉,儒道融合,"天下同归而殊途,一致而百虑"(《周易·系辞下》),体现了文化包容并蓄的事实。由于地域广博,千差万别的地理条件形成了特色各异的区域文化,如楚文化、齐鲁文化、吴越文化等,各类文化相辅相成,在相互交流融合中日臻博大、渐趋合一。

农耕文明自其形成之日起便带有难以去除的缺陷。自春秋战国起,中国便是以小农经济为主的国家,农耕强调守望田园,顺应天命,辛勤劳作的本质决定了其发展需要安定平稳的社会环境,农民追求的是安逸的生活,即便是在朝代更迭之时发生农民起义,也是因为生活难以为继,通过暴动寻求宽松的生产环境。在这种小农经济的影响下,民众的思想日益陈旧保守,变得故步自封,不愿主动寻求新文明的注入,尽管明朝中叶中国沿海地区的海洋文明也曾发展到相当的高度,还是终被农耕文明狭隘的视角所磨灭。在这样的情况下,文明的衰落也就不足为奇了。

二、农耕文明的封建时代

（一）统一的中央集权封建国家的建立

农耕文明时期的政治体制一般实行君主制或君主专制,整个社会结构呈现金字塔形,中国上古时期农耕文明的孕育与健全,为日后建立中央集权的封建国家埋下伏笔。在阶级产生之前,人类以血缘为纽带形成氏族,继而发展成为部落。在与大自然的搏斗中人类意识到团结的重要性,需要根据能力的强弱选出部族的首领来带领大家,"禅让制"便是这一时期推选首领的制度。禹将王位传于其子启标志着禅让制的终结,"家天下"取代了"公天下",启建立了第一个朝代——夏。《礼记·礼运》讲道:"今大道既隐,天下为家。各亲其亲,各子其子,货力为己。大人世及以为礼,城郭沟池以为固。"认为禹之前的社会是大同社会,没有阶级,而禹之后,世袭的权力成为名正言顺的礼制,天下成为一家一姓的财产,是财产私有的社会,阶级由此产生。原先氏族社会的血缘关系经过夏、商的发展,到周朝形成了一套体系完整的宗法制度①,包括嫡长子继承制、封邦建国制以及宗庙祭祀制度,等等。②分邦建国制也叫作分封制、封建制,分封制是狭义的"封建",并不等同于封建。

分封制是西周天子分封诸侯的制度,周天子把土地划分给诸侯,称为"封地",诸侯拥有封地的收益,承担拱卫王室、服从命令、缴纳贡赋等义务。春秋时期,随着井田制的瓦解,土地由国有转为私有,王室衰微,礼崩乐坏,周王丧失"天下共主"的地位。战国初期,新兴地主阶级开始登上政治舞台,他们首先在几个大的诸侯国夺取政权,自立为诸侯,通过兼并争霸剩下齐、

---

① 宗法制度是由氏族社会父系家长制演变而来的,是王族、贵族按血缘关系分配国家权力,以便建立世袭统治的一种制度。其特点是宗族组织和国家组织合二为一,宗法等级和政治等级完全一致。宗法制度确立于夏朝,发展于商朝,完备于周朝,影响了后来的各封建王朝。

② 参见张岱年、方克力:《中国文化概论》,北京师范大学出版社,2003 年,第 56～57 页。

楚、燕、韩、赵、卫、秦七国,形成"战国七雄"的格局,这些诸侯国通过一系列变法和改革,都逐步完成了由奴隶制向封建制的转化。公元前221年,秦始皇一统中国,长达数百年的诸侯割据混乱局面至此结束,统一的中央集权封建制国家开始了。

(二)封建制度社会的螺旋发展

秦始皇统一中国后,他采取一切措施的目的都集中在中央集权这一点上,通过废分封、行郡县、愚黔首、禁私学,统一文字、度量衡等措施将权力紧紧握在自己手中,奠定了日后中国近两千年的政治格局。从公元前221年嬴政统一中国起至公元前207年子婴降汉止,秦朝首尾只有十几年,秦朝短祚而亡,但在历史上占有重要的地位,同时也为汉朝的繁盛奠定了基础。

西汉建立后,承袭了秦朝大部分的中央行政体制,史称"汉承秦制"。统治者吸取秦暴政而亡的教训,采取清静无为的黄老思想为治国的指导思想,实行"休养生息"的政策。"汉兴,扫除烦苛,与民休息;至于孝文,加之以恭俭;孝景遵业。五六十载之间,至于移风易俗,黎民醇厚。"《汉书·卷五·景帝纪五》描绘了汉初"文景之治"下减轻百姓负担,恢复生产的境况。经过六七十年的休养,汉朝国力日盛,出现了一位与秦始皇百年并世的雄才伟略的皇帝——汉武帝。汉武帝凭借汉初"文景之治"下形成的社会经济繁荣的基础打造了"汉武盛世"。他大肆开疆拓土,北击匈奴,把匈奴驱逐至漠北地区,西取三十六属国,平定南越置南越九郡,征服西南夷置西南夷七郡,占领朝鲜北部设置朝鲜四郡,建立了"北绝大漠、西愈葱岭、东至朝鲜、南到大海"的广袤疆域,版图几乎是秦始皇统一六国时的两倍。尽管后世对武帝发动战争至干戈四起颇有诟病,①但不可否认武帝开创了封建社会的第一个盛世。随着疆域的拓展,黄河流域的先进文化传播至周边地区,尤其是丝绸之路的开辟,将汉文化输出至天山南北乃至更遥远的地方,朝鲜、越南、身毒

---

① 司马迁:《史记·卷三十·平准书第八》云:"自是之後,严助、朱买臣等招来东瓯,事两越,江淮之间萧然烦费矣。唐蒙、司马相如开路西南夷,凿山通道千馀里,以广巴蜀,巴蜀之民罢焉。彭吴贾灭朝鲜,置沧海之郡,则燕齐之间靡然发动。及王恢设谋马邑,匈奴绝和亲,侵扰北边,兵连而不解,天下苦其劳,而干戈日滋。"

（天竺）、缅甸，以及东南亚、中西亚地区深受汉文化影响，与大汉往来密切。同时各族文化也传入中国，大蒜、葡萄、骆驼、骏马等物产，以及新的音乐、舞蹈等艺术的输入大大丰富了中国的物质和精神文化，中外文化的交流开创了新纪元。

"王莽篡汉"宣示着西汉的灭亡，西汉皇族后裔刘秀不失时机起事恢复刘氏江山，于洛阳建立东汉政权，刘秀即汉世祖光武皇帝。光武帝吸取西汉外戚篡权、权臣当道而亡的教训，对宗室诸王和外戚严加控制，以提高皇帝的专制权力。尽管东汉一直致力于中央集权，对外戚严加防范，但汉宣帝时，大权依然旁落至外戚手中，为了夺回权力，汉桓帝联合宦官消灭外戚，又致使宦官掌握大权，汉灵帝甚至称两个宦官为父为母。[①] 在宦官统治下朝廷腐朽不堪，面对黄巾军起义只能借助于藩镇，结果藩镇坐大，胫大于股的问题不可避免，东汉名存实亡。曹操、刘备、孙坚三大军阀消灭其他军阀形成三足鼎立的格局，后魏、蜀、吴三国建立，三国间的连年征战造成严重的军事破坏，在此后的三四百年间，社会发展处于停滞状态，封建社会走进发展的低谷。西晋太康元年（280 年），西晋灭东吴而一统天下，但和平稳定的局面仅仅维持了十一年，就发生了"八王之乱"和"五胡乱华"。316 年西晋被匈奴所灭，北方进入五胡十六国时期，而南方于 317 年建立了东晋政权，可惜东晋也没能维持多久，420 年刘裕篡夺帝位，取代东晋建立了宋朝。[②] 439 年，北魏皇帝拓拔焘统一北方，至此形成了南北对峙的局面，史称南北朝。南北朝是中国历史上的一段大分裂时期，一直持续了一百六十九年，大定元年（581 年）2 月，北周静帝让位于杨坚，即隋文帝，隋朝建立，开皇九年（589 年），隋灭陈，至此，经过三百多年的纷争，中国再一次被统一起来了。

隋朝的统治也未能长久。隋文帝在位时倡导节俭，唯才是举，统治期间政治清明，国力强盛，可惜传至隋炀帝，好大喜功，劳民伤财，三征高句丽将

---

① 范晔：《后汉书·卷七十八·宦者列传第六十八》："帝本侯家，宿贫，每叹桓帝不能作家居，故聚为私臧，复寄小黄门常侍钱各数千万。常云：'张常侍是我公，赵常侍是我母。'"（帝：汉灵帝。）

② 中国历史上先后出现了四个叫"宋"的朝代，分别是：先秦宋国、南朝刘宋、赵氏两宋、韩氏后宋。此处指的是南朝刘宋。

国力消耗殆尽,激起阶级矛盾,终于隋朝覆亡,国祚三十八年。隋亡后不久,封建社会迎来了又一个盛世——贞观之治。"贞观"是唐太宗李世民的年号,唐太宗即位后,因目睹大隋的兴亡之过程,故常以隋为戒,从谏如流,知人善任,采取以农为本,鼓励工商,厉行节制,文教复兴等政策,使社会秩序空前安定。贞观三年,全国判处死刑的囚犯只有二十九人,官吏为政清明,百姓安居乐业,犯罪率自然低之又低。当时的大唐是世界上文明强盛的王朝,也是少有的高度开放的王朝,首都长安与东都洛阳都是当时的国际大都会,各国仁人志士纷纷来唐学习生活,甚至担任高级官吏。此外,唐太宗平东突厥、定薛延陀、征高句丽,使大唐声威远播,由于对东突厥降众及依附于突厥的各族执行比较开明的民族政策,被西北诸国尊为"天可汗"。太宗后,武曌(武则天)、玄宗在位期间,大唐盛世又延续了相当一段时间。

大抵是天下分久必合、合久必分,大唐亦难逃分裂的命运,五代十国延续了唐末藩镇割据状态,北宋结束了分裂割据的局面实现了统一,但也只是局部的统一,有别于汉唐的大一统。在全国的版图上还同时存在着辽、大理等政权,后又陆续出现了西夏和金。北宋灭亡后,又出现了南宋与金的对峙。两宋时期是中国封建制度进一步发展时期,宋朝的政治体制大体沿袭唐朝,宋太祖赵匡胤为避免重蹈唐末藩镇割据的覆辙,采取各种措施削弱地方军权以加强君权,同时采取崇文抑武的国策,终宋一朝也没有严重的地方割据或宦官乱政。诚如史家所言:"本朝无内患。"①且宋朝的科技、经济、文化在这一政策的影响下极为繁荣,尤其是经济,宋朝的经济总量相当惊人,最高值时已占到当时世界经济总量的60%。然而北宋初立之时便开始执行的"抑武事"的政策使得武备愈加积弱,频频不敌北方外患,对辽、西夏用兵屡遭挫败,以致发生"靖康之耻"②。

唐末以降的数百年间,中国的政治局面历经了封建国家由分裂到局部

---

① 李焘:《续资治通鉴长篇》,卷三十二。
② 靖康二年4月金军攻破东京(今河南开封),除了烧杀抢掠之外,更俘虏了宋徽宗、宋钦宗父子,以及大量赵氏皇族、后宫妃嫔与贵卿、朝臣等共三千余人北上金国,其中大部分被没入金国官妓院——洗衣院,史称靖康之耻、靖康之祸、靖康之乱或靖康之难。

统一再到民族政权并立的阶段,直至 1279 年,在元政权的强大武力下全国重新统一,中国封建时代后期迎来了最后三个大一统的王朝——元、明、清。元朝是中国历史上第一个由少数民族建立的统一中国的封建王朝,其统一有重要的意义,结束了唐末五代以后三百余年诸国并立的局面,塞内外重新统一,西藏也正式并入中国版图,是历史上疆域空前辽阔的王朝。元武宗时期,领土一度达到 1400 万平方千米,"舆图之广,历古所无"(《新元史·世祖纪》)。然元统治暴虐,连年发动战争,所过之处一片凋敝,耕地荒芜严重,且统治者采用管理草原畜牧经济的方法来治理中原高度发达的封建农耕经济,圈占农田作为牧场,使社会发展日益停滞、衰蔽,中原整体生产力的发展水平远不如宋,但元朝手工业十分发达致使商品经济相当繁荣。元朝为维护蒙古贵族的特权,按照征服民族的顺序把民族分为四等,一等蒙古人,二等色目人(主要指最早被征服的西域人),三等汉人(淮河以北的汉、契丹、女真人),四等南人(最后被征服的原南宋境内各族)。蒙古人和色目人属于统治阶级,享有特权,对汉族群众进行剥削,民族压迫严重。这样的民族歧视和民族分化政策导致的阶级矛盾存在于元政权的始终,加上元末统治阶级内部争权夺利,加剧了元朝的衰落。1368 年,元大都沦陷,元惠帝北逃,元政权退出中原。[①]

　　明清时期是中国封建社会由盛而衰的转折点。封建制度的典型特征之一就是君主专制的不断加强。秦始皇称帝后曾说:"天下之事无大小皆决于上。"(《史记·秦始皇本纪》)到了明清时期,这一特点愈加显著。明太祖朱元璋废宰相,罢中书省,废枢密院,设内阁置六部,设立厂卫机构,皇帝一人总揽大权;清朝雍正年间设立军机处,标志着中国的封建君主专制达到顶峰,八旗兵的驻防制度更是加强了清王朝对全国的控制。统治者以高压政策维护统治,制度丧失了自我调解的功能,尽管在清前期也曾出现过"康乾盛世",不过是封建社会的回光返照,盛世之下颓势难以抑制。康乾年间大

---

　　① 元惠宗退至上都,隔年又至应昌,他继续使用"大元"国号,史称北元。1388 年,天元帝及其长子被害,北元不再使用年号。1402 年改鞑靼,去国号,元朝灭亡。

兴文字狱以禁锢读书人的思想,文人学士惨遭迫害,被欧洲人称为"中国的中世纪"。明朝中后期手工业的发展使商品经济高度繁荣,随着手工工厂的出现产生了资本主义萌芽,新的生产形式的出现预示着旧的封建生产关系走向衰退,然而为了限制明末以来商业资本的发展,清政府推行"重农抑商"的政策,使资本主义萌芽发展受挫,违反了社会的发展规律。清前期就开始施行闭关锁国的政策,限制对外的交通和贸易,属于典型的地方保护主义措施,作为封建自然经济的产物与社会的发展背道而驰,国家的发展逐渐落后于世界。

中国的封建社会自建立之初就是以农业为本的,并发展出一套与农业生产相配套的封建制度、文化、教育等。统治者出于稳定社会、稳固统治的考虑推崇"重农抑商"的政策,通过一系列土地政策将农民锢着在土地上,农民进行农业生产自然渴求安定的社会环境,因而能够维持封建社会的长期稳定。农民处于社会最底层,当社会趋于崩溃、生产受到威胁时也是最先起来反抗的。但出于小生产者的局限性,他们不可能创立一个新的制度,只能是对上一个王朝的统治进行重复,封建社会的发展就陷于"繁荣—衰蔽"的不断循环中,封建制度也在这种周期性的改朝换代中自我调整。这种以封建小农自然经济为基础的社会制度直到近代大工业兴起才逐渐瓦解。

三、农耕文明与游牧文明的对峙与融合

受太平洋及印度洋季风影响,在内陆地区形成了 400mm 等降水量线,400mm 等降水量线的东南气候湿润,适宜农业发展,而西北则发展起了游牧经济。当黄河流域及以南地区的农耕文明日益发展的时候,北方的游牧文明也在繁衍壮大,自给自足的农耕民族往往引来生产不能自足的游牧民族的侵略与掠夺,双方的对峙与冲突由来已久,农耕文明与游牧文明的冲突与融合构成中国古代社会历史发展的动力之一。

人们通常认为,游牧文明是落后于农耕文明的,古代统治者对周边少数民族的称谓也有东夷、西戎、南蛮、北狄等,尽管如此,历来中原政权面临的

威胁主要来自其鄙夷的北方游牧民族。在草枯水乏之际,农耕区的富庶对游牧民族构成强大的吸引力,他们南下劫掠,来势汹汹,农耕民族很难抵挡,构成对中原政权的"边患"并促成农耕中心的南移。在冷兵器时代,游牧民族剽悍的体魄与高超的骑射能力对于体质羸弱的农耕民族来说是最强大的武器,处于守势的农耕民族历经各朝各代修建起的万里长城正是为了达到把塞外游牧部落抵御在农耕区外的目的。农耕民族强调的是稳定与发展,故而经济文化先进而军事相对较弱;游牧民族恰恰相反,居无定所、逐水草而居的生活赋予他们极强的攻击性和冒险性,尽管文化落后但战斗力很强,因此双方谁也无法从根本上战胜对方。元朝和清朝时期,游牧民族即使在全中国的范围内实现了统治,游牧文明却也在入侵农耕文明的过程中被反过来征服和同化。

农耕民族与游牧民族的冲突只是双方关系的一方面,更重要的是在冲突的过程中实现的经济、文化、种族等方面的融合。汉文化中先进完善的政治制度、生产方式、手工技术等促进了游牧民族社会形态的变化。而游牧民族,虽然文明程度较低,但其骁勇强悍、粗犷强劲的文化无疑成为中原儒雅文化的补强剂。西晋末年的"五胡乱华"时期,大量少数民族南下,建立大小数十个政权,给农耕区人民带来巨大灾难,华北地区人口在八年内消失百分之九十,几近亡种灭族。中原地区的政权与经济架构被打乱,但同时也使北方游牧民族与农耕民族从经济、文化各个方面产生交流,胡汉通婚也促使种族融合。唐太宗李世民虽建立了汉人的天下,但他身上也有着鲜卑人的血统。此外,"百家姓"中的很多姓氏都来源于游牧民族,北魏孝文帝改革,推行"汉化",改一百四十多个胡姓为汉姓。农耕民族与游牧民族在不断交流中血统逐渐融合,"四夷如同一家"。

在长期的民族冲突中,北方游牧民族逐渐融入以汉族为主体的农耕民族中,游牧文明与农耕文明也在交融中互补发展,双方不必通过战争来实现融合,在元朝、清朝统治时期,统治者采取羁縻、怀柔的方式处理民族关系,使两种文明以温和的形式得以共融。

第二节　农耕文明向工业文明的过渡

一、洋务运动与器物文明

18 世纪中后期,当清廷还沉浸在"天朝上国"的美梦中时,在世界的西方发生了工业革命,宣告了工业文明时代的到来,标志着人类社会发展史上一个全新的开始。19 世纪,工业革命逐渐从英国扩展到欧洲大陆再到世界的非欧洲部分,从人类文明的发展历程上看,农耕文明正逐渐让位于工业文明,工业革命建立起的工业文明成为几千年传统农耕文明的终结者。此时的中国与世隔绝,觉察不到外面世界翻天覆地的变化,清王朝的统治也已接近腐朽的地步,以剽悍著称的八旗军被寄生虫式的生活方式腐蚀得丧失了战斗力。英国人看穿了中国的虚弱,在其以工业化为基础的经济、军事实力全面超越中国的情况下,通过战争打开了中国封锁了数百年的国门,工业文明在强大炮火的掩护下步步进逼农耕文明高度繁荣的中国。

两次鸦片战争失败后,清王朝内外交困,统治集团内部的一些开明官员开始意识到向西方学习的必要性,认为在封建统治中加入西方的先进技术就可以强兵富国,维护统治。于是,自 1861 年起至 1894 年止,在全国开展一项以"师夷长技以制夷"为目的的工业运动,史称"洋务运动"。尽管甲午中日战争宣告了洋务运动的惨痛失败,但其影响却是深远的。洋务运动在兴办近代军事工业和民用工业的过程中,引进了西方资本主义国家的近代科学生产技术,培养了一批科技人员和技术人员,在创办的企业中广泛采用了机器生产,实现了从手工生产转入机器生产的过程。在创办民用工业时采取"官督商办"和"官商合办"的方法吸收私人资本来解决资金短缺的问题。这一部分"商股"日后壮大成为民族资本主义,民族资本主义的产生促进了资产阶级和无产阶级的出现。

洋务运动将西方的思想文化及先进的科学技术、军事器物引入中国。

洋务派以"自强""求富"为口号,兴办各式军事工业、民用工业,开启了中国近代化的进程。然而洋务运动并没有改变中国的命运,也并没有实现其自强、求富的目的,究其原因,洋务运动对西方的学习仅仅停留在"器物"之上。彼时的西方强国,是在思想解放、制度变革的情况下发展近代工业的。他们先后开始并完成资产阶级革命,建立起资产阶级制度,在两次工业革命的洗礼下发展近代科学。但洋务派没有意识到这一点,没有进行相应的制度变革,也没有解放人民的思想,只是单纯地学习西方"器物",难以达到预想的效果。

二、百日维新与制度文明

在洋务运动的影响下,掀起了向西方学习的思潮,西方的生活方式传入中国,中国的生活习俗也发生了变化,传统礼仪受到冲击。甲午中日战争后,帝国主义掀起瓜分中国的狂潮,中华民族进一步觉醒。在意识到仅仅学习西方的技术不足以救中国时,维新派把目光朝向西方的制度,发起了维新变法运动。

百日维新,从1898年6月11日起实施,9月21日失败,共历时103天。因当年是农历戊戌年,也被称为"戊戌变法"。百日维新实施的主要措施包括:改革政府机构,裁撤冗官,任用维新人士;鼓励私人兴办工矿企业;开办新式学堂吸引人才,翻译西方书籍,传播新思想;创办报刊,开放言论;训练新式陆军海军;规定科举考试废除八股文,取消多余的衙门和无用的官职,等等。改革的内容涉及政治、教育制度,提倡发展农业、工业、商业。百日维新是一场资产阶级的改良运动,希望通过学习西方的制度,发展资本主义,建立君主立宪政体,以挽救民族危亡。由于百日维新损害到以慈禧太后为首的守旧派的利益,在各地遭到了强烈的抵制与反对。1898年9月21日,慈禧太后发动戊戌政变,百日维新宣告失败。由于资产阶级的软弱性,百日维新失败了,康有为、梁启超二人宣扬的"兴民权、开议院"亦被搁浅,但是百日维新打击了封建专制制度,并把西方的资本主义制度介绍到中国,试图通过变革社会制度,建立资产阶级君主立宪制,把社会制度改革作为救亡图存的途径,这也是百日维新的先进所在。更重要的是,百日维新为之后辛亥革命的爆发打下思想基础。经过百日维新、辛亥革命的艰难探索,在中国建立起了民主共和国。

在百日维新期间,维新派颁布了一系列推动资本主义工商业发展的诏令,奖励工商,促进了民族资本主义工商业的发展。一战期间,帝国主义暂时放松了对中国的经济侵略,辛亥革命为民族资本主义的发展扫清了道路,民族资本主义迎来了发展的"短暂春天"。民族工业的基础比较薄弱,以轻工业为主,小工厂多而大工厂少,没有形成完整的工业体系,但民族资本主义的发展加速了资本的积累,为新民主主义革命奠定了物质基础。随着近代工业的发展,无产阶级队伍壮大,为五四运动的爆发提供了阶级基础。

三、五四运动与思想文明

晚清时期西方思想大量传入中国,并影响着中国青年。1913 年袁世凯复辟帝制,是旧势力掀起试图恢复封建君主专制的逆流。以陈独秀、李大钊、鲁迅为代表的激进民主主义者发动了反封建的新文化运动,大张旗鼓地宣传资产阶级民主思想,以《新青年》为主要阵地,同封建尊孔复古思想展开了激烈的斗争。新文化运动高举民主、科学的大旗,提倡民主,反对专制;提倡科学,反对迷信;提倡新道德,反对旧道德;提倡新文学,反对旧文学。这在社会上产生巨大的反响。新文化运动打破了封建旧文化的统治地位,传播了西方自由、民主精神,进一步启迪了民智。从思想、文化领域激起了中国人民尤其是青年学生的爱国热情,解除了思想禁锢的知识分子们投身于更多的政治活动,为五四运动的爆发作了思想上和文化上的准备,奠定了群众基础。

中国政府在巴黎和会上的外交失败是五四运动爆发的导火索。1919 年5 月 4 日,北京的大批青年学生、广大市民、工商人士等聚集在一起,开展示威游行、请愿、罢工、暴力对抗政府等多种形式的爱国运动,并将影响扩展到中国的大部分地区。

五四运动,既是一场反帝爱国运动,也是一场文学革命运动,更是一场思想启蒙运动。在五四运动以前,中国曾经出现过以康有为、梁启超为代表的改良主义思潮和以孙中山为代表的资产阶级革命思潮,虽然最终辛亥革命推翻了帝制,但革命并没有经历过西欧启蒙运动那样声势浩大的群众运动,人民群众没有真正觉醒,思想启蒙的任务一直到新文化运动、五四运动时期才得以完成。可以说五四运动是 19 世纪末和 20 世纪初思想启蒙运动在新的历史条件下的继续和发展。① 在五四运动的影响下,封建思想被进一步瓦解,形成反封建思想与文化的复古思潮针锋相对的局面。更重要的是,五四运动使苏俄在中国播下无产阶级暴力革命的种子。五四运动后,工人罢工和政治斗争依然不断,为中国共产党的成立准备了条件。中国共产党成立后,在挫折中逐渐走向成熟,领导中国人民开创了农村包围城市的革命道路,赢得了抗日战争和解放战争的胜利,完成了反帝反封建的任务,工业文明在中国的发展真正迎来了春天。

第三节　工业文明的发展和后工业文明时代的到来

一、学习苏联与重工业发展

新中国成立初期,经济结构畸形,工业基础薄弱,轻、重工业比例失调,重工业仅占工业总产值的 30%。重工业门类残缺不全,不仅制约着国民经济的发展,还严重影响国家的独立和国防的稳固。早先苏联通过优先发展重工业实现社会主义工业化,其实践对我国工业发展有借鉴作用。在苏联模式的启示下,中国开启了现代工业的发展历程,工业文明有了实质性的发展。新中国提出了过渡时期总路线,对农业、手工业、资本主义工商业进行

---

① 参见刘正强:《论五四思想启蒙运动与传统文化——再评"五四全盘反传统"论》,《云南师范大学学报》,1997 年第 1 期。

了社会主义改造。此外,在苏联的援助下进行了以"156 项工程"为中心的基本建设,"156 项工程"全为重工业,初步形成了较为齐全的现代工业基础。"一五"期间,我国的工业不仅在产量上有所增长,还开始生产很多新型工业产品,主要生产资料实现自给自足,改变了经济对外的依附性。经过全国人民二十余年的艰苦建设,建成了一个独立的、比较完整的社会主义工业体系和国民经济体系,发展了钢铁、机械、化工、煤炭、电力、石油、轻纺等传统工业,建立了汽车、飞机、电子、原子能、宇航、石油化工、合成材料、自动化仪表仪器等新兴工业。国民经济进入协调发展的轨道,人民生活水平逐渐提高。

传统的社会主义工业化是学习苏联的赶超型经济发展战略,在取得很大成果的同时也存在着一些弊端:主要实行封闭的计划经济体制,过度强调重工业而忽视了轻工业的发展,工业结构出现了结构性缺陷,表现出"高积累、低消费、低效率"的特征,消费品严重短缺,人民基本生活得不到满足。十年"文革",国民经济秩序被打乱,经济结构更加畸形,"高指标、瞎指挥、浮夸风、共产风"的"左"倾思想蔚然成风,粮食生产遭到严重破坏的同时工业建设也受到冲击,党的工作重心转到阶级斗争和政治工作,为工业文明的建设带来不利影响。

二、改革开放与社会主义市场经济

1978 年中国共产党的十一届三中全会作出了"对内改革、对外开放"的战略决策,改高度集中的计划经济体制为开放型经济。在工业方面,放弃了单纯发展重工业的思路,结构纠偏、轻重工业同步发展,以市场需求为导向,优先发展轻工业,注重改善人民生活;在经济建设方面,从高度集中的计划经济体制向有计划的商品经济体制再向社会主义市场经济体制一步步深入,实现了经济的快速增长。

党的十四大明确提出我国经济体制改革的目标是建立社会主义市场经济体制。建立社会主义市场经济体制,既是改革开放实践的必然结果,也是党的十一届三中全会以来理论探索的重要成果。一方面,社会主义市场经济体制突破了市场经济和社会主义相互对立的传统观念；另一方面，对社会主义的理论产生了巨大冲击，为人民深入认识市场经济和社会主义的关系提供了新的理论思考。①

建设社会主义市场经济体制是由"吃大锅饭"的平均主义经济向效率优先、兼顾公平、共同富裕的经济转变。在社会主义市场经济体制的建设过程中，工业文明快速发展，随着改革开放的不断深入，中国的工业发生了翻天覆地的变化。中国的工业生产能力和产品产量均居世界前列，逐渐确立了在国际分工中的"世界工厂"的地位。② 同时，工业结构也发生了变化。新中国成立之初，受国内外经济环境的影响，我国推行的是优先发展重工业的策略，造成了农、轻、重比例的失调。改革开放后，我国的工业发展战略调整为轻、重工业均衡发展，与此同时，高科技产业也取得了长足发展。

中国与外国的交流扩展到各个方面，外国的资金、技术、文化、人才广泛传入，对外贸易逐年扩大；产业结构均衡，农、轻、重协调发展，第三产业发展迅速；科学、教育、文化、体育、医疗迅猛发展；市场经济体制基本成型，人民生活基本实现小康。

三、后工业与新时代中国特色社会主义

美国批判主义社会学家丹尼尔·贝尔明确提出和界定了后工业时代，他把历史划分为三个阶段：前工业社会、工业社会和后工业社会。前工业社会与自然竞争，时间上大约是蒸汽机出现之前；工业社会同经过加工的自然界竞争，时间是信息技术广泛应用后的时期；而后工业社会是人与人之间知识的竞争，是人类即将面临的时代。在后工业时代，第三产业在经济结构中占绝对优势，大量的劳动力不再从事农业和制造业，转而投向服务业，经济结构将从商品经济转向服务型经济。同时，理论知识将成为指导社会变革

---

① 参见吴敬琏：《计划经济还是市场经济》，中国经济出版社，1993年。
② 参见张晓平：《改革开放30年中国工业发展与空间布局变化》，《经济地理》，2008年第6期。

的绝对力量,在社会的运转中占主导地位,社会对技术的依赖程度变高,社会的轴心由先前的自然、机器转换为知识,科技精英经成为社会的统治人物。

20世纪90年代以来,由于全球经济一体化,国际间联系日益密切,信息技术与互联网技术迅速发展,中国粗放型的经济增长方式"高投入、高消耗、低产出、低质量、低效益"的痼疾已阻碍了社会的进一步发展,以知识密集型产业为核心的新的生产结构亟待建立。自1992年以来,国家组织实施"863计划""火炬计划""科技攻关计划"等推动高校、企业等科研机构的科研活动的开展,从经费、政策等方面给予支持,有力地推动了科技的进步。我国的医药制造业、航空航天制造业、电子计算机及办公设备制造业、电子及通信设备制造业、医疗设备及仪器仪表制造业等产业,占制造业工业总产值的15%以上,占出口交货值的比重接近40%(2002年)。[①] 2020年,全国规模以上工业中,高技术制造业增加值比上年增长7.1%,占规模以上工业增加值的比重为15.1%。(新的表述为,"高技术制造业"包括医药制造业,航空、航天器及设备制造业,电子及通信设备制造业,计算机及办公设备制造业,医疗仪器设备及仪器仪表制造业,信息化学品制造业。)[②]

在中国特色社会主义的建设中,中国特色社会主义经济发展是重中之重。党的十八大以来,党和国家领导人多次强调深化科技体制改革,增强科技创新活力,实施创新驱动发展战略,推动科技创新、产业创新、企业创新、市场创新、产品创新、业态创新、管理创新等,更加注重经济增长的质量和效益,更加关注经济发展的平衡、协调、可持续。知识终将成为推动社会前进的第一生产要素,在即将到来的后工业时代中创造出新的文明。

---

① 参见张晓平:《改革开放30年中国工业发展与空间布局变化》,《经济地理》,2008年第6期。
② 参见《中华人民共和国2020年国民经济和社会发展统计公报》,中华人民共和国中央人民政府门户网站,http://www.gov.cn/xinwen/2021-02/28/content_5589283.htm2021-02-08。

第十一章　中国文化的发展脉络

第一节　以儒家为主导的传统文化

一、先秦诸子之思想

　　西周末年,诸侯并立,周王室日渐衰微,周朝实行的是政教合一的政策,当王室发生变故,任职者离开他所在的官职时,意味着他所掌握的学术也就随之流落,王室的不支导致"天子失官,学在四夷"。学术下移打破了"学在官府"的局面,受教育者的范围扩大,彼时各国诸侯为了逐鹿中原,除了要增强军事、经济等方面的实力外,还需要能人谋士为自己出谋划策,社会上养"士"之风盛行,"士"阶层逐渐崛起。春秋战国时期是社会的大变革时期,各诸侯国先后进行变法改革,从奴隶制向封建制转变。新兴的地主阶级和没落奴隶主之间,以及社会各阶层之间的斗争复杂而又激烈,为了满足本阶层的利益和要求,他们大量养"士",以"士"作为各自利益的代表,著书立说,互相辩难,一时间各流派争芳斗艳,在思想领域里出现了"百家争鸣"的局面。西汉学者刘歆著《七略》,将先秦诸子学派分为十家,即儒、墨、道、法、名、阴阳、农、纵横、杂、小说家,因小说家属于艺文,后人将其除去,称为"十家九流"。在这些学派中比较重要的、对后世影响深远的是儒、墨、道、法四家。

　　儒家是先秦诸子学派中的大宗,春秋末期,孔子在总结、概括和继承了夏、商、周三代"亲亲尊尊"①传统文化的基础上形成了一个完整的思想体系，创立了儒家学派。儒家思想以"仁"为最高道德准则，体现在人际关系上就是"仁者爱人"（《孟子·离娄下》），而"仁"又以"爱人"为核心，以"己欲立而立人，己欲达而达人"（《论语·雍也》）和"己所不欲，勿施于人"（《论语·颜渊》）为实施方法，即推己及人，尊重别人的意志，提倡"忠恕"之道。儒家以"亲亲""尊尊"为原则，因而维护"礼治"，认为长幼、尊卑、贵贱各有其礼仪规范，即"君君，臣臣，父父，子子"（《论语·颜渊》）；提倡"德治"，主张以道德去感化教育人，子曰："道之以政，齐之以刑，民免而无耻；道之以德，齐之以礼，有耻且格。"（《论语·为政》）"政""刑"只能约束人民，只有"德""礼"才能从根本上让百姓形成良好的道德风尚。因而统治者要宽厚待民，以德来治理天下，才可能争取民心。

孟子继承了孔子的思想，针对春秋战国时期生灵涂炭的现实，明确提出"施仁政于民，省刑罚，薄税敛"（《孟子·梁惠王章句上》）。孟子主张以民为本，认为"民为贵，社稷次之，君为轻"（《孟子·尽心上》），在君权至上的社会能提出这样的思想是十分难得的。孟子认为仁政得以实施的基础在于人"性本善"，人天生有"四端"：仁、义、礼、智，具体表现为恻隐之心、善恶之心、恭敬之心和是非之心，正因为人人都有"善"的本质，上至君王、下至百姓才有"仁"的可能，仁政才能真正实施。儒家学派另一位代表人物荀子提出了与孟子完全不同的观点。荀子认为人性本恶，但是通过学习礼仪、法治可以改变人性，从小人变为君子，从普通人变为圣人，孟子的思想其实是综合了法家和道家的思想对儒家思想进行的改造。

墨家的创始人是墨子，墨子主张"兼爱"，即用同等的爱去爱所有人，消除贵贱等级的区别，与儒家是针锋相对的。墨子一生都在不遗余力地反对战争，他有一支纪律性非常强的多达数百人的队伍，这些成员既有雄辩能力去游说诸侯君王，又可担任文武官职，为拯救天下苍生"赴汤蹈刃，死不旋

---

① "亲亲尊尊"是西周立法和司法的根本原则和指导思想，其意思是要亲近应该亲近的人，尊重应该尊重的人，实际是维护等级制。"亲亲"要求"父慈、子孝、兄友、弟恭"，互相爱护团结；"尊尊"不仅要求在家庭内部执行，贵族之间、贵族与平民之间、君臣之间都要讲尊卑关系，讲秩序和等级。

踵"，因而墨子能够多次成功地阻止诸侯间的战争，践行他"非攻"的主张。此外，墨子在自然科学，如光学、声学、力学等方面也有自己独到的研究。

道家是先秦时另一个主要的思想流派，它的代表人物是老子和庄子。道家崇尚自然，主张清静无为，"不为物先，不为物后"，即顺乎自然以为治。君主治理天下应当"不尚贤，使民不争（《道德经》）"，意指什么都不推崇，也不要提出什么主张、目标，让百姓自然地生活，自然发展的社会比任何既定的社会都要好。道家强调社会和谐、与民休养而不扰民的思想对于减轻百姓压力，稳定社会有很大的积极作用，因而在后来各朝各代建立之初，统治者常以道家的思想为指导，来恢复改朝换代给社会带来的创伤，让百姓休养生息。

法家是战国时期新兴地主阶级的代表，法家的代表人物有李悝、吴起、商鞅、慎到、申不害、韩非等，他们都是倡导"不法古，不循今"，主张变法的改革家。法家是诸子百家中最为强调法律的一派，他们反对儒家"仁""义""礼""智"的道德准则，提倡以"法治"替代"礼治"，奖励耕战，即保障国家的经济力量，又壮大国家的军事实力，借此巩固地主阶级的统治。法家极力主张君主集权，对于维护王权是有积极作用的，但过于强调法治使社会失掉了"人情味"。秦取法家思想使世结果二世而亡，也是值得后人思考的。

二、儒学正统地位之奠定

春秋战国时期思想界百家争鸣的现象延续到秦统一后，大大阻碍了秦王朝对征服的原五国民众的思想的统一。在法家继承者李斯的建议下，秦始皇销毁除秦记之外所有的五国史书和民间私藏的《诗》《书》，儒学遭到灭顶之灾。汉代秦而立，吸取秦暴政而亡的教训，舍法家而取道家，采用黄老思想治国，清静无为，轻徭薄赋，国力日渐强盛。

汉武帝时期，无为而治的弊端日显，面对国内日渐强大的割据势力，频频来犯的北方匈奴，加强中央集权巩固专制统治迫在眉睫。统一思想作为加强专制统治不可规避的历史任务再一次被提出。董仲舒在对贤良策时指出："春秋大一统者，天地之常经，古今之通谊也。今师异道，人异论，百家殊方,指意不同,是以上亡以持一统。"(《汉书·董仲舒传》)要求统一思想以安定社会,稳固国家统一的基础,更进一步建议武帝:"臣愚以为诸不在六艺之科、孔子之术者,皆绝其道,勿使并进。邪僻之说灭息,然后统纪可以而法度可明,民知所矣。"(《汉书·董仲舒传》)这就表明了董仲舒对六经的态度,他也是提倡思想专制的,但比秦朝独尊法家"以吏为师"要高明得多。法家"法不阿贵""刑过不避大臣,赏善不遗匹夫"的平等思想虽有利于大一统,但却损害了特权等级的利益,激化了社会矛盾。而董仲舒在各等级之间,封建制度与宗法制度之间找到了平衡点。儒家提倡的是"仁政",要求统治阶级体恤人民,有利于缓和阶级矛盾,同时它也倡导维护"君君,臣臣,父父,子子"的等级制度,尊卑、贵贱、长幼有序,满足了统治阶级的特权需求,故而一经提出便得到了武帝的认可。

董仲舒提倡独尊儒术并不是单纯以尊儒为目的,而是为了统一思想,维护王权专制,以思想上的统一来强化政治上的统一。汉代的儒已不是春秋时期的孔氏之儒,而是掺入法家、道家思想,经过改造的、与时俱进的儒。汉代儒家主张将礼治与法治结合起来,以道德教化为主,以刑法惩治为辅,使礼乐与刑法相辅相成。同时董仲舒又提出了"天人感应"说,以君权神授论证了君主专制的合理性,给伦理道德镀上神学化的色彩,使之不如道家般玄幻缥缈,又不如法家般强硬无情、不可变通,更贴近百姓生活,易于百姓接受。因此,董仲舒独尊儒学的主张不仅为汉武帝所接纳,在之后的两千多年间也行之久远,成为中国封建社会的正统思想。

三、宋明理学

宋明理学是儒学在新时期与佛、道结合的产物,它的根基仍是孔子,然而却是在全新的环境中成长起来。

魏晋南北朝时期,在北方少数民族入侵带来的胡汉文化的多重碰撞与融合中,儒、释、道在相互排斥中相互影响,儒、释、道三教在论难中趋于融合始于唐朝,至于北宋年间。周敦颐援佛入儒,革新儒学,成为理学派的开山鼻祖。朱熹是宋代理学的集大成者。

朱熹在继承了程颐、程颢，兼采释、道的思想后形成了自己的客观唯心主义理论。朱熹思想的核心是"理"，认为"理"是先于"气"而生的，而世间万物生于"理"，万物各有其理而最终归于一理构成了宇宙的本体"太极"，"圣人谓太极者，所以指夫天地万物之根也"（《朱子语类》卷九十四），即太极是万物的终极根源，万物均为太极的体现，则人人有其太极，物物有其太极，太极包含了理，那么每一个人每一个物都有其"理"，"理"是世界运行的主宰。由"理"产生"气"，气分化为阴阳而生成金、木、水、火、土五行，五行衍生了万物，万物的运行又离不开阴阳二气，气又归于"理"的主宰，因此万物始于"理"而灭于"理"，一生一灭之间完成一个轮回。根据以上推理，朱熹研究出一套以"理"为中心的运行模式：理—气—物（现世）—气—理。

在朱熹看来，理是最高的道德准则，也是人之精神的理想境界。朱熹认为："圣人千言万语只是教人存天理，灭人欲"（《朱子语类》卷四），天理既是天之理、物之理，也是人之理，天理被人的私欲所蒙蔽，人看不到理的真实面貌，要想使万物之理重现，就要去除人的私欲。诚如其所言："饮食，天理也；山珍海味，人欲也。夫妻，天理也；三妻四妾，人欲也。"（《朱子语类》卷十三）饮食以满足生理所需为"天理"，而追求美味便掩盖掉饮食的本来目的，成为"人欲"了。当注重人欲时就无所谓天理了，天理与人欲是对立的，因此当人彻底除掉人欲，心中满是天理时，就可以成为圣人。

王阳明是宋明理学中"心学"的集大成者，心学是以"致良知"为核心的一套唯心主义哲学。"致良知"语出《大学》："致知在格物"，"致知"就是致内心的良知。孟子有云："不学而能谓之良能，不虑而知谓之良知"（《孟子·尽心上》），认为人天生即有的恻隐羞恶是非之心是不学而能、不虑而知的。在王阳明看来，良知是知是非、知善恶的，是至善至德的道德之本，人人都有良知，"致良知"就是要将良知推广，因为"良知"是虚的，而"致知"是实的，"致良知"是理论结合实践的过程，也就是王阳明倡导的"知行合一"，这也是王阳明与朱熹不同的地方。朱熹认为"性即理"，故提倡"读书穷理"，只注重知而不注重行。而王阳明认为"心即理"，理存在于每个人的心中，"致良知"

只是拂去心中"理"上的灰尘,因而要知行合一。故而朱熹强调的是"道问学",而王阳明认同的是"尊德性"①。

整个宋明理学都以人的道德提高为本体,是重塑了人的社会的新哲学,但其末流被封建统治者所利用以维护封建秩序,抹杀了人的本性,给社会带来消极的影响。

四、近现代新儒家

近现代新儒家也称作新儒学,新儒家继承了儒学"道统"学说,延续的是宋明理学的心性之学,以此为基础吸纳西学,是近代以来中西方文明碰撞下产生的文化哲学。

从理论发展阶段来看,目前大家普遍比较认可的是把新儒家的发展阶段分为四代:第一代以梁漱溟、熊十力为代表,第二代以冯友兰、贺麟、张君劢为代表,第三代以牟宗三、唐君毅为代表,第四代以杜维明、刘述先为代表。

梁漱溟是新儒学的开山人物,他把儒家思想、佛教思想和西方柏格森的"生命哲学"糅合在一起,建立了"体用不二"的心性本体论。"体"是人乃至宇宙万物存在之本,同时也是道德的本体和主体,"体用不二"肯定了生命的价值是为了在物欲横流的世界重新寻找"人生本质"和"宇宙本体"。梁漱溟把文化分为西方、印度和中国三种类型,他对西方文化是十分肯定的,主张全盘吸收。他认为中西方文化本质并不冲突,中国文化是西方文化的更高一级,只要用"孔子的精神"对其进行改造,西方文化就可以达到中国文化的高度,那么中国文化就会成为世界文化的前进方向。

到了第二代,冯友兰对西方文化的认识就更深了一步,他反对梁漱溟的"全盘西化"理论。冯友兰认为中西方文化的差异在于古今,他在《中国哲学史》中就讲道:"近所谓中西文化之不同,在许多点上,实即中古文化与近古

---

① 语出《中庸》:"故君子尊德行而道问学。"意指君子既要尊重德行,又要讲求学问。

文化之差异。"要消灭差异在于实现中国的现代化,但现代化并不等于全盘西化,他坚持的是"中体西用"的观点,即以中国的道德为本为体,因为中国的道德是好的,是必须坚持的,在道德方面要"既往",然后辅之以西方的知识、技术、工业,接受西方的物质文化,这是"开来"。

到了第三代牟宗三,他认为中国文化以"德性"为体,"德性"即道德心;西方文化以"知性"为体,即认知心。道德心是高于认知心的,因而道德心可以生出认知心,从"德性主体"转为"知性主体",又从"知性主体"转为"政治主体",从而实现"民主"与"科学"。[1] 这样可以以传统文化之"体"获得西方"民主""科学"之"用"。

第四代杜维明、刘述先被称为当代新儒家,他们的思想更多地结合当代现实问题。在全球化背景下,杜维明在主张传统文化复兴时,要求传统文化要积极参与到世界文明中去,与西方文明进行"交流"和"对话",而不是"闭门造车"。杜维明指出在全球化的同时,要注意自己文化的民族性,要注意实现现代化途径的多元性,并论证了发展"儒家资本主义"[2]的可行性与实践性。

新儒家在儒学普遍受到责难时出现,结合西方思想,与时俱进地对儒学进行改造,是中国现代化的重要资源,为现代人安身立命提供了新的理论依据。

第二节　传统文化下的选官制度

一、从世官制到科举制

在奴隶社会,受宗法制度的影响,官制采用的是世官制。在这样的制度

---

① 参见隋思喜:《传统与超越:现代新儒家的后西方时代文化特征》,《上海行政学院学报》,2006 年第 5 期。

② "儒家资本主义"是一种以儒家文化传统解释东亚经济增长的学说,它的基本观点是儒家伦理促进了经济发展,成就了战后的"东亚奇迹"。

下,公门有公,卿门有卿,贱有常辱,贵有常荣。春秋时期,选贤任能成为社会风尚,对世卿世禄制产生了较大冲击,但未形成规范化的制度。汉代时以先秦诸子百家的"尚贤"思想为基础,进一步深化创立了察举制,察举就是考察推举,由公卿、列侯、地方郡国等定期通过考察,把品德高尚、才华出众的人才推荐给朝廷,经过考核后授予官职。察举科目有:孝廉、茂才、贤良方正、明经、明法、勇猛知兵法等科。由于缺乏规范化的监督机制,察举制发展到后来被士族门阀控制,沦为变相的世袭制。魏晋南北朝时改察举制为九品中正制,在各州郡设中正对士人进行选拔,依据家世、才德将士人定为九个品级作为选官参考,初始主要依据行状参考家世为士人定品级,但晋朝之后完全以家世定品,出现"上品无寒门,下品无世族"的现象。

为了应对南北朝以来贵族势力与君权抗衡的局面,迫切需要一种新的人才选拔制度以加强中央集权。隋朝大业元年始创分科考试的制度,大业二年隋炀帝设进士科,科举制创立,科举制的设立限制了士族门阀把持选士的局面,科举制在隋朝只是初具雏形,还未居于主导地位。唐承隋制,逐渐形成了一套较为完备的取士制度。唐代科举分为文科举和武科举,相较于文科举,武科举不受重视,时废时兴。文科举分为常科和制科两大类,制科由于不常举行故地位不高,常科的常设科目有秀才、明经、进士、明字、明法、明算六科,以秀才科最难,但后来被废除,明经、进士两科最受士人重视。常科的考生有生徒和乡贡两种,经过中央、地方官学学习,并通过考试被选送到尚书省应试的,是为生徒。没有经过学校学习,经县、州考试选拔报送尚书省应试的,是为乡贡。唐代科举的考试方法有帖经、墨义、口试、策问、诗赋五种,对学生的记诵能力、文学修养和治国安邦的才能都有所考查。

二、科举制的发展及废弃

宋代是科举制日臻成熟的朝代,具体体现在殿试成为常制,皇帝亲掌取士大权,考试规模扩大,录取人数增加,科举地位提高。制度日趋完善,为防止考官徇私,对试卷实行"糊名制"和"誊录制",同时"别头试"制度,即回避制度,对参加考试的考官子弟、亲戚另设考场、另派考官。明代科举制进入鼎盛时期,确立了八股取士制度,取士以科举为重,科举又以八股文为主,八股文的诞生标志着科举作为一种先进的人才选拔制度开始走向僵化和没落。清朝沿袭明代的八股取士,科举制的弊病日显,科举考试日益僵化、没落,清末光绪三十一年终被废除。

选材制度是中华文明中不可或缺的组成部分。孔子认为"为政在人""其人存,则其政举,其人亡,则其政息",把"人治"摆在了决定国家兴亡的地位。"人治"往上说是要有贤良的君主,往下说便是要有能够辅佐君主的能臣,孔子论证了招贤纳才以维护统治的必要性。汉武帝时期"罢黜百家,独尊儒术"的文教政策的确立,开启了"儒学"和"制度"耦合的历史。

自汉武帝元光元年(公元前134年)起实施的"举孝廉"科是以儒学为取士标准的开端,至于隋唐形成比较完备的科举考试制度。科举制度的建立是儒学制度化的核心设置。由于"价值系统自身不会自动'实现',而要通过有关的控制来维系,在这方面要依靠制度化、社会化和社会控制一连串的全部机制"①。儒学在被确立为国家的主流意识形态后,需要通过统治者提供制度保障来确保其独尊的地位。在这样的要求下,历朝历代的统治者不约而同地把儒家经典作为科举考试的核心内容。以唐朝明经科考试为例,明经科的考试方法为帖经和策问。帖经每经考十帖,《孝经》两贴,《论语》八帖;策问主要考《周礼》《左传》《礼记》各四条,《孝经》《论语》共三条,余经各三条,考试内容全为儒家经典。之后各朝各代考试内容虽有变动,但以儒学为核心的考试内容从未更改。宋代科举考试内容主要为《诗》《书》《易》《周礼》《礼记》等,元朝乡试、会试主要考《大学》《论语》《孟子》《中庸》,明清以《四书》义主朱子集注、经义、《春秋》《礼记》等为主。在考试内容和形式不断发生变化的形式下,科举制成为传达儒家观念的定制,儒学在长达一千多年的考试制度中得到继承与繁衍。在取士以科举为主,科举以儒学为主的时代,精研儒学几乎成为人们改变既有生活状态的唯一途径,平民子弟寄希

---

① ［美］帕森斯:《现代社会的结构与过程》,梁向阳译,光明日报出版社,1988年,第141页。

望于通过科举成为"士"或"绅"等社会特权阶层。在这样的情况下,儒学的地位也被越抬越高。

1905 年,科举制在进入第一千三百个年头的时候被清廷下诏废除,儒学在失去了科举考试的制度保障后迅速衰弱,儒学教育的地位逐渐被西学教育所取代。

第三节 "大一统"与多元文化

冯友兰先生认为,世界上的国家,凡是老的如古埃及、古印度,老而不新,英国、美国虽新而不老,亦旧亦新的只有中国,中华民族的生命力即在此。中华文明、苏美尔文明、古埃及文明同属大河文明,有着相似或相近的特点。英国著名历史学家汤因比在《历史研究》中认为,苏美尔文明和古埃及文明是在被欧亚大陆游牧民族的马拉战车打败后才随之中断的。历史上,中国也多次经历了游牧民族入主中原,然而中华文明并没有中断,反而是这些游牧民族的文明被中华文明同化和融合。在中国五千多年的历史中,面对种种外来冲击,中华民族形散而神不散,在魏晋南北朝、五代十国、辽宋夏金时期,尽管政权林立,但各政治势力都以统一为己任,表现出中华民族强大的向心力,这样的分裂只是整体内部的分裂,统一仍然是历史发展的主流,中华民族赖以维系的是"大一统"的民族传统。

一、"大一统"思想的形成

"大一统"思想的根源在于对中华民族祖先的认同。在历史传说中,炎帝、黄帝打败了以蚩尤为首的九黎族,统一了黄河流域,并在此生活繁衍,构成了华夏族的主干。华夏各族的后代尊炎、黄二帝为共同的始祖,如契丹族人就始终把自己称作炎帝的子孙。《辽史》记载:"辽之先,出自炎帝,世为审吉国。"①鲜卑族也视自己为黄帝之后,"黄帝以土德王,北俗谓土为拓,谓后为跋,故以为氏"②。在对共同祖先的崇拜中,"大一统"思想的雏形逐渐显露出来。在政治分裂的春秋战国时代,魏国人士作《禹贡》,将全国划分为冀、兖、青、徐、扬、荆、豫、梁、雍九州。九州的划分是撰著者对结束诸侯称雄的局面后,治理统一国家的方案的设想。

"大一统"一词始见于《公羊传·隐公元年》:"何言乎王正月,大一统也。"这是对孔子《春秋》中记载列代周王即位时总是冠以"王正月"字样的解释,"大一统"即诸侯听命于地位尊崇的周天子,由周天子对全国进行统治。"天下有道,则礼乐征伐自天子出;天下无道,则礼乐征伐自诸侯出。"(《论语》)这体现了孔子对政治的大一统和权力的大一统相统一的要求。

"群儒首"董仲舒在继承孔子的王权统一的思想之余,对"大一统"思想进行扩充和完善。他吸取了法家政治和思想相统一的观点,不同的是对于百家思想没有彻底废黜,而是将其吸纳进儒家思想,使儒家思想可以更好地为统一集权服务。董仲舒还借鉴了阴阳家的"阴阳五行说",以王朝更替的一统符合阴阳五行相生相克的原理来论证君权神授,将"大一统"上升到"天地之常经,古今之通谊"(《汉书·董仲舒传》)的高度。汉宣帝时,王吉上疏曰:"《春秋》所以大一统者,六合同风,九州同贯也"(《汉书·王吉传》),将政权的一统推衍至地理上的一统。

从孔子撰《春秋》书"王正月"始,经《公羊传》注解为"大一统",至董仲舒将其完善为系统的儒家大一统理论。此后"大一统"思想受到历代君王的认同并成为他们实现政治抱负的思想指导,同时"大一统"思想作为中华民族的精神支柱形成了中华民族强大的向心力和凝聚力。

二、多元文化走向

秦汉以来形成的"大一统"思想对中国文化的融合起到十分重要的作

---

① (元)脱脱:《辽史·卷二》(点校本),中华书局,1974 年,第 24 页。
② (北齐)魏收:《魏书·卷一》(点校本),中华书局,1974 年,第 1 页。

用,但出于民族、历史等方面的原因,中华文化在趋向同一的同时兼具多样性的特点,在"大一统"思想的背景下,出现了文化多元发展的生动活泼的局面。

魏晋南北朝是民族冲突最为剧烈的时期,民族的碰撞与交融促成了文化的交流与新生,西汉中期以来定型的以儒学独尊为内核的文化模式被魏晋南北朝时的战乱与割据打破,作为"大一统"思想根基的儒学在思想文化上独尊的地位不复存在,思想不可避免地向多极化的方向发展。玄学的兴起是思想文化上一个重要的变化,东汉王朝的腐败崩溃使儒学逐渐褪去神圣的光圈,道家思想再度抬头,黄老的"因循""形名",老庄的"自然""言意"等思想要素与儒家伦理学说相融合并产生了玄学。玄学家大都受儒学濡染,出身经学世家,但玄学却是由批判儒学伦理道德而发的。玄学倡导的是追求个体自由的人文主义精神,追求的是超越有限达到无限的境界,受这种思想影响,魏晋时期的书法、绘画、文学等艺术形式都带有超然尘世、洒脱不羁的特点,铸就了士人玄、远、清、虚的生活情趣。

玄学的兴盛使个体的价值受到关注,道教作为中国的本土宗教,凭借其深厚的基底在这样的土壤中茁壮繁盛。与此同时,来自南亚次大陆的佛教也气势日增地挺进中国的文化系统,二学(儒学、玄学)二教(道教、佛教)之间的激荡与融合,大大丰富了意识形态领域,显现了中华文化的多样性。

魏晋以降的各朝各代都出现了不同程度的文化多元发展趋势,唐朝时摒弃文化偏至主义,推行三教并行政策,宽容的态度显示出高度的文化自信,"有容乃大"的文化气派推进各式文化形式自由发展;两宋时除了理学的建构,还营造出精致细腻的士大夫文化与下里巴人的市井文化,同时在科学技术方面也取得了令人瞩目的成就。明清时期空前严厉的文化专制政策,使多样化的文化失去了发展的活力。

第四节　中外文化的交汇

一、汉代开始的本土文化与印度佛教文化的交汇

梁启超在《中国近三百年学术史》中指出："中国智识线和外国智识线相接触，晋唐间的佛学为第一次，明末的历算便是第二次。"梁启超所言的"晋唐间"并不准确，实质上此次本土文化与外来文化的交汇可追溯至汉代，一般以永平年间遣使西域取回《四十二章经》为佛法传入中国之始，传播的地区以长安、洛阳为中心，波及彭城（徐州）等地。东汉时期建于洛阳的白马寺是中国的第一座佛教寺院，彼时佛教的传播围绕着政治中心，范围十分有限。魏晋南北朝时在统治者的推崇下佛教获得了极大的发展，佛学已由意识形态方面转而影响到文化艺术方面，文化艺术也因受到佛教文化的渗透而更为瑰丽。唐著名画家吴道子在《送子天王图》中以中国民族绘画中常见的贵族阶层的人物形象，来描绘净饭王和摩耶夫人，在宗教壁画中表现出浓厚的民族风格。隋唐的雕塑在吸收佛教文化的基础上达到新的高度，云冈石窟、龙门石窟、敦煌莫高窟等石窟艺术都融合了印度的艺术表现形式。印度的塔成为中国古代主要建筑形式之一，印度的音乐、舞蹈、医术等也都传入中国，成为中国文化大潮中的有机组成部分。

二、明末开始的中国文化与西方文化交汇

中国本土文化与外来文化的第二次交汇，始于明朝万历年间耶稣会士来华。耶稣会士传入中国的西方文化以自然科学为主要内容，这与第一次文化交汇不同的地方在于，第一次文化交汇是对来自南亚次大陆的处于同等水平的文化的借鉴，而这一次面对的则是水平超过自己的文化。这些肩负殖民使命的耶稣会士以传教为名叩开"天朝上国"的大门，以谦谨的态度

向士大夫介绍西方的科学、艺术、哲学,"不使中国人感觉外国人有侵略远东的异志","使中国学术界坦然接受,而认识基多(基督)圣化的价值",①因而得到统治者的接纳和认可。康熙帝时更是积极主张吸收西方科学技术,特召传教士为其讲授天文、物理、几何、代数、解剖学等知识,并主持了《数理精蕴》的编修。耶稣会士来华,客观上推动了中西文化的交流,以徐光启、李之藻、方以智等为代表的一些启蒙学者对西洋科技有了较为清晰的认识,获得了新的世界概念。只是西方文化的传入范围仍然十分有限,即使开明如康熙帝,也仅将中西科学交流局限在宫廷中进行。

清雍正以后,统治者锐意进取的精神衰减,"西学东渐"的进程戛然而止。到乾隆时期更是故步自封、夜郎自大,认为西方技术不过是"鬼工"而已,而天朝"从不贵奇妙",将外来文化排斥门外。19世纪中叶以后,与世隔绝的大清帝国被列强的坚船利炮打开大门,中国传统文化系统在西方近代文明强制性的侵入下解体,中西文化交流达到史无前例的规模与速度。

---

① 裴化行:《利玛窦司铎与当代中国社会》(第1册),东方学艺社,1943年,第249页。

第十二章　中国高等教育的历史演进

第一节　高等教育的人文阶段——传统高等教育

中国的高等教育历史发展有三个阶段：自传说五帝至清朝末年为"人文"阶段，近百年来为"科学"阶段，正在发展为"人文·科学"阶段。[①] 涂又光认为，中国古代的教育是人文阶段，以人文教育为主；近百年以来是科学阶段，注重科学教育；正在发展为且必须发展为的是人文·科学阶段，使人文与科学相融。君主时代的高等教育处于人文阶段，子曰："吾十有五而志于学"，15 岁被当作"小学"教育和"大学"教育的分界线，这一时期的高等教育是自 15 岁开始的教育，即"大学"教育。"大学"的"学"既指学问，也指学校，但就人文阶段而言，终归是要回归到"学问"上。君主时期的高等教育不外乎官学与私学两种形式，无论是官学还是私学，在君主制的大环境下，教育内容都逃不过以尊卑等级的"仁"为核心的儒家经典，故而这一时期的"学问"在于"明明德""亲民""止于至善"，进而"家齐""国治""天下平"，这也是"人文"阶段的高等教育的特点。

一、官学的产生和发展

（一）大学教育机构的产生

随着生产力的发展和私有制的产生，原始氏族公社制度瓦解，在"公天

[①]　参见涂又光：《高等教育史论》，湖北教育出版社，1997 年，第 1 页。

下"向"家天下"的转变中,国家逐渐产生,中国进入了第一个朝代——夏朝,开启了君主制对中国的统治。生产力的发展引发脑力劳动和体力劳动的社会分工,同时,为了满足国家治理对官吏的需求,部分脑力劳动者就进入机构去从事教育或接受教育,这就产生了早期的学校。

根据董仲舒的说法,五帝时期已有大学,名曰"成均"①。但由于缺乏根据仍尚待考证,有史可考的最早的学校出现于夏朝。庠、序、校是早期的学校的雏形,产生于夏,逐步完备于商周。《孟子·滕文公上》说:"设庠序学校以教之。庠者,养也;校者,教也;序者,射也。夏曰校,殷曰序,周曰庠。""庠"负有养"国老"和教育后代的任务,而"序"和"校"是进行军事教育的机构,庠序校均为教学而设,故指学校。瞽宗是商朝的大学,据《礼记·明堂位》记载:"殷人设右学为大学,左学为小学,而作乐于瞽宗。"右学和瞽宗都是大学性质的教育机构,然则名不同而已。《礼记·王制》中记载:"有虞氏养国老于上庠,养庶老于下庠。夏后氏养国老于东序,养庶老于西序。殷人养国老于右学,养庶老于左学。"②东汉郑玄在《礼记注》中解释道:"上庠、东序和右学三种是大学,下庠、西序和左学三种是小学。大学就是国学,所以养国老;小学就是乡学,所以养庶老。"据此可知,夏商时期不仅有了学校,并且已有了小学、大学之分。这里的大学不是"大学问",也不是"大学校",而是相对于"小人"教育(学小道)的"大人"教育(学大道)。③

西周时期奴隶制社会的高度发展,带来教育事业的繁荣,彼时已形成一套组织比较完备的学制系统。西周的学校分为两类:国学和乡学,国学是专为奴隶主贵族子弟设置的,规模较大,位于王都的近郊,按照学生的年龄和受教育的程度又分为小学和大学。据《礼记·王制》记载:"天子命之教,然后为学,小学在公官南之左,大学在郊,天子曰辟雍,诸侯曰泮宫。"天子所设

---

① 《礼记·文王世子》:"以其序,谓之郊人,远之于成均。"郑玄注引董仲舒曰:"五帝名大学曰成均,则虞庠近是也。"

② 有虞氏,即舜帝。

③ 参见涂又光:《中国高等教育史论》,湖北教育出版社,1997年,第28页。

的大学四面环水,规模较大,名曰辟雍,别为五院,统名辟雍①;诸侯设立的大学规模相对较小,半面临水,名曰泮宫。乡学是按照地方行政区划为奴隶主或庶民子弟设立的地方学校,根据所在地的行政级别分为闾塾、党庠、州序、乡校四类,教育水平只有小学一级。综上,西周的学校系统可归纳为下图:

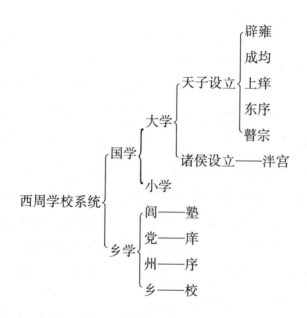

早期学校教育发展至西周不仅教育的普及面空前,形成了独立的系统,且有了区分教育层次高低的大学、小学教育,而大学堪称是早期的中央高等教育机构。西周的大学教育最典型的特点在于"学在官府",大学由国家举办,只有贵族才有机会接受大学教育,虽然大学的学生均为贵族子弟,但在接受教育的问题上仍然存在差异。根据《白虎通》的记载:"八岁入小学,十五岁入大学,此太子之礼。"又《尚书大传》记载:"公卿之大子,大夫元十之嫡子,年十二岁入小学,见小节而践小义;年二十入大学,见大节而践大义。"从太子与公卿之子入学年龄的差异上可以看出,在统治阶级内部还存在着严

---

① 《大戴礼·礼象》:"辟雍分为五院:辟雍居中,其南为成均,北为上庠,东为东序,西为瞽宗。"又《周礼》:"天子立四代之学以教世子及群后之子及乡中均俊选所升之士。而尊鲁亦立四代学,余诸侯于国但立时王之学。"

格的等级界限,大学是巩固奴隶主统治,维护贵族特权的工具。

（二）官办高等教育的发展

西周时形成的早期官办中央高等教育机构在进入封建社会后,迎来了发展的契机。

太学,作为中国古代的第一所国立中央大学,承袭了三朝的早期中央高等教育精髓,成形于西汉武帝时期。太学的产生与发展和儒学的兴起与传播是如影随形的。汉武帝时,西汉一改立国之时民生凋敝的景象,国力充实,政治统一,建国之初以道家思想求得休养生息的治国策略已不合时宜,为维护中央集权的封建统治,倡导"大一统"观念的儒家思想被适时推至台前,而在其间发挥重要作用的,是儒生董仲舒。董仲舒出生于家有大量藏书的大地主阶级家庭,这就为董仲舒博览各家所长并情归儒家提供了条件。汉武帝时举贤良策,董仲舒被推举参加策问,在对答汉武帝的天道、人世、乱治的问题中,他以"天人三策"①论述了神权与君权的关系,提出了"罢黜百家,独尊儒术"的建议,并提出要建立太学,改革人才拔擢制度,反对任子訾选制。② 在董仲舒的建议下,汉武帝在长安草创太学,《汉书·儒林传》中有对当时的丞相公孙弘奉召组建太学的记载:

> 为博士官置弟子五十人,复其身。
>
> 太常择民年十八以上仪状端正者,补博士弟子。
>
> 郡国县官有好文学,教长上,肃政教,顺乡里,出入不悖,所闻,令、相、长、丞上属所二千石,二千石谨察,可者常与计偕,诣大常,得受业如弟子。

---

① 针对汉武帝的征问,董仲舒连上三篇策论作答,因首篇专谈"天人关系",故史称"天人三策"。

② 任子,汉朝任用官吏的一项制度。据《汉仪注》说:"吏二千石以上,视事满三年,得任同产若子一人为郎。"就是说,凡做二千石以上官的,任满一定年限,其同母兄弟或子一人,不需要其他任何条件,即可得到官职。任子制始于何时,不得而考,但汉初以任子为官已经是较普遍的现象。

訾选,实际就是资选,按汉代规定,凡拥有相当资产的富户,均可以自备车马衣服,到京城长安做郎官。对此,董仲舒呼吁:"毋以日月为功,实试贤能为上。量才而授官,录德而定位。"提倡建立新的人才拔擢制度。他认为设学校以广教化才是巩固统治的关键堤防,所以他反对任子訾选制。

　　一岁皆辄课,能通一艺以上,补文学掌故缺;其高第可以为郎中,太常籍奏。即有秀才异等,辄以名闻。其不事学若下材,及不能通一艺,辄罢之,而请诸能称者。

　　这一大段话,其实都是为了说明一个问题,"为博士官置弟子五十人,复其身(免除徭役赋税)"。就这样,太学设立起来。起初,太学只设五经博士,置博士弟子(太学学生)五十名,讲授内容为"五经"及儒家经典。往后,太学中的人数、科目均逐渐增加,到了王莽新政时,博士弟子已达万人之巨。东汉建武五年(29年),汉光武帝刘秀为改王莽时天下散乱"礼乐分崩,典文残落"的现状,戎马未歇先兴文教,在洛阳城东南的开阳门外兴建太学,洛阳太学成为太学发展史上的巅峰,其档次之高,与今日之哈佛不相上下,顶峰时校舍超过两千余间,学生人数达到三万余,并出现了以儒家经典为内容的统一教材——《熹平石经》。①

　　郡国学是两汉时期的地方官学,其创立离不开蜀郡守文翁的贡献。文翁在担任蜀郡守期间,为改变蜀地"僻陋蛮夷之风",一方面派学生上京师入太学,另一方面在蜀地修建学宫,开地方高等学校教育之先例,在中国高等教育史上也属标志性事件。此事得到了汉武帝的赏识,故"至武帝时,乃令天下郡国皆立学校官,自文翁为之始云"。作为中央官学的太学和地方官学郡国学共同推进中央高等教育的发展,对后世影响深远。

　　西晋时教育体制发生了重大变化,晋武帝咸宁二年(276年)设国子学,形成了太学、国子学平行的双轨制,太学面向下层士人而国子学面向五品以上官僚子弟,形成了下层士人与贵族子弟的分途教育。国子生多世胄,可经明经策试入仕,而太学往往仅存博士而无生员,走向衰微。隋开皇初年,设国子寺辖国子学、太学、四门学、书学、算学,且国子寺一改之前隶属于太常

---

　　① 熹平石经:汉灵帝熹平四年(175年),议郎蔡邕等奏求正定六经文字,得到灵帝许可。于是,参校诸体文字的经书,由蔡邕等书石,镌刻四十六碑,立于洛阳城南的开阳门外太学讲堂(遗址在今河南偃师朱圪垱村)前。碑高一丈许,广四尺,所刻经书有《周易》《尚书》《鲁诗》《仪礼》《春秋》《公羊传》和《论语》,为读书人提供了儒家经典教材的范本。

的从属地位,成为独立的教育机构,传至宋朝,太学仍为最高学府,隶国子监。自魏晋至明清的千余年间,各朝或设太学,或设国子学,或两者同时设立,均为传授儒家经典的最高学府,直到清末清政府学制改革,裁国子监而设学部,并将国子监的教育行政功能并入学部。自此,中国古代的官办高等教育机构结束历史使命。

以太学为代表的中国古代官办高等教育机构的产生和发展,是封建统治者顺应历史潮流对以往教育制度继承和加以改造的产物,不仅对当时的教育起了较大的推动作用,而且对当时的文化、社会、政治统治都产生了深远的影响。在西汉以降的一千多年中,官办高等教育机构直接促成了儒学的广泛传播与继承,不但为政权培养了大批人才,涌现了大量儒学、理学、经学大师,在特殊时期还成为政治斗争的中心。如东汉末年,洛阳太学的学生在反对宦官专政、整顿吏治中充分显示了太学生的舆论威力;宋朝晚期,太学成为各派政治力量角逐的场所,一些太学生上书言事,推动了抗金斗争。中国古代的官办高等教育机构的历史地位不容低估,对后世也有一定的借鉴意义。

二、私学的出现与变化

(一)私学的出现

私学,与官学相对而言,顾名思义是私人创办的学校。说到私学,就不得不提及孔子,私学虽非始于孔子,却是由孔子将其发展壮大,并借此创建了儒家学派,且其为儒家私学编写的被称作"六经"的教材更是成为经典,对后世影响绵延千年而不绝。

孔子生活的春秋时期上承西周、下衔战国,是奴隶制向封建制过渡的大变革时期。在政治上王权衰落,由"礼乐征伐自天子出"演变为"礼乐征伐自诸侯出","礼崩乐坏"导致原有的奴隶制官学在政治、经济制度的变革和阶级矛盾的深化的影响下无法维持,西周国力式微使得西周原来的官吏要么到诸侯中去谋求出路,要么流落民间以传授知识为业,下层百姓才获得接受教育的机会。政治斗争的需要使诸侯大量招揽人才为自己提供服务,知识分子出路渐广,逐渐出现"士"阶层。"士"的培养对教育提出要求,而官学无法满足,私学作为官学的补充茁壮起来,随着私学讲学之风日盛,出现了"天子失官,学在四夷"的局面。在孔子之前有无私人讲学无证可考,可以确定的是,是孔子将私学规模化、制度化,其举办时间之长、规模之大乃是空前。当时,各个学派为扩大势力纷纷向诸侯宣传自己的主张以求得采纳,便采用私学的形式来培养本学派人才,一时间"百家争鸣",其中影响较大的是儒、墨、道、法四家,而又以儒墨两家规模最大,并称为"显学"。到了战国时期,齐、楚、燕、韩、赵、魏、秦之间的拉锯式争雄,使"士"的身价水涨船高,"从师"之风盛极一时,私学更加盛行。

需要注意的是,私学虽因官学衰落而盛行,但私学并不是官学的产物,在私学产生后的很长时间内,官学与私学是并存的。私学与官学的不同之处在于私学面向平民子弟,最具代表性的是私学大师孔子的"有教无类"教育思想。子曰"自行束脩以上,吾未尝无诲焉",即只要拿了十条干肉行拜师的礼节,就没有不收为学生对他加以教诲的。在这里,种族、地域和阶级的界限被冲破,平民子弟接受教育的机会显著增加。

(二)私学的变化

私学发轫于春秋中叶,战国时期,随着诸侯争雄对"士"的需求增加促使私学日渐勃兴,稷下学宫从春秋战国时期的养士、用士发展起来,并具有教与学的功能的教育机构,成为这一时期私学发展至较高程度的产物。

稷下学宫建立于战国时期田齐政权,刘向《别录》以为齐都临淄有稷门,稷门附近称稷下,学宫因处稷下而名稷下学宫。稷下学宫虽是由官方举办,但却由私家主持,具有官办之下有私学、私学之上有官学的官私合办的特殊性质。稷下学宫秉持着私学自由办学、自由讲学、自由竞争的传统,实行"不治而议论""无官守,无言责"的方针,学术氛围浓厚,思想自由,各学派林立,以稷下学宫为中心出现了中国学术思想史上罕见的"百家争鸣"。当今高校苦苦向西方高校取经学习的"学术自由"实乃中国之传统,早在稷下学宫之时便已体现得淋漓尽致。

秦朝实行思想专制,废百家而重法家,私学陷入低迷,直至魏晋南北朝随着儒道佛玄学的发展才迎来私学的再度繁荣,这一状态一直延续至唐宋,并在唐末出现了书院这一新的教育形式。书院以私人创办和组织为主,是供个人读书治学的地方,如最初的松州书院、李秘书院,还有少量由中央政府设立,如集贤书院、丽正书院,相当于皇家图书馆,负有收藏、校勘、整理图书的功能。宋朝时,从事授徒讲学的私人书院发展达到极盛,著名的有白鹿洞、岳麓、睢阳(应天府)、嵩阳、石鼓、茅山等书院,南宋时吸收佛教禅林的讲学制度,使书院得到进一步完善和发展。而朱熹为白鹿洞书院所作的《白鹿洞书院揭示》更是开书院制度化发展之先河,不仅成为南宋书院的统一学规,更是成为元、明、清各代书院学规的范本。书院作为中国古代私学最高级的表现形式,自唐末诞生,宋朝完善,经元、明而不衰,直至清末随着封建制度的衰亡而衰败,被新式学堂所取代,在中国古代教育史上占有举足轻重的地位,对中国古代的教育和学术文化的发展产生过积极而重大的影响。

综观私学的发展史,不难发现,私学的生存和发展与宽松、宽容的文化氛围休戚相关。在春秋、战国、汉、魏晋、唐末、宋朝等发生社会重大变革时期,朝廷在动荡中求生存而往往无法顾及教育的发展,官学教育衰微呈时兴时废的状态,统一的意识形态弱化为私学的兴盛带来机遇,而秦以及近代以来私学不兴,则在于统治者高压专制的文教政策,秦"焚书坑儒",废百家而独重法,清大兴"文字狱",销毁"异端"书籍等,在禁锢思想的同时也将私学的发展带入低谷。

三、高等教育的现代转型

以1840年爆发的第一次鸦片战争为标志,中国尘封已久的国门在列强的坚船利炮下被打开,同时打开的还有禁锢已久的思想。在中西方思想的较量中,处于弱势的中国涌现了向西方学习的思想浪潮,西学东渐开启了中国高等教育的现代转型。

（一）高等教育的体制转型

近代以来的中国，处于不断的探索、尝试之中，高等教育的发展在这些探索之中经历了借鉴西方的思想理论并由学习日本模式转向学习美国模式的过程，且在这一过程中实现了体制上由传统向现代的转型，并塑造了具有现代意义的大学。

在经历了两次鸦片战争战败，中国的局势大变，中国人受到前所未有的撼动，从自诩"天朝上国"到猛然惊觉还有其他强国存在，并且实力胜于自己，从自古以来的文明领先地位到被西方先进的科技所臣服，从曾经的闭关自守到被迫打开大门融入世界，昔日被视为"末流"的工商业如今需要被摆上台面大力发展，因为自给自足的农业文明已不能满足社会的需要。随着社会情形、经济组织的变迁，旧时的生活方式已不能适应社会的前进，在旧生活里所产生的旧教育，也已然不能够适用了，教育的改革已是箭在弦上，不得不发。在晚清重臣张之洞所作的《劝学外篇·变科举》中有这样一段话：

> 科举自明至今，行之已五百余年，文胜而实衰，法久而弊生。主司取便以藏拙，举子因陋以徼幸，遂有三场实止一场之弊。所解者，高头讲章之理，所讲者坊选程、墨之文，于本经之义，先儒之说，概乎未有所知。近今数十年，文体日益佻薄，非惟不通古今，不切经济，并所谓时文之法度文笔而俱亡之。今时局日新，而应科举者拘瞀益甚，傲然曰，吾所习孔、孟之精理，尧、舜之治法也，遇讲时务经济者尤鄙夷排击之，以自护其短，故人才益乏，无能为国家扶危御侮者。

张之洞在文中揭示出科举的弊病，仅习读孔孟、做无病之呻吟、谋科举之虚荣，做无病呻吟状而不能精研经济实务已不能抵御强敌，亦不能满足社会的新需要，实行了千余年的科举制地位岌岌可危，教育亟须改革，而科举制正是改革的突破口。

清朝的书院在政府的支持下形成了分布于各省、府、州、县的完备的体系，严重的官学化使清朝书院失去了勃勃生气。1801 年浙江巡抚阮元于杭州孤山手创诂经精舍,后又根据诂经精舍的办学经验在广州创办学海堂,这两所书院"以励品学,非以弋功名"的办学目的,在教学内容中增加兵型、漕运以及自然科学等内容,在书院官学化和科举化的风潮中独树一帜,诂经精舍、学海堂俨然已是当时书院弊端积重难返下产生的一种新型书院。1873年花之安的《泰西学校论略》,以及一系列介绍美国、日本、欧洲学制的著作的出版,为先进的知识分子介绍了西方的教育制度,受这些著作的影响,多有关于改革学制的讨论。郑观应在《盛世危言》一书中提出"中国自州、县、省会、京师各有学宫书院,莫若仍其之而扩充之,仿照泰西程式,稍为变通:文、武各分大中小三等。设于各州、县者为小学,设于各府、省会者为中学,设于京师者为大学"①的建议;康有为在《请开学校折》中明确主张"远法德国,近采日本,以定学制",并提出了关于近代学校教育制度的设想。② 在相当长的一段时期里,改革书院、建立新学制成为教育界讨论的重点。到戊戌变法期间,光绪皇帝下令各省、府、厅、州、县的大小书院一律改为学堂,随着书院改学堂工作的铺开,新式学堂的数量有了明显增长。

　　陈旧而落伍的科举制与以新式学堂为代表的新教育格格不入,改革的呼声一浪高过一浪。1860年后,清廷开始着手改革科举。首先设置新的科举科目,开设算学科,逐步提升西学的地位。1901年在慈禧的诏令下开设经济特科并于1903年开科录取27人。③ 在科举考试的内容上,自1902年起禁止使用八股文式。1901年张之洞、刘坤一在《变通政治人才为先遵旨筹议折》中提出"拟将科举略改旧章,令与学堂并行不悖,以其两无偏废;俟学堂人才渐多,即按科递减科举取士之额",正式将科举改制提上朝廷日程。1905年8月,直隶总督袁世凯、湖广总督张之洞等人奏请停科举以广学校,他们指出:"欲补救时艰,必自推广学校始。而欲推广学校,必自先停科举始。"经过多年改革,终于1905年9月2日,清廷颁布上谕"著即自丙午科为始,所有乡会试一律停止,各省岁科考试亦即停止"。至此,延续了一千三百

---

① 宋荐戈:《中华近世通鉴·教育专卷》,中国广播电视出版社,2000年,第19页。
② 参见朱有瓛:《中国近代学制史料:第一辑》(下),华东师范大学出版社,1989年,第691页。
③ 参见刘海峰:《科举考试的教育视角》,湖北教育出版社,1996年,第119页。

多年的科举制宣告废除。科举制的废除隔断了中国传统社会制度赖以维系的根基,也赋予了中国高等教育新的生命力。诚如许美德在《中国的大学——1895—1995:一个文化冲突的世纪》一书中所阐述的那样,只有在1911—1927 年间,"中国才真正开始致力于建立一种具有自治权和学术自由精神的现代大学"①。传统的由太学、书院等形式为主的高等教育制度逐渐转变为具有现代意义的高等教育形式和制度。

(二)高等教育的知识转型

黄济在为石中英的《知识转型与教育改革》一书所作的序中写道:"知识与教育的关系,不仅有着长远的历史渊源,而且成为时代的主题……如何看待知识变迁,对于教育改革、教育理论和实践的发展,都有非常重要的意义。"中国古代的高等教育,无论是官学抑或是私学,都是致力于维护和完善传统的社会政治伦理结构。以儒学为核心的教育内容在维护封建伦理道德、促进社会文明之时,也成为中国高等教育现代化的障碍和阻力,高等教育要实现现代化,就不得不改变以儒家经典为主要内容的传统知识教育,高等教育除了外在的体制转型外,还要实现知识的转型。

石中英认为,18 世纪末,现代知识型或者称之为科学知识型,已基本在知识界和社会其他领域确立起来,并在 19 世纪获得了高歌猛进的发展,而在这一阶段,知识成为现代社会形成的动力,知识是价值中立、文化无涉与非意识形态的,是人类的公共财富。② 在古代社会,儒家伦理道德的知识构成了人们认识社会、解释社会的工具,成为推动古代社会向前发展的动力,直到近代社会,西方先进的技术及自然科学知识的传入,人们意识到传统的经典文化知识已不足以解释社会,甚至成为社会前进的羁绊,亟须通过知识转型来寻求认识世界、解释世界的新模式。

中国高等教育的知识转型,从明朝万历年间的耶稣会士来华便已开始酝酿,高于自己文化水平的以自然科学为主要内容的西方文化的传入,让当

---

① ［加拿大］许美德:《中国的大学——1895—1995:一个文化冲突的世纪》,许洁英等译,教育科学出版社,2000 年,第 66 页。

② 参见石中英:《知识转型与教育改革》,教育科学出版社,2001 年,第 63～84 页。

时的中国人心里为之一震。尽管这些文化得到了统治者的承认,且后来的康熙帝热衷于几何、天文等自然科学知识,但西学传播的范围非常之小,影响更是仅局限在社会顶端的统治阶层,后来更是一度中断。真正撼动传统知识地位、促进知识转型的则要到鸦片战争后,先进的中国人开眼看世界,经过了洋务运动、维新变法来学习西方的技术与制度,以书院改学堂、废除科举制、创立新学制来改革国内现有的教育制度,将对西方先进知识的学习贯穿其中,将对经史子集的学习转换为对技术、对科学的学习,知识由传播统治阶层的意识形态转变为价值中立的,不以任何人的意志为转移,这样的知识是客观的、普遍的、可靠的知识,使高等教育从根本上实现现代转型成为可能。

第二节　高等教育的科学阶段——西式高等教育的引进

近百年是中国高等教育的科学阶段,科学阶段高等教育的重点在于学校,因为科学学问必须要在学校里学,并且还得是在西式学校里学。故而,高等学校是这一时期高等教育发展的核心。

一、留学教育

19 世纪末至 20 世纪 20 年代是近代留学教育兴盛发展的时期,留学教育虽然在共和时期的高等教育中未能扮演主角,然而却是不可或缺的,留学生中的先进分子对后来中国社会的变革和发展发挥了重要作用。就高等教育而言,留学教育对于西学的传入、高等教育的现代化转型同样做出巨大的贡献。

容闳是近代留学教育的创始人,1847 年他与黄胜、黄宽三人得到美国传教士布朗的资助前往美国留学,并最终获得耶鲁大学理工科的学士学位,回国后,容闳成为促成政府派遣学生出国留学的第一个推动者。1871 年,清政府为了实现"求强"的目标,根据容闳的教育计划,选派三十名"聪颖幼童"赴美学习,这被视为中国近代官派留学生之始,此后三年,每年分别派遣三十人赴美学生,共计一百二十名。1881 年,由于国内守旧势力的阻挠,留美幼童撤回,幼童留美教育事业半途而废,爱国诗人黄遵宪以极大的悲愤写下了《罢美留学生感赋》:"亡羊补恐迟,蹉跎一失足,再遣终无期,目送海舟返,万感心伤悲。"在留美计划进行期间,洋务运动中又派遣留欧学生三批共七十八人。这些留美、留欧学生归来后,大多成为军界、政界、工商、教育、外交的知名人士,或铁路、矿山、海关、工厂的技术骨干。如留美的詹天佑、唐绍仪,留欧的严复、刘步蟾等,他们对刚起步的中国工业化进程起到了不可低估的作用,取得了令人瞩目的成绩。

甲午战败后,国内兴起了研究日本的高潮,寻求"昔日的学生"迅速强大的原因,于是效仿日本当年向西方派遣留学生而成功"明治维新"那样,向日本大量派遣学生。由于赴日路途较近、费用也较为低廉,1901 年后,赴日学生每年翻番增长,1899 年留日学生共计二百人,1902 年增至五百人,1903 年达到了千余人,1904 年初竟已至三千余人,到了 1906 年更是达到了八千余人,这对于培养勇于革新的变法人才、改革传统的旧教育发挥了重要作用。留日学生归国后,在清末的教育改革中积极引进西方先进的教育制度、教育理论,为中国近代教育的长远发展作了理论上、队伍上的积蓄和准备,创办的各级各类的新式学堂奠定了中国近代教育体系的基础。

在留日教育如火如荼地开展时,美国为了提高在中国青年中的影响力,以便控制未来中国的发展,以"庚款兴学"①将留学热潮引向美国。为严格甄选留美学生,由外务部、学部筹备设立了游美肄业馆,以便"择其学行优美、资性纯笃者,随时送往美国肄业"。1911 年,游美肄业馆迁入清华园,正式更名为清华学堂。与留日学生不同,留美学生都是经过严格挑选的,这些学生

---

① 1900 年 6 月,英、法、日、俄、德、美、意、奥组成"八国联军"发动对华战争。在占领北京后,胁迫清政府签订《辛丑条约》,勒索赔款白银 45000 万两,分 39 年(到 1940 年)还清,加上利息共达 98000 万两,这就是中国近代史上的"庚子赔款"。其中美国分得 7%,受款 3293 万两(折合 2400 多万美元)。美国分得赔款后,自称"实应赔偿"(军费赔偿、美商和美国传教士的损失)数是 1365 万美元,尚多出 1078 余万美元,提出将一部分余额赔款退还中国,作为中国派遣学生留学美国之用。

学习成绩显著,到美之后荣获各种奖学金,有90%以上的留学生取得了学士学位,很多人获得硕士学位,更有马寅初、蒋梦麟、郭秉文、周达等三十五人获得博士学位,这些学生回国后,对中国的科学、文化、教育事业的发展做出卓著贡献。

五四运动前后,受俄国十月革命胜利的鼓舞及马克思主义在中国的广泛传播,大批有志的中国青年看到了中国富强的曙光,加之吴稚晖、蔡元培等人的宣传组织,以及学界泰斗、政坛闻人、社会名流的倡导和报刊的广泛宣传,纷纷赴法勤工俭学,掀起了留法热潮。留学生们以"勤于工作,俭以求学,以进劳动者之知识"为宗旨,半工半读,在学习中注重学以致用,意在成为中初级技术人员而不是高深的学问家,在留学史上开创了一种全新的留学模式,具有深远的意义。

二、教会大学

教会大学一般指19世纪末,20世纪初基督教新会和天主教会在中国创办的大学。第一次鸦片战争以后,教会势力在西方列强的武力和不平等条约的保护下在中国驻扎,为了传播基督福音,通过文化教育事业来影响中国,一批教会学校相继开办起来,但由于国内百姓对外来宗教的排斥,并无实质性的发展。甲午中日战争后,西学被广泛地推崇,传教士作为当时掌握西学最多的人群,所开办的教会学校被越来越多的中国民众接受。纵使教会学校的目标在于培养教徒,但它真正的影响并不在于传教的成效,而是在于它广泛地传播了西方文化,培养了大量新型人才,深刻影响了中国的高等教育和中国社会。

1864年由美国传教士狄考文在山东登州创立登州蒙养学堂,1873年开设中学课程,1876年更名为登州文会馆,1881年开设大学预科,正式具有大学水平,后发展成为著名的齐鲁大学,这既是中国的第一所教会大学,也是中国最早的现代型大学。在此之后,金陵大学、圣约翰大学、之江大学、东吴大学、燕京大学等教会大学相继成立。到了20世纪二三十年代,教会大学在中国高等教育系统中的地位已不可小觑,根据 1922 年的统计,教会大学学生数与中国大学学生数的比例为 80∶100,[①]教会大学对当时中国社会的影响力由此可见一斑。

教会大学在中国发展迅速,不是没有理由的,除了在成立初期恰逢中国国民对西学、对教育的需求高涨外,教会大学自身所作出的一些努力也是值得今天的大学借鉴与学习的。教会大学的师资水平相当之高,1902 年,潘慎文、李提摩太等八位传教士以基督教在华组织的名义,起草了向各国差会请求派遣训练有素的教育家来华工作的呼吁书,请求提高来华从事教育工作人员的学历水平。1905 年至 1915 年的十年间由美部会派往中国北方的一百零三名传教士中有十二人是医学博士,仅有两人未上过大学;[②]1937 年,圣约翰文理学院的五十四名教师中有博士十人,硕士十六人。高水平的师资为教会大学的教学质量提供了保障,也提高了教会大学在大学中的竞争力。此外,教会大学还努力地完善课程体系,一方面增加了法律、经济、商业管理、教育、工程建筑等新兴专业,适应社会需求,另一方面,学校以主修、副修、选修制代替科目制,给学生充分的自主权,也调动了学生学习的积极性。另外,教会大学根据中国国情的需要,建立重点优势学科,如东吴大学的法科、金陵大学的农林科、燕京大学的新闻系、圣约翰大学的商科,等等。这一举措不仅使教会大学找到学科优势,提高竞争力,也为教会大学赢得了极大的声誉。

对于中国的高等教育而言,教会大学不仅培养了一批高水平人才,为高等教育的发展输送师资,更重要的是,为中国古老而传统的高等教育带来了新鲜的血液,影响了中国高等教育的近现代化。中国的留学教育始于教会大学,第一批留学生容闳、黄宽、黄胜三人正是得到美国传教士的资助才得以前往美国求学,容闳归国后更是直接推动了中国近代的留学事业。而由美国基督教会、长老会、英国伦敦会等七个教会创办的金陵女子大学,更是

---

① 参见霍益萍:《近代中国的高等教育》,华东师范大学出版社,1999 年,第 185 页。

② 参见王立新:《美国传教士与晚清中国现代化》,天津人民出版社,1997 年,第 13 页。

中国第一所女子大学,开女子接受现代高等教育之先河,为社会培养了一批高级女性人才。无怪乎有学者认为:"中国教育的近现代化是在教会教育的影响和示范下开始的……几乎所有的新生事物都是首先从教会学校中出现的,女学、大学、留学,这些标志着教育近现代化的要素都由教会学校为中国的教育所提供和倡导。"①

1952 年,中国高等院校调整,教会大学被作为帝国主义文化侵略的工具,被肢解、裁撤,燕京大学、辅仁大学、圣约翰大学、东吴大学、金陵大学、震旦大学、之江大学、岭南大学、齐鲁大学……这些堪称世界级的大学,连同它们的精神一起消失,永远成为历史。

三、民国时期中国大学的实践

近代以来,除了留学教育、教会大学在高等教育界大放异彩之外,国立大学、私立大学同样也是中国高等教育史上浓墨重彩的一部分。在堪称中国高等教育史上的黄金年代的民国时期,一大批杰出的教育家以他们独特的魅力与思想在高等院校挥毫泼墨,尽情地践行他们的教育理念,影响了一代又一代的大学人。现择要简介如下。

(一)蔡元培与北京大学

蔡元培(1868.1.11—1940.3.5),字鹤卿、孑民,号孑农,绍兴山阴(今越城区)人,光绪十五年(1889 年)举人,十六年会试贡士,十八年补殿试,为进士,授翰林院庶吉士,二十年补翰林院编修。1912 年任南京临时政府教育总长,主张采用西方教育制度,通过废止祀孔读经,实行男女同校等改革措施,确立起我国资产阶级民主教育体制。蔡元培是我国近代著名的民主革命家、科学家、教育家,被毛泽东誉为"学界泰斗,人世楷模"。蔡元培曾经指出:"教育者,养成人格之事业也",他本人也终生奋斗在教育领域,为高等教育事业的改革与发展做出重大贡献。

---

① 王忠欣:《基督教与中国近现代教育》,湖北教育出版社,2000 年,第 180 页。

北京大学是近代中国第一所国立大学,标志着中国近代高等教育的开端。1916 年底,蔡元培被任命为北大校长,时值袁世凯复辟闹剧刚刚结束,另北大又保留了很多京师大学堂时期的封建气氛,封建沉疴未去,官僚气息浓厚,校政腐败、制度混乱,据说当时去"八大胡同"逛妓院的,多有北大的教员和学生,以致北大在北京城内颇有"名气",北大内部的混乱程度由此可想而知。蔡元培在《我在北京大学的经历》一文中写道:"我回来,初到上海,友人中劝不必就职的颇多,说北大太腐败,进去了,若不能整顿,反于自己的声名有碍,这当然是出于爱我的意思。但也有少数的说,既然知道它腐败,更应进去整顿,就是失败,也算尽了心,这也是爱人以德的说法。我到底服从后说,进北京。"①可见,蔡元培是抱着改革北大的决心毅然赴任的。

1917 年 1 月 4 日,蔡元培正式就任北大校长,旋即开始对北大进行改革。首先,改变学生的观念。在蔡元培的就职演说中,对学生明确提出三点要求,"一曰抱定宗旨,二曰砥砺德行,三曰敬爱师长",而"抱定宗旨"则居于首位。他要求学生抱定为求学而来的宗旨,"入法科者,非为做官;入商科者,非为致富",因为"大学者,研究高深学问之地也"。其次,扩充师资队伍。蔡元培认为:"大约大学之所以不满人意者,一在学课之凌杂,二在风纪之败坏。救第一弊在延聘纯粹之学问家,一面教授,一面与学生共同研究,以改造为纯粹研究学问之机关。救第二弊在延聘学生之模范人物,以整饬学风。"②蔡元培首先聘请留学日本、深受资产阶级新学思想影响的陈独秀担任文科学长(相当于文学院院长),又聘请李大钊担任图书馆馆长,聘请鲁迅、钱玄同、刘半农、杨昌济等人到北大任教。梁漱溟投考北大落榜,但因其对佛学的独到研究,同样也被蔡元培聘为北大的哲学教习,而一些不能尽心教学的洋教习也被驱逐出北大。在蔡元培的努力下,北大的师资力量得到充盈并显著提高。再次,主张"学为学理,术为应用"。蔡元培认为,文、理为"学",是做学术研究的,虽然也有直接的应用,但研究者是以研究真理为目

①　潘懋元、刘海峰:《中国近代史资料汇编·高等教育》,上海教育出版社,2006 年,第 409 页。
②　蔡元培致吴稚晖函手迹(1917 年 1 月 18 日),见孙常炜编:《蔡元培先生全集》,台湾商务印书馆股份有限公司,1991 年,第 67 页。

的,应当终身从事研究工作;而法、商、医、工为"术",是实用的科目,最终要服务于社会。但是"学必借术以应用,术必以学为基本,两者并进始可"①。在主张"学术分校"之余,蔡元培还看到了文理分科所产生的流弊,主张沟通文理,和为一科,撤销文、理、法三科界限,废科设系,全校共设十四个系,废学长设系主任。为防止校长主观专断,蔡元培还提出了教授治校,让真正懂得教育和学术的专家来管理学校,这是他民主思想的反映。

蔡元培对北大进行的改革无不体现了他大学教育思想的核心"思想自由,兼容并包"。他指出:"大学者,'囊括大典,网罗众家'之学府也。"②当时的北京大学,汇聚了各种思想,也云集了各派学者,有尊孔的,也有反孔的,有唯心主义的,也有唯物主义的,有维护文言文的,也有倡导白话文的,只要言之成理,持之有故,都支持它们的发展,教员可以自由宣讲,学生可以自由听课,北大校园内学派并存,学术氛围浓厚。"自由"被蔡元培视为大学的生命,以至于在五四运动爆发后,蔡元培在辞去北大校长职务的辞职声明中写道:"我绝对不能再做不自由的大学校长……国务院来干涉了,甚而什么参议院也来干涉了,世界哪有这种不自由的大学么? 还要我去充这种大学的校长么?"

经过蔡元培的改革,北大在五四运动前后基本完成了向近代资产阶级大学的转变,1918 年,北大师生达到两千五百人,成为全国规模最大的一所高等院校。在新文化运动中,北大始终斗争在一线,在思想界、教育界、学术界均占有举足轻重的地位,对中国革命的推进发挥了重要作用。

(二)梅贻琦与清华大学

梅贻琦(1889.12.29—1962.5.19),字月涵,天津市人,他早年是著名教育家张伯苓先生的高足,以优异成绩毕业于南开学校,1909 年他考上庚子赔款清华第一期赴美留学生,1915 年毕业回国后在清华任教,1928 年任清华大

---

① 蔡元培:《在爱丁堡中国学生会及学术研究会欢迎会演说词》,见高平叔编:《蔡元培教育文选》,人民教育出版社,1980 年,第 41 页。

② 蔡元培:《〈北京大学月刊〉发刊词》,见高平叔编:《蔡元培教育文选》,人民教育出版社,1980 年,第 59 页

学校长,期间赴美任"清华学生留美监督",1931年回国继续担任清华校长。新中国成立前夕,梅贻琦离开大陆,一度居住在美国。1955年,在台湾创办新竹清华大学,1962年,病故于台湾。

《大学一解》一文是梅贻琦大学教育思想的精华,这篇文章是他在主持西南联大常务工作期间,熬夜写出要点,后由清华教务处长潘光旦代拟的文章,发表于《清华学报》第十三卷第一期。文中以大量的笔墨阐述了他对通识教育的认识和看法。他所描述的通识教育是这样的:"今日而言学问,不能出自然科学,社会科学,与人文科学三大部分;曰通识者,亦曰学子对此三大部门,均有相当准备而已,分而言之,则对每门有充分之了解,合而言之,则于三者之间,能识其会通之所在,而恍然于宇宙之大,品类之多,历史之久,文教之繁,要必有其一以贯之之道,要必有其相为因缘与依倚之理,此则所谓通也。"梅贻琦认为,大学教育就是要在大学阶段给学生以"知类通达"训练,培养的目标即是"通才",而不是培养社会上各行各业的专业人才,学生应该具有自然、人文、社会三个方面的综合知识。文理科的学生毕业后既可以向文学家、科学家方向发展,也可以从事教师行业或者行政工作,而工科学生要注重基本知识的训练,具有基本技能,同时也可以随机应用。涂又光认为,《大学一解》的主观意义,还是想用科学解决精神问题,因为在《大学一解》发表前的五十年里,"人文"成为批判与"革命"的对象,中国高等教育科学阶段出现的问题本可以用人文解决,却不得不用科学解决,然而科学并不能解决精神问题,中国的高等教育也就必然要由"科学"阶段发展至"人文·科学"阶段。[①]

在教育内容上,梅贻琦注重的是"五育",即德、智、体、美、群,其中"群育"思想是别具一格的。他认为,中国的大学教育由西洋移植而来,就制度而言,在教育史上找不到类似的组织,但就精神而言,古今中外都是相通的,即人类社会都是由"己"和"群"构成,教育的作用就在于使"己"和"群"各得其所,和谐发展,"群育"并不是表面的社会化。

---

① 参见涂又光:《中国高等教育史论》,湖北教育出版社,1997年,第355页。

梅贻琦在担任清华大学校长期间，除了致力于贯彻实施自己的"通识教育"理念外，根据清华大学的具体情况，采取整治措施，使清华大学短短十余年就从一所名不见经传的大学一跃成为知名学府。梅贻琦于 1931 年 10 月至 1948 年 12 月出任国立清华大学校长期间，多次阐述"所谓大学者，非谓有大楼之谓也，有大师之谓也"，"师资为大学第一要素"等办学至理。他认为，大学的目的不外乎有两个：学术研究与造就人才。因此，在任期中，他始终致力于扩充清华的师资队伍，一方面充分发挥原有教师队伍的作用，另一方面积极延聘国内国际著名学者来校执教，为清华聘请了大批国内外名师，在他的主持下，清华大学发展为一所在国内外颇有影响的学府。曾在美留学的梅贻琦，深受"民主"思想的影响，在"民主"思想的指导下，他推行了一套行之有效的集体领导制度。梅贻琦深刻理解教授在学校兴衰中的关键作用，因此在作出重大决策时十分注重听取教授们的意见，设立评议会来吸收教授们参与学校的教学行政工作。评议会作为学校最高的立法、决策和审议机构，由校长、教务长、秘书长、各学院院长，以及教授会互选之评议员组成，评议会的职权包括议决各学系之设立、废止及变更，审定预算决算，议决教授、讲师与行政部各主任的任免等，在处理学校大小事务中，梅贻琦以谦逊的态度赢得教授们的支持与称赞。与其他教育家一样，梅贻琦十分注重"五育"的实施，但不同的是，他尤其注重"体育"，他认为体育也是完整人格的一部分，甚至规定体育不及格不能毕业，并花费了大工本为师生修建场地。清华大学的体育设施与场地在当时国内的大学中首屈一指，也只有清华大学的体育课是普遍必修课。

梅贻琦是清华大学历史上任期最长的校长，他一生节俭、清廉，困难时仅以白饭拌辣椒果腹，客居美国时，清华全部的庚款基金都在他手里，他的公寓却"小得连一间单独卧室都没有"。他个性沉静、寡言、慎言，也许就是这样的性格使他开创了清华大学的黄金时代，他领导的清华大学为世界贡献了李政道、杨振宁、李元哲三位诺贝尔奖获得者，为新中国培养了 14 位"两弹一星"专家，更涌现出钱钟书、华罗庚、陈寅恪、王国维、钱学森等一大批杰出人才。尽管 1955 年梅贻琦迫于无奈在台湾创办清华大学，但他心心念念的依然是北京的清华大学。1962 年,梅贻琦在台湾新竹清华大学逝世,将自己的一生奉献给了清华。

（三）张伯苓与南开大学

张伯苓(1876.4.5—1951.2.23)原名寿春,字伯苓,天津人。甲午海战中,北洋水师的惨败使在北洋水师学堂学习海军,寄希望以武力救中国的张伯苓意识到,"国家积弱至此,苟不自强,奚以图存,而自强之道,端在教育。创办新教育,造就新人才,及苓将终身从事教育之救国志愿"①。就这样,张伯苓决定弃武从文,置身于教育事业。

1889 年,张伯苓至天津士绅严范孙(修)家塾严馆教授"西学",开始了与严范孙的合作。1904 年,时任直隶学校司督办的严范孙偕张伯苓赴日本考察教育,回国后将严馆、王馆(邑绅王奎章家塾)合并,成立了"私立敬业中学堂",张伯苓任监督(校长),并承担英文、数学、体育史地诸学科的教授。1907 年,随着学校学生人数骤增,在天津西南"南开洼"的十亩空地上起建新校舍,次年搬入并更名"南开中学堂"。1908 年,南开中学堂第一届学生梅贻琦、张彭春、喻传鉴等三十二人毕业。1911 年,天津客籍学堂与长芦中学并入南开中学堂,学生增至五百人。1917 年,张伯苓赴美考察私立大学的组织情况,入美国哥伦比亚大学师范学院学习,翌年回国,筹备南开大学成立事宜。1919 年 9 月 25 日,南开大学正式成立,第一批学生九十六人,并且第二年开始招收女生,是华北地区最早招收女生的研究型大学。按照张伯苓"理以救国,文以治国,商以富国"的思想,南开大学开设文、理、商三科,1921 年增开矿科。随着师生人数日增,在城南八里台购置空地七百亩兴建校舍,1923 年南开大学搬入八里台新校址,同年南开女中成立,1928 年增设小学部,至此,南开学校扩展成为五部:中学、大学、女中、小学和研究所,学生人数共计达到三千余人。

南开系列学校的创办和发展,历经短短二十余年便已形成从小学到大学的完备系统,这与校父严修的努力密不可分,也自然离不开老校长张伯

---

① 王文俊:《张伯苓教育言论选集》,南开大学出版社,1984 年,第 23 页。

苓。南开大学作为近代第一所私立大学,办学资金一直是学校的头等大事,私立大学不同于国立大学有政府的财政拨款,一分一毫都要靠自己筹备。为了为学校筹到办学款项,张伯苓奔波社会各界,无论是军阀、政府、政客、实业家,还是平常百姓,只要是支持南开的,都成为张伯苓的募捐对象。募捐本就是件困难的事,即使费尽口舌,也不愿意将钱捐赠出来,张伯苓在募捐过程中难免连连碰壁,甚至被羞辱为乞丐。他深有感触地说:"我虽然有时向人请求捐款时,被拒之门外,的确有辱颜面,但我并非乞丐,我是为兴办教育而化缘,并不觉得难堪。"募捐活动继续开展着,为南开、为教育事业"化缘"的决心也更加坚定。很多学生对张伯苓接受北洋军阀和政客的捐款嗤之以鼻,对此张伯苓解释道:"美丽的鲜花,是用粪水浇灌出来的。让这些大军阀和政府官员拿钱出来办学,总比让他们拿钱挥霍要好吧。"校父严范孙也非常赞同张伯苓的看法:"盗泉之水不可饮,但用它洗洗脚并不是那么坏事。"

张伯苓办南开学校,是为了克服中国社会"愚、贫、弱、散、私"的弊病,为此,他提出了"允公允能、日新月异"的校训。"公"指的是为社会和国家承担一定的责任,张伯苓指出:"允公是大公,而不是小公,小公只不过是本位主义而已,算不得什么公了。惟其允公,才能高瞻远瞩,正己教人,发扬集体的爱国思想,消灭自私的本位主义。""能"指的是有为国家做事的能力,张伯苓说:"允能者,是要作到最能,要建设现代化国家,要有现代化的科学才能,而南开学校的教育目的,就在于培养有现代化才能的学生,不仅要求具备现代化的理论才能,而且要具有实际工作的能力。"因此,南开培养的,是"公能"型人才,南开的精神,是"公能"精神。

张伯苓的人才教育信条是要兼顾"德、智、体"三个方面,除了重视学生的道德教育和智力发展外,更重视体育,并提出"不认识体育的人,不应该做学校的校长"。他对体育教育和体育活动倾注了大量心血,南开大学的体育教学水平相当之高。张伯苓也是最早将"奥运"的概念引入中国的先驱人物,并直接促成了刘长春参加奥运会,抗战胜利时还组织申办第十五届奥运会,是当之无愧的"中国奥运第一人"。

1951 年,张伯苓在天津逝世,周恩来亲赴吊唁,并赠花圈,上书"伯苓师千古,学生恩来敬挽"。蒋介石于台湾闻知其逝世消息时,亲手写下:"守正不阿,多士所宗——伯苓先生千古"以挽之。张伯苓担任南开大学校长四十余年,始终坚持教育救国的初衷,造就人才以服务社会,名流学者多出其门,使南开大学成为一代名校。

四、新中国成立初的全面学习苏联

清末以来,大机器生产兴起,为科学技术的发展创造了条件,同时,亡国灭种的危机使中国人认识到科学技术对国家命运的重要影响,科学技术得到了重视和信任,一直以来备受重视的人文精神被忽略,"值得指出的是,科学技术进步了,推动科学技术进步的文化背景与人文精神却往往被人忽略了,'科学至上'、'技术至上'的观念悄然滋长。与科学技术的发展相应,科学教育上升到了最高的位置,而人文教育则从原有的鼎盛时代一步一步地滑落到了最低点"[1]。科学取代人文在高等教育中占据了主导,并且这一现象逐渐发展到极致。

新中国成立后,除了对旧教育进行接管和改造,接办了教会大学、私立大学,将其系科并入当地其他院校,改革旧的高等学校,建立共产党对学校的领导外,还以苏联为模板,积极发展新教育。在 1949 年 12 月召开的第一次全国教育工作会议上,教育部提出要"以老解放区新教育经验为基础,吸收旧教育有用经验,借助苏联经验"。之后,全面系统地学习了苏联的教学经验、教学计划、教学大纲、教材等,并在 1950 年树立了中国人民大学和哈尔滨工业大学这两个按照苏联经验实行教学改革的"样板"。在学习苏联模式的过程中,1952 年对全国范围内的高等院校进行了院系调整,"向苏联学习"成为院系调整的主方向,并形成 20 世纪后半期中国高等教育的主要格局。

---

① 文辅相:《21 世纪的大学教育目标:高科技水平与高文化素养》,《高等教育研究》,1995 年第 6 期。

根据以"培养工业建设人才和师资为重点、发展专门学院"的原则,为满足新中国成立之初对工科技术人才的需求,大量工业、技术类专业学校被建立起来,如北京海淀区的"八大学院",即今天的北京航空航天大学、中国地质大学、中国石油大学、中国矿业大学、中国农业大学、北京科技大学、北京林业大学、北京大学医学部。高等教育的重心放到了专业教育上,甚至出现了拖拉机学院、坦克系这样以产业部门划立的院系。1953年调整结束后,高校数量由1952年之前的211所锐减至183所,大量高等院校被拆分,以浙江大学为例,调整前的浙江大学有文、理、工、农、法、医、师范等七个学院,调整后的浙江大学只保留工学院电机、化工、土木、机械四系,由一所综合性大学变为工业大学。在这场伤筋动骨的调整下,综合性院校明显减少,由调整前的51所减少至21所,保留下来的综合性大学,如北京大学、南开大学、复旦大学等,实质上也只是文理学校,而工科、农林、师范、医药院校的数量从以前的108所大幅增加至149所,大多数学校学科单一,发展不均,民国时代的现代高等院校系统被改造成苏联模式的高等教育体系。

1952年的院系调整解决了中国高等教育中工科过于薄弱的痼疾,但其缺失也是不容忽视的。民国时期高等教育的理念与学术传统被全盘否定,在对中国高等教育发展规律及实况缺乏了解的情况下,将苏联的教育经验奉为圭臬、生搬硬套,对高等教育的发展产生了极大的破坏。一批办学卓著的教会大学被撤销,成为历史名词,也成为高等教育史上无法弥补的缺憾,更为重要的是,对后续几十年的高等教育,乃至中国社会的发展造成了不良影响。院校调整后的综合大学,多为多科性工科大学,培养的是专业性人才,1949年以后虽然培养出不少技术专家,但几乎未产生在世界科技与社会科学领域内堪称顶尖级的人才,即培养不出大师。同时,偏重工科而削弱文理,学科发展不均衡,在发展科学教育、专业教育之时,教育的人文价值和人文内涵被忽略,也导致了教育的失衡和异化。

第三节 高等教育的人文·科学阶段——改革开放以来的改革

人类社会包含有物质生活、精神生活、社会生活等诸多生活,物质生活、社会生活的问题要用科学来解决,而精神生活的问题只能用人文解决。在古代,用人文解决精神生活的问题取得了成功,到了近现代,在人文与科学的交战中,科学占据了上风,便试图以科学解决精神问题,然而一些问题并非科学所能解决,于是碰了壁。再到现代,据前车之鉴,科学向人文靠拢,高等教育的内容由科学与人文构成,也是人文与科学的统一,人文与科学的统一也应当是人文·科学阶段的特点。

一、改革开放以来的高等教育改革

1976 年"文革"结束后,尤其是党的十一届三中全会后,我国进入改革开放和社会主义建设新时期,高等教育也实现了历史性的转变。通过落实党的知识分子政策,恢复和整顿各类高校,恢复统一招生考试制度,调整高等教育结构,建立学位制度,改革教育体制等措施,高等教育事业得到恢复,并走上了蓬勃发展之路。

首先,各类院校得到恢复和整顿。在拨乱反正的过程中,对于在院系调整和"文革"中被不合理地搬迁、合并或解散的各类高校,进行了不同程度的恢复整顿工作,建立起正常的教学秩序,并根据需要新建一批高校,在 1976 年到 1981 年的短短五年里,恢复和新增了 312 所高校。为了克服苏联模式下院系调整带来的弊病,培养新时期所需的复合型、综合型人才,在 20 世纪 90 年代,兴起了新一轮的院校调整。与第一次的拆分不同,第二次以合并为主旋律,大小院校纷纷朝综合化发展。尽管过度追求"大"而"全"难免出现布局重复、资源浪费等问题,剑桥大学副校长阿什比也曾经提到过:"大学的进化很像有机体的进化,是通过继续不断的小改革来完成的,大规模的突变往往会导致毁灭。"①但也不尽然,90 年代的高校合并虽然也是大规模的突变,但一部分高校却在合并中找回了生机,如重组后的浙江大学,师资力量、科研项目、科研经费较重组前都有了很大程度的提高。高校合并实现了对教育资源的重组与改进,使许多高校的规模效益、经济效益有了明显的提高,而单一性学科被复合性学科所取代,则使高校结构趋于合理。

其次,高等学校的办学规模扩大。1977 年起,全国高等学校统一招生考试制度得到恢复,"文革"中实行的群众推荐、领导批准、学校复审的招生方法被废止,广大知识青年获得了公平参与竞争的机会,为高等教育事业的发展提供了有生力量。在 1976 年"文革"结束时共有高等学校 392 所,1986 年增至 704 所,到了 1989 年达到 1075 所;而 1976 年在校生人数为 564175 人,到了 1986 年增长至 1879994 人,1995 年更是增加到 305.18 万人。高等教育的规模实现了跨越式增长,可见,改革收到了很大的成效。

再次,高等教育结构优化。1979 年,中共中央作出对国民经济实行"调整、改革、整顿、提高"的方针的决定,根据中央的指示,教育部也开始对高等教育的结构进行调整。针对 1952 年院系调整造成的人文学科废弛的现象,以清华大学为首的众多高校开始复建人文学科,试图找回曾经失去的"另一半",甚至出现了"一流的大学不能没有一流的文科"这样的说法。在普通高校中,财经、政法等专业的招生比重也逐年增加,如 1976 年,财经类专业的学生数占在校生总人数的 1.2%,政法类仅占 0.1%;而到了 1986 年,财经类就已占到了 9%,政法类占到了 2.3%。② 除此以外,"文革"期间陷入停顿的成人教育也逐步被恢复和建立起来。业余大学、广播电视大学、函授大学、夜大学等成人大学的成立,使得广大社会青年、在职人员获得了接受高等教育、提高自身素质和业务能力的机会。

此外,高等教育体制改革也为新时期高等教育注入了新的生机。1985年发布的《中共中央关于教育体制改革的决定》深入总结了党的十一届三中

---

① [英]阿什比:《科技发达时代的大学教育》,滕大春、滕大生译,人民教育出版社,1983 年,第 20 页。

② 参见曲士培:《中国大学教育发展史》,北京大学出版社,2006 年,第 435 页。

全会以来教育改革方面的经验,提出了我国高等教育发展的宏伟目标:"到本世纪末,建成科类齐全,层次、比例合理的体系,总规模达到与我国经济实力相当的水平;高级专门人才的培养基本上立足于国内;能为自主地进行科学技术开发和解决社会主义现代化建设中重大理论问题和实际问题作出较大贡献。"而要实现这个目标,关键是"扩大高等学校的办学自主权",我国的高等教育事业发展进入了新的阶段。

二、世纪之交高等教育大众化快速实现

"高等教育大众化"这一概念产生于 17 世纪欧洲的"大众教育"。1962年,著名的社会学家马丁·特罗在《美国高等教育》一文中,提出了"大众高等教育"这一概念。[1] 马丁·特罗的贡献之一在于提出了量化的概念,将高等教育三个阶段的毛入学率进行了划分。根据特罗的研究,高等教育发展历程分为"精英、大众、普及"三个阶段,高等教育毛入学率在 15% 以下为精英阶段,15% ~50% 为大众化阶段,50% 以上为普及化阶段。

中国的高等教育大众化是通过短时期内高等教育扩招来实现的。1998年,全国普通高等教育招生规模为 108 万人,毛入学率 9.76%。从 1999 年开始,高等教育大扩招,当年招生 160 万人,2000 年招生 221 万人,2001 年招生 268 万人,2002 年招生 320 万人,高等教育毛入学率达到 15%,提前八年实现"入学率接近 15%"的奋斗目标。[2] 在保持高等教育毛入学率持续增长的同时,开展对高等教育的层次结构、区域结构,以及高校学科、专业结构的调整。通过大力发展高等职业教育,加快高等学校和职业学校学科、专业结构调整,使教育结构与经济发展的需求相适应。[3] 依靠教育提高劳动者的素质,促进经济的发展。2006 年后,高等教育的规模扩张放缓,提高高等教育

---

① 参见谢作栩:《中国高等教育大众化发展道路的研究》,福建教育出版社,2001 年,第 12~20 页。

② 参见中华人民共和国教育部:《面向 21 世纪教育振兴行动计划》,1998 年 12 月 24 日。

③ 参见王胜今、赵俊芳:《我国高等教育大众化十年盘点与省思》,《高等教育研究》,2009 年第 4 期。

质量成为此后高等教育发展的主旋律。提高高等普通学校本科生教学质量成为教育部工作的重点，"211 工程""985 工程"先后启动。从迅速扩张到注重质量，表明我国的高等教育发展思路更加理性、更加科学。

中国的高等教育大众化，是在不发达的市场经济环境下启动和进行的，总体上来说，是一种政府行为，在具体实施过程中也以公办高等教育系统为主体。① 在西方国家，高等教育往往作为一种社会福利，政府在其中投入大量的财力并承担责任。与西方国家不同，在中国高等教育大众化的过程中，调动民间财力投入高等教育是实现大众化的关键。世纪之交我国经济发展较为落后的基本国情，决定了政府不可能完全采取公立模式来推动高等教育大众化。实施高校学费并轨改革，"收费上学"制度使扩大高等教育规模成为可能。而高等教育大众化的实现，满足了大众接受高等教育的需求，为社会培养了大量的人才，推动了科技的进步与发展，我国一跃成为高等教育大国，为建设高等教育强国奠定了基础。

三、新时期现代大学制度建设的实践

中国的高等教育自新中国成立以来就经历了一段不平凡的历史，新中国成立之初的院系调整，新时期的恢复整顿，90 年代的合并重组，每个时期有每个时期特殊的政治背景和社会环境，每个时期的高等教育也有了独特的主旋律。进入 21 世纪，中国的高等教育进入新的阶段，如果说之前高等教育发展的核心在于发展大学本身，在新的世纪，更多的是对现代大学制度的建设。

现代大学制度是关于大学管理或治理所形成的管理或治理框架、规则体系和制度安排，包含了宏观和微观两个方面：从宏观来讲，主要是大学与大学外部的关系，涵盖了大学与政府、大学与社会以及大学与大学的关系；从微观层面来讲，指的是大学的内部治理，其核心是行政权力和学术权力的

---

① 参见邬大光：《高等教育大众化的理论内涵和概念解析》，《教育研究》，2004 年第 9 期。

关系。我国在民国时期蔡元培以"兼容并包,思想自由"的思想对北京大学进行改革,倡导"教授治校"之时就已出现了现代大学制度的萌芽,但在之后历史、政治的动荡中,现代大学制度的成长一度中断。直到 2010 年 7 月颁布的《国家中长期教育改革和发展规划纲要(2010—2020 年)》将建立现代大学制度确立为一项战略任务,指出要"完善中国特色现代大学制度",具体要求是"依法办学、自主管理、民主监督、社会参与",点出了我国现代大学制度的主要内容和基本内涵,为现代大学制度的建设指出方向。

现代大学制度作为现代大学精神的有机组成,以大学章程为载体。大学章程是建立现代大学制度的必要内容,大学章程之于大学犹如宪法之于国家,对大学起着领导和制约其他规章制度的作用,使大学的管理有理有据,有法可依。在 2010 年 7 月 13 号颁布的《国家中长期教育改革和发展规划纲要(2010—2020)》中明确要求"加强章程建设。各类高校应依法制定章程,依照章程规定管理学校"。继 2011 年教育部颁布《高等学校章程制定暂行办法》后,各地高校纷纷加快制定大学章程的进程。截至 2016 年 3 月 10 日,全国共计 110 所"211 工程"高校(含 84 所部属"211 工程"高校,以及 26 所地方所属"211 工程"高校)章程通过核准发布。[1] 按照教育部 2016 年初发布的《依法治教实施纲要(2016—2020 年)》规定:"2020 年要全面实现学校依据章程自主办学。"随着高校章程陆续得到教育行政部门核准,大学章程建设的重心逐渐由制定转向实施。另外,章程自身建设并未因制定核准而终结,相反,"继续加强高等学校章程建设"将伴随中国高等教育现代化整个进程。2017 年 8 月—2020 年 8 月,北京大学等 11 所一流大学建设高校先后完成对本校章程的首次修改,开启了新时代中国特色大学章程建设的新实践。[2]《中国教育现代化 2035》中提出:"继续加强高等学校章程建设,创

---

① 参见余怡春:《现代大学章程现状研究——基于 110 部高校章程文本的 NVivo 分析》,《宁波大学学报》(教育科学版),2018 年第 2 期。

② 参见赵玄:《章程修改:中国特色大学章程建设新常态》,《中国高教研究》,2022 年第 1 期。

新章程实施保障机制,切实发挥章程在学校治理中的关键作用。"①

大学章程作为现代大学制度的一部分,也是大学"独立""自由"精神的体现。大学的"独立"表现为大学与政府的关系,大学起源于欧洲中世纪的行会组织,与生俱来便带有独立、自治的特质。在现代,大学的独立精神更多地体现为独立于政府,即高等教育"去行政化",而实现高校的自主办学是高等教育"去行政化"的核心。自主办学意味着大学的教育、教学和管理可以不必按照政府的意图进行,而是依据大学的实际情况、社会的需要决定。大学的"自由"则主要体现为大学内部的学术自由,大学作为传授知识和生产知识的地方,必须要有海纳百川、博采众长的气度,容许各种思想自由驰骋。

进入 21 世纪以来,在对现代大学制度的探索中,除了建立、完善大学章程为大学制度的建设打下扎实的根基,更重要的是体现建设中的现代大学制度的中国特色,使大学制度贴合我国的国情,满足我国高等教育的需求。

虽然中国的现代大学制度要从中世纪大学追本溯源,但西方大学制度自传入中国之日起,便已融入了中国特色在里面。我国的国体是人民民主专政的社会主义国家,民主集中制是我国的根本组织原则,基本含义是民主基础上的集中和集中指导下的民主相结合,是民主和集中的统一。在教育领域,同样需要实行中央集权的管理体制,因此现代大学制度的构建不能脱离现行的政治体制,要按照国家的管理架构实行自上而下的领导体制,故而,中国特色的现代大学制度以党委领导下的校长负责制为核心内容。适度的集权一方面便于调集资源,将权力集中,便于全校统一调度资源,"集中力量办大事"。另外,实行自上而下的领导体制,上下级机关一一对应,政令上传下达、信息流畅、令行禁止,中央政府、地方政府的建议和指导意见可以很快地得到传达和落实。此外,在高校内部设置校、院、系三级组织机构,在促使高校管理重心下移、权力下移之余,还可激活高校内部组织机构的活力

---

① 中共中央、国务院:《中国教育现代化 2035》,中华人民共和国教育部,http://www.moe.gov.cn/jyb_xwfb/s6052/moe_838/201902/t20190223_370857.html2019-02-23。

与能量,极大地推动高校的学科与专业建设,充分显示了中国特色现代大学制度的优越性。

21 世纪,在高等教育大众化后的中国,建立现代大学制度对于解决当前高校中普遍存在的机构臃肿、人员冗杂、效率低下、竞争力弱等问题都具有现实意义,对于实现思想自由、学术自由、管理民主,以及平衡学术权力与行政权力的关系更有建设性的作用,为高等教育事业营造科学发展的生态环境提供有力支撑。现代大学制度的建设,也是人文与科学的完美结合,与古代独重人文、近代偏重科学不同,现代大学制度以"科学"为指导,如大学章程的制定,又如中国特色的现代大学制度,以"人文"为核心,即以培养高级人才为最终目的,达到"科学"与"人文"的有机统一,这也是现阶段高等教育发展的趋势。

四、总结

从夏朝出现教育机构至今,已四千余年。从汉武帝设立较为正式的大学——太学,至今已有两千余年。中国的高等教育经历了从无到有、再到兴盛的发展阶段。大学教育的内容从经学到理学,到经世致用之学,再到西方的现代科学技术,经历了漫长曲折的道路,完成了从"人文"向"科学"的转变。近代中国"中体西用"的原则,对于今天高等教育的发展仍有借鉴意义,那就是高等教育的发展要结合中国的实际情况而不是照搬照抄。近代中国高等教育先后移植日本、德国、美国、法国、苏联大学的办学模式,现阶段又掀起学习美国等西方国家之风。在怎样发展高等教育的问题上,各国的办学理念、办学模式各有优劣,对此我们应该择善而从之,不能生搬硬套。且中国的高等教育历史悠久,也曾一度十分繁荣,其中的精粹大可以为今日大学所用。中国高等教育发展历程中取得的经验、经历的挫折,亦是中国大学的宝贵财富,足以为今日大学所借鉴。

主要参考文献

1. [英]阿什比:《科技发达时代的大学教育》,滕大春、滕大生译,人民教育出版社,1983 年。

2. 陈青之:《中国教育史》,东方出版社,2012 年。

3. 陈学恂:《中国近代教育文选》,人民教育出版社,1983 年。

4. 杜维明、范曾:《天与人:儒学走向世界的前瞻》,北京大学出版社,2010 年。

5. 杜维明:《儒家传统的现代转化——杜维明新儒学论著辑要》,中国广播电视出版社,1992 年。

6. 范文澜:《中国通史简编》,商务印书馆,2010 年。

7. 甘霖:《变局:前 11 世纪以来至 21 世纪中国区域发展与社会变迁》,上海人民出版社,2010 年。

8. 高时良:《中国教育史纲(古代部分)》,人民教育出版社,1991 年。

9. 葛佶:《南非——富饶而多难的土地》,世界知识出版社,1994 年。

10. 顾建新:《南非高等教育研究》,中国社会科学出版社,2010 年。

11. 郭沫若:《中国古代社会研究》,河北教育出版社,2004 年。

12. 霍益萍:《近代中国的高等教育》,华东师范大学出版社,1999 年。

13. 兰军瑞:《现代大学制度的建立与运行》,郑州大学出版社,2012 年。

14. 李金龙:《国家地理百科》,远方出版社,2005 年。

15. 李泽厚:《中国思想史论》,安徽文艺出版社,1999 年。

16. 刘海峰:《科举考试的教育视角》,湖北教育出版社,1996 年。

17. 吕希晨、陈莹:《精神自由与民族文化》,中国广播电视出版社,1995 年。

18. 吕思勉:《中国制度史》,上海三联书店,2009 年。

10. 孟宪承:《中国古代教育文选》,人民教育出版社,1979 年。

20. [美]帕森斯:《现代社会的结构与过程》,梁向阳译,光明日报出版社,1988 年。

21. 潘懋元、刘海峰:《中国近代教育史资料汇编·高等教育》,上海教育出版社,2006 年。

22. 潘兴明:《南非:非洲大陆的领头羊》,上海人民出版社,2012 年。

23. 曲士培:《中国大学教育发展史》,北京大学出版社,2006 年。

24. 曲士培:《中国大学教育发展史》,北京大学出版社,2006 年。

25. 石中英:《知识转型与教育改革》,教育科学出版社,2001 年。

26. [美]斯塔夫里阿诺斯:《全球通史》,吴象婴等译,北京大学出版社,2012 年。

27. 宋荐戈:《中华近世通鉴·教育专卷》,中国广播电视出版社,2000 年。

28. 谭家健:《中国文化史概要》,高等教育出版社,1997 年。

29. 唐澜波:《爱国教育家·张伯苓》,武汉大学出版社,2012 年。

30. 涂又光:《中国高等教育史论》,湖北教育出版社,1997 年。

31. 王炳照:《简明中国教育史》,北京师范大学出版社,2007 年。

32. 王炳照:《中国古代书院》,中国国际广播出版社,2009 年。

33. 王炳照:《中国私学·私立学校·民办教育研究》,山东教育出版社,2002 年。

34. 王建国、王建军:《新编中国历史大事表》,宁夏人民出版社,2010 年。

35. 王文俊:《张伯苓教育言论选集》,南开大学出版社,1984 年。

36. 卫灵:《艰难历程:南非反种族主义斗争始末》,世界知识出版社,1997 年。

37. 萧公权:《中国政治思想史》,新星出版社,2005 年。

38. 熊明安:《中国高等教育史》,重庆出版社,1983 年。

39. [加]许美德:《中国的大学——1895—1995:一个文化冲突的世纪》,许洁英主译,教育科学出版社,2000 年。

40. 叶兴增:《世界列国国情习俗丛书·南非》,重庆出版社,2004 年。

41. 张楚廷:《高等教育哲学通论》,高等教育出版社,2010 年。

42. 张传燧:《中国教育史》,高等教育出版社,2010 年。

43. 张岱年、方克立:《中国文化概论》,北京师范大学出版社,2003 年。

44. 张象:《彩虹之邦新南非》,当代世界出版社,1998 年。

45. 张应强:《高等教育现代化的反思与建构》,黑龙江教育出版社,2010 年。

46. 张应强:《文化视野中的高等教育》,南京师范大学出版社,1999 年。

47. 张应强:《文化视野中的高等教育》,南京师范大学出版社,1999 年。

48. 张正藩:《中国书院制度考略》,中华书局,1981 年。

49. 章柳泉:《中国书院史话》,教育科学出版社,1981 年。

50. 郑登云:《中国近代教育史》,华东师范大学出版社,1994 年。

51. 郑家馨:《南非史》,北京大学出版社,2010 年。

52. 朱有瓛:《中国近代学制史料:第一辑》(下),华东师范大学出版社,1989 年。

53. 左言东:《中国政治制度史》,浙江大学出版社,2009 年。

第五编　南非高等教育的演变

　　南非共和国,简称"南非"。地处南半球,有"彩虹之国"之美誉,位于非洲大陆的最南端,陆地面积为121.9万平方千米,其东、南、西三面被印度洋和大西洋环抱,扼两大洋交通要冲,地理位置十分重要,海岸线长达3000多千米。南非是非洲的第二大经济体,黄金、钻石产量均占世界首位,经济稳定,居民生活水平较高。南非2020年人口为5962万,分黑人、有色人、白人和亚洲裔四大种族,全国共划为9个省。

　　历史上,南非最早的土著居民是桑人、科伊人及后来南迁的班图人,他们形成了丰富多彩的本土文化,发展了与其传统文化相适应的高深学问及其传承活动。1652年,荷兰人开始入侵殖民,形成了一种具有殖民地特色的阿非利卡文化,并强迫土著人接受白人的语言与宗教。一些宗教团体建立了培养牧师、教师和进行农业培训的高等教育机构,如1829年建立的南非学院,这些高等学校多是私立的,由殖民政府资助成立,高等教育成为统治者维护统治的重要手段和工具。19世纪初英国开始进入南非,夺占"开普殖民地",吞并荷兰殖民地,1910年组成南非联邦。南非联邦成立后,兴起了大学合并与升格的热潮,有些大学开始招收非白人学生,南非第一所土著黑人大学于1916年成立。1948年国民党执政后,全面推行种族隔离制度,1961年成立南非共和国,继续推行种族歧视和种族隔离政策。高等教育实行双轨制,大学与技术学院之间存在着严重的种族与性别上制度化的不平等。1994年新南非诞生,产生了制宪议会和新政府,同年终止了种族隔离制度并通过保障黑人权利的法案,为形成独具特色的南非多元文化奠定了基础。新南非经济上实行现代化,政治上进行民主政治改革,教育上消除种族隔离,将实现公平和提高效率作为高等教育改革的首要目标和最终目的。通过二十多年的发展,高等教育改革取得了很大成就,黑人和女性入学率、学业成功率、就业率上升。同时有序缩减高等教育机构数量,调整高等教育机构内部的治理结构,改善大学与社会、师生之间的关系。经过改革后,南非共有高等学校23所,其中传统大学11所,技术学院(合并后改称科技大学)6所,综合性大学6所,又在没有高校的省份增设2所高等教育中心(后升成大学)。

第十三章　南非的历史发展

第一节　与世隔绝的起源时期

一、考古发现与早期居民

在南非发现过大量栩栩如生的古代岩画和浮雕,这些现代考古发掘表明,大约十万年前,在南非西北部的干旱地带和山峦之间的土地上就有以狩猎和采集为生的游牧民族繁衍生息,他们之间已经有了简单的物品交换,并懂得根据环境的变化择地而居。这些古代岩画和浮雕主要描绘了远古时代南非居民的生产、生活场景、宗教仪式和娱乐场景等,不仅体现了远古时代的南非居民具有高度发达的想象力和创造力,也为研究南非的历史起源提供了丰富的素材和依据,在非洲艺术史上占有重要地位。

二、桑人、科伊人与班图人分区而居

桑人和科伊人是近亲(在人类学上往往统称为科伊桑人),他们在 2500 年前曾广泛分布于除刚果盆地以外的赤道以南的非洲地区,是现代人中最古老的人。桑人依灌木而居,因此后人称生活在降水较为充沛的西南部平原地带,以狩猎和采集为生的游牧民族为桑人(17 世纪中叶荷兰殖民者入侵后称其为布什曼人,意为"丛林人")。桑人以宗族为主要社会结构形式,每族由数个家庭组成,大约有 20~30 人,桑人没有私有财产,所有劳动所得由

部落成员共有。桑人未从事种植生产,狩猎和采集的生活方式使他们逐水草而居,没有固定的住处,流动性很大,处于一种极简的生活状态,也正是这样顽强的求生意志和巧妙地利用大自然的智慧,使得桑人能够长期生活在南非的土地上。

科伊人与桑人肤色相近但身材略高,在荷兰殖民者到来之前,科伊人主要分布在北起库内内河,南至开普半岛的整个西部地区。科伊人最基本的社会经济单位是家庭,再由若干个家庭组成一个父系氏族,每个父系氏族称为一个部落,有自己的名称和酋长。科伊人属于游牧民族,多居住于环境干燥且凉爽的地方,与桑人不同的是,科伊人会将一些在狩猎过程中活捉的野物保存并逐步驯化,成为他们相当一部分的食物来源。他们饲养角非常大的牛、多毛的肥尾羊和狗,其中,牛是他们重要的运输工具。家畜的饲养使科伊人逐渐在水草繁茂的地方定居下来,直到经过放牧而使土地贫瘠之后,才会继续迁移并定居,当然,也有一部分科伊人仍然赶着他们的牲畜过着游牧生活。科伊人与桑人有着互相默认的活动界线,他们互不侵犯,不征得对方同意的越界行为是非常危险的。

大约从 3 世纪开始,班图人分成几路慢慢由北向南越过林波波河而进入南非。他们在短短的几个世纪之内迅速繁衍并分布于十分广泛的地区,主要是由于他们最早学会使用铁器。掌握了炼铁术和铁器使用方法的班图人能够开垦更多的土地,饲养更多的牲畜,使其生产力得到迅速提高,所到之处不断征服、同化或撵走其他民族,使自己的队伍不断壮大,他们在每一处定居下来之后,都会分流出一部分年轻人继续开辟新的世界,使迁移过程不断推进。最终,班图人逐渐遍布非洲大陆的整个南半部。

在荷兰殖民者到来之前数百年甚至上千年的变迁中,桑人主要居住在奥兰治河以北的干旱地区和龙山一代,科伊人住在雨量充沛的开普地区,而班图人则主要居住在南非东半部和中部。他们共同生活、共同繁衍,从自然界获得生存所需要的食物和生活用品,虽然偶有争斗和厮杀,但更多的是相安无事和怡然自得,这些南非的土著居民们自由而安宁地生活在南非这片美丽而富饶的土地上。①

第二节　三百年的欧洲殖民统治

一、荷兰殖民统治时期

14 世纪至 15 世纪,欧洲资本主义萌芽出现,生产和贸易的不断发展,推动着人们不断寻找并探索能为他们提供财富的地方。欧洲人从北非的阿拉伯人那里得知非洲盛产黄金,这使他们极为向往传说中遍地黄金的非洲。另外,奥斯曼帝国的兴起切断了原先通过地中海与东方的联系,这也使欧洲人想另辟蹊径寻找去往东方的道路。世界历史发展到此,欧洲新航路的开辟使葡萄牙人沿着非洲西海岸一路南下,既希望探索神秘的非洲大陆,也希望绕过非洲去往东方。经过年复一年的不断探索,1487 年葡萄牙人迪亚士终于率领船队抵达了非洲最西南端的好望角,并绕过好望角于 1488 年返回葡萄牙里斯本。1497 年,达伽马的船队再次起航,到达好望角之后遇到了土著居民科伊人,与当地人起了冲突之后仓皇逃离,最终在非洲东海岸城市建立了据点。

17 世纪上半叶,荷兰殖民者取代葡萄牙殖民者取得了非洲的殖民霸权,荷属东印度公司为了解决公司商船从荷兰到远东这一漫长路途中的食品和淡水供应不足的问题,于 1650 年在好望角建立供应站,称为开普供应站,由范里比克负责建站工作。② 第一批在南非土地上定居的白人是 90 名公司雇员,但毫无工作积极性的他们显然不能维持供应站的正常运转。因此,范里比克向公司提出了对南非历史发展影响深刻的"自由农"制度,并成为开普供应站沦为殖民地的开端。公司最初对"自由农"制度进行了极为苛刻的限制,这样的盘剥和压榨很快就遭到了"自由农"的激烈反抗,这些人有着与公

---

① 参见卫灵:《艰难历程:南非反种族主义斗争始末》,世界知识出版社,1997 年,第 7 页。
② 参见葛佶:《南非——富饶而多难的土地》,世界知识出版社,1994 年,第 26 页。

司不同的利益和要求,并且随时可能爆发反抗公司的斗争来捍卫自己的利益,这意味着供应站中出现了新的成分——殖民者。这些殖民者受到公司的层层束缚,因此他们的逆反心理比世界其他地区的殖民者都要强烈。"自由农"拥有公司赋予的开垦科伊人土地的自由,造成了其与当地居民的直接冲突。为了防止科伊人的报复行为,范里比克建造了一道篱笆墙使之与当地居民隔离开来。但这道隔离墙却遭到了白人移民的强烈反对,他们要求冲破隔离,不断扩展更多的土地,同时增加殖民人数,这样的扩张使白人殖民者与当地人的矛盾变得不可调和,直到诉诸武力解决。武力的悬殊使科伊人节节败退,部落不断瓦解,不得不离开这片富饶而美丽的土地,退到荒凉贫瘠的地区。更为原始的布什曼人更加无法抵挡殖民者的扩张,这种情况持续了一百多年。

屠杀、奴役和驱赶了土著居民之后,这支以荷兰人为主体,包括德国和法国等欧洲国家的白人殖民队伍不断扩大,他们被称作"布尔人"。

二、英国殖民统治时期

18 世纪,荷兰的国际地位不断衰落,英、法成为抢夺和瓜分殖民地的主要国家,对于好望角这个"兵家必争之地",双方进行了数次争夺,最终英国于 1806 年占领了好望角,结束了荷属东印度公司对开普地区长达 154 年的统治。英国取代荷兰成为新的殖民者之后,把其建立在好望角地区的殖民地称为开普殖民地,并且殖民地范围随着英国统治范围的不断扩大而扩大。英国殖民者最初到达开普殖民地时即与布尔人产生了激烈的矛盾,他们认为向殖民地大量移民能够缓和布尔人与当地居民的矛盾,试图改变布尔人对当地人的不公平待遇,并能缓解英国国内社会因战争和失业造成的社会矛盾。因此,英国殖民者不断向殖民地大量移民,这些移民包括英国国内的大批失业者、退伍军人和传教士等,他们的到来使自由惯了并能对当地人和奴隶为所欲为的布尔人难以忍受,双方不断爆发激烈冲突,同时,布尔人不断内迁,与非洲人民的矛盾加剧,更加深了非洲人民的苦难。这些英国移民带来了英国社会的生产和生活方式,他们在聚居的地方建立了学校、教堂和小作坊等,逐渐形成了具有一定规模的城市。

英国殖民者的统治者带来了先进的资本主义生产方式,再加上他们对当地廉价劳动力资源的利用,沉重打击了布尔人的封建农场。布尔人把目光转向开普殖民地以东和以北的地区,于1836年开始了大规模迁徙。布尔人的这次大迁徙遭到了班图人的顽强抵抗,双方爆发了多次战争,布尔人只好绕开东方,越过奥兰治河,向德兰士瓦高原挺近。在这块多难的土地上,有几股势力不断爆发着冲突和战争:布尔人与班图人的战争、布尔人与英国殖民者的战争和班图人各族部落之间的战争。布尔人在对班图人的战争中进行了残忍的奴役和屠杀,使班图人死伤惨重,但班图人用血肉之躯抵挡着殖民者刀枪和火炮的猛烈进攻,在守护家园、抵抗侵略的过程中表现出了宁死不屈的精神。

大迁徙的布尔人一直抱着建立共和国的愿望,因此在迁徙过程中一有机会他们就会建立自己的共和国。最初建立了温堡共和国,随后一部分布尔人分裂出去并在纳塔尔地区成立了那塔利亚共和国。但英国殖民者为了挽救经济颓势,对那塔利亚共和国发动进攻,最终建立了纳塔尔殖民地,绝大多数布尔人返回德兰士瓦。与此同时,另一部分从温堡共和国分裂出去的布尔人去了德兰士瓦,战胜了马塔贝莱人之后建立了政治中心。但英国殖民者并不甘心布尔人建立自己的共和国,他们不断与布尔人发生冲突,并最终承认"奥兰治河主权国"的布尔人独立,改名为"奥兰治自由邦"。

到19世纪50年代,在南非的土地上存在着四个政治实体,分别是两个英国殖民地(开普殖民地和纳塔尔殖民地)和两个布尔人共和国(德兰士瓦的南非共和国和奥兰治河地区的奥兰治自由邦)。

1859年苏伊士运河的开凿,严重威胁了开普殖民地的白人商人和种植园主的经济发展,大批殖民者已经准备移居他处,但就在1870年左右,在金伯利发现了深藏地下的巨大的原生金刚石岩筒,1871年在德兰士瓦发现了巨大的黄金矿藏,这一发现震惊世界,吸引了世界各地的殖民者和冒险家蜂拥而至,你争我夺,经过激烈的竞争和兼并,矿藏的生产逐渐集中到少数人手中。巨大财富的发现不仅加剧了英国殖民者与布尔人的矛盾,更从根本上改变了南非此后的政治、经济发展。金刚石矿藏位于开普殖民地、奥兰治自由邦和德兰士瓦的南非共和国三方交界处,但由于原本的界限划分并不明确,导致各方争抢更加激烈,互不相让,甚至威胁主权和生死存亡。而黄金矿藏位于德兰士瓦,英国殖民者后悔当初把主权让给布尔人,于是为了抢夺财富,吞并了德兰士瓦。布尔人奋起反抗,誓死夺回主权,德兰士瓦再次独立,这次战争被英国人称作第一次英布战争,布尔人则称作第一次独立战争。经过第一次英布战争,双方矛盾被激化,1897 年,德兰士瓦的南非共和国与奥兰治自由邦结成防守联盟,并针对英国殖民者军队在双方边境上的调动问题下达最后通牒,在最后通牒遭到英国政府断然拒绝之后,于 1899 年10 月向英国宣战,第二次英布战争爆发。战争开始时布尔军取得节节胜利,但随着英军不断增援,1900 年 5 月奥兰治自由邦被英国兼并,9 月兼并了德兰士瓦。但布尔人并未放弃抵抗,一直坚持到 1902 年 4 月弹尽粮绝。同年5 月,双方在比勒陀利亚签署《弗雷尼欣和约》,布尔人的两个共和国丧失独立,沦为英国的殖民地,更加巩固了白人殖民者的殖民统治。

三、英属南非联邦政府时期

英布战争结束之后,英国当局企图在政治上统一南非,但布尔人称自己是"阿非利卡人",并同样对统一南非产生了兴趣。面对人口数量占绝对优势的黑人,英国殖民者与阿非利卡人联合起来,同时为了推动资本主义经济进一步发展,建立统一的市场和交通等,通过召开没有非洲人参加的"国民会议",讨论成立一个单一的、高度集权的联邦制国家,并最终拟定了南非统一宪法草案。根据 1909 年颁布的《南非法》,1910 年 5 月 31 日,经过英国议会批准,由开普殖民地、纳塔尔殖民地、德兰士瓦殖民地和奥兰治殖民地等联合组成的南非联邦正式成立。原来的四个殖民地即成为南非联邦的四个省,并取得了英联邦自治领的地位,这样,南非四个殖民地各自为政的状态结束。英国国王仍为国家元首,英国总督是最高行政长官,英语和阿非利卡语同时成为官方语言。此外,南非联邦还出现了一个世上绝无仅有的情况:它的首都设在原德兰士瓦的首府比勒陀利亚,而议会在原开普殖民地的首府开普敦,最高法院则在奥兰治自由邦的首府布隆方丹,三权鼎立。①

南非联邦成立以后,由前布尔人将军路易·博塔和简·史末资领导的"南非党"在第一次大选中击败亲英的、代表工商界利益的"联邦党"而获胜,由博塔出任联邦政府第一任总理,史末资出任矿业、内务和国防部三部部长。白人殖民政府通过强化对非白人特别是黑人的统治,并通过一系列法律巩固权力基础,保证了其对政治绝对的控制权,对土地、矿产等资源的不合理占有和使用的合法权,以及盘剥和奴役广大黑人的权力。自此进入了南非历史上最黑暗的八十年种族主义统治阶段。②

南非联邦的成立,标志着南非种族主义统治制度正式建立。在南非联邦成立不久之后,出现了第一次内阁危机。在第二次英布战争中表现突出的一些布尔将军,在如何对待南非的非白人和如何对待南非的说英语的白人的问题上产生了严重分歧。以路易·博塔和简·史末资为代表的一派认为,说英语的白人应该与阿非利卡人联合起来,组成一个统一的白人集团,同时保留英国人和阿非利卡人的传统。而以原奥兰治自由邦的将军赫尔佐格为代表的一派则主张阿非利卡人和英国人各走各的路,同时削弱与英国的关系,这种态度激起了英国人的强烈反对,导致最终以路易·博塔提出全体内阁辞职,并在重新组阁时将赫尔佐格排除在外而告终。但在阿非利卡人内部,这种分歧一直存在并暗自较量,赫尔佐格退出执政党"南非党",建立"国民党",成为国民党的奠基人。

1915 年 10 月的南非联邦第二次大选,南非党并未像第一次大选时获得绝大多数席位,国民党异军突起,虽未能取得多数席位,但迫使南非党只能与由说英语的人组成的联邦党联合执政。由于路易·博塔去世,南非的社会危机日益严重,社会矛盾不断激化。赫尔佐格领导的带有强烈种族主义

① 参见葛佶:《南非——富饶而多难的土地》,世界知识出版社,1994 年,第 56 页。
② 参见叶兴增:《世界列国国情习俗丛书·南非》,重庆出版社,2004 年,第 52 页。

色彩的国民党逐渐得到越来越多的阿非利卡人的拥护,并在 1920 年的南非联邦第三次大选中得到了未超过半数的最多席位。1921 年重新大选时,南非党与联邦党合并才赢得了继续执政的机会。

阿非利卡人的境遇不断恶化,为了改善境遇,组织了大规模罢工,受到了联邦政府的武力镇压,死伤惨重,这次大罢工不仅针对白人资本家,同时也强烈排斥黑人,因此带有严重的种族主义性质。大罢工被镇压下去以后,南非党的声誉一落千丈,在 1924 年提前大选中败北,但国民党也由于未超过半数席位,因而与代表白人工人利益的劳工党联合执政。赫尔佐格担任南非联邦总理直到 1939 年。他的执政,使南非联邦向摆脱英国的控制迈出了决定性的步伐,但也同时通过一系列法律更加巩固了种族主义制度。

阿非利卡人中的穷白人在经济发展的过程中受到了黑人的冲击,特别是在制造业中,黑人甚至超过穷白人而成为技术骨干,并且大批黑人拥入白人居住区和矿厂,造成了杂居混乱状况,给白人带来了不安感。一部分穷白人担心黑人带来的竞争削弱他们的经济地位,引起了对黑人的种族主义情绪。到 1948 年大选,国民党终于战胜了统一党而赢得了多数席位,执掌了南非大权,也使南非从此走上了种族隔离制度化的道路。国民党在此次大选中之所以能够取得多数席位,主要是由于它迎合了选民的反英情绪和种族主义立场,阿非利卡人的人心向背在此次大选中起到了关键作用。

国民党执政以后,首先大刀阔斧地解决了稳定经济和资金外流问题,使国内经济又重新振作起来,随即开始了将种族隔离制度化的进程,实质是通过立法使非白人与白人不处于平等地位,即不同种族必须处在不同位置,不能混淆,包括种族分类、不能通婚、不能杂居、不同教育等。白人的特权使国民党的统治得到白人的支持,统治地位得到巩固。1960 年,统治当局宣布将就南非是否从英国自治领转变为共和国进行全民公决,投票结果是成立共和国的意见以微弱优势获得胜利。[1]

---

[1] 参见葛佶:《南非——富饶而多难的土地》,世界知识出版社,1994 年,第 109 页。

第三节　南非共和国时期

一、种族隔离与反种族隔离

1961年5月31日,南非退出英联邦,成立南非共和国,由间接选举产生的总统代替了英国总督。南非当局长期在国内以立法和行政手段推行种族歧视和种族隔离政策,1948年国民党执政后,更是全面而彻底地推行种族隔离制度,南非黑人居民过着极端耻辱、丧失尊严的生活,公园、邮局、银行、酒店、商场、剧院和图书馆等社会公共基础设施里,火车、汽车、飞机等交通工具上,教育、婚姻等社会生活的各个角落都可以看到以肤色为标准的歧视和隔离,并且极端镇压南非人民的反抗斗争,这遭到了国内社会和国际社会的谴责和制裁。为了实行种族隔离的政治目的,"黑人家园"计划被强制推行。这项违背伦理和道德,违反经济发展规律,严重践踏黑人的尊严的计划开始推行起来并不顺利,实质上是将黑人家园当作白人的内部殖民地一样计划的。但伴随着同一时代非洲大陆风起云涌的民族解放运动,南非国内的反种族隔离政策的斗争也进入高潮,南非广大黑人从未放弃"解放祖国、争取自由与平等"的斗争,但大规模群众运动遭到南非当局政府的血腥镇压,两股势力不断进行激烈交锋。

二、民族解放运动

20世纪80年代,是南非黑人解放运动向白人种族主义政府全面进攻的重要时期,这一时期的反抗和镇压达到了白热化程度。"黑白"力量对比的有利方逐渐转向黑人,虽然遭到白人当局残酷血腥的镇压,黑人解放运动却以燎原之势迅速扩展至全国,到最后白人当局政府甚至无法镇压。随着黑人反抗种族主义斗争的进一步发展,南非不断受到国际制裁,经济出现困境,阿非利卡人中的经济实用主义者思想逐步转变,分裂倾向日益明显,白人政府的种族主义统治出现危机,国民党的统治地位受到动摇。1989 年的大选结果即表明了这一点,国民党支持率下降,虽然保住了多数席位,但前所未有的危机令国民党内部分歧公开化,德克勒克出任国民党领袖和总统以后,不得不作出诸多让步,政府当局与反种族隔离领袖曼德拉进行对话,通过和谈推动民主化进程,种族隔离制度得到一定瓦解。

1990 年是南非民族解放运动的转折年,在这一年,当局政府取消了对反种族主义运动相关组织的禁令和限制,释放羁押人员,特别是无条件释放黑人领袖曼德拉。以曼德拉为首的非国大党代表团和政府代表团进行第一次正式会谈,商讨维护国家稳定、废除种族隔离制度等事宜,并达成多项协议,限制黑人的种族主义法律法规开始废除,政府当局迈出了废除种族隔离制度的重要一步。①

1991 年 12 月 20 日,"民主南非大会"第一次会议在约翰内斯堡举行,19 个政党和 200 多名代表参加会议,会议以协商一致的原则通过了《意向声明》,与会政党表示愿意为建立一个统一、自由、民主、平等的新南非而共同努力。会议成立了五个工作小组为构建新南非进行筹备工作,非国大党与国民党经过长时间谈判,在多党民主、一人一票、分阶段政治过渡等原则问题上达成一致,但在制宪机构和政治过渡问题上出现了严重分歧。②

在激烈的政治博弈中,1992 年 5 月"民主南非大会"第二次会议仍然出现严重分歧,未达成任何协议,会议陷入僵局,群众示威和罢工运动接连发生,支持非国大党的大规模群众运动给处于经济衰退中的南非造成了巨大损失,社会危机加剧。当局政府不得不作出让步,非国大党也同时作出妥协,双方逐渐达成一致,推动了新南非民主改革进程。结束白人政府统治"时间表"显示,通过召开多党谈判,建立过渡执行委员会,通过过渡宪法,于1994 年 3 月和 4 月举行所有种族参加的全国大选。按照"时间表"的计划,

① 参见叶兴增:《世界列国国情习俗丛书·南非》,重庆出版社,2004 年,第 80~82 页。
② 同上,第 83 页。

各政党举行多方会谈,经过激烈商讨,终于决定于 1994 年 4 月 27 日举行南非首次非种族大选。

1994 年大选规模空前,绝大多数选民是第一次拥有选举权的黑人,南非国内各大政党都在作着积极的竞选准备,国际社会也给予此次大选充分的支持。1994 年 4 月 26 日至 29 日,南非历史上首次不分种族的大选如期举行,大约 2200 万选民履行了他们神圣的选举权利,27 个政党经过激烈角逐,非国大党以获得 1200 多万张选票的绝对优势取得大选胜利,非国大党主席曼德拉也成为南非历史上首位黑人总统。5 月 10 日,由非国大党、国民党、因卡塔自由党组成的、代表多种族平等的“民族团结政府”宣誓就职,宣告了长达三百多年的种族主义制度的结束和新南非的诞生,南非也进入了新的历史发展时期。①

第四节　民族团结政府时期

一、新政府重建国家秩序和缩小种族差距的努力

新南非的诞生标志着种族主义制度在政治上走向终结,但种族间的不平等和差异性造成的经济和社会发展不平衡难以在短时间内彻底消除,种族歧视思想在很大一部分白人中顽固存在,根深蒂固,很难快速扭转。南非新政权面临着前所未有的重建国家秩序的艰巨任务。

南非新政府成立是各方政治力量相互妥协、让步的结果,达成的协议使新政府受到了诸多限制,新政府不可能大刀阔斧地进行改革来重新分配社会财富,必然会受到既得利益者的阻挠和破坏,使新政府不敢轻举妄动。并且非国大党作为执政党在新政权建立之前曾经过于简单地估计了当时的国内形势和未来会遇到的困难,之前对人民作出的例如解决就业问题、改善公

---

① 　参见叶兴增:《世界列国国情习俗丛书·南非》,重庆出版社,2004 年,第 90 页。

共基础设施问题等诸多承诺难以兑现,南非人民对新政府的期望过高,因此造成巨大落差。虽然难以在短时期内兑现所有对人民的承诺,但新政府成立之后实现了政治平等、社会秩序稳定、人民生活平静,这为经济复苏提供了良好的外部环境和内部动力,使国家经济在短时期内实现了稳定增长,克服了财政赤字。

新政府在缩小黑人与白人社会差距上作出了巨大的努力,致力于改善黑人的生活水平,让黑人参与国家政治生活,提高黑人的社会地位,为黑人提供各种各样以前几乎难以享受的机会和待遇。但尽管如此,南非黑人失业问题仍然是困扰新政府的大问题,由于黑人没有固定、正式的工作,没有固定收入和固定居所,就业机会的有限性使几百万黑人失业者无家可归、无业可就,成为威胁社会稳定的因素,对社会秩序和治安造成威胁,偷盗抢劫等犯罪活动频繁发生。

二、新宪法的颁布与国际地位的提高

南非新政府成立以后为加紧制定新宪法而努力,以取代临时宪法,新政府组织多次大讨论,认真听取各党派和社会公众的 200 多万条意见,经过激烈协商和利益协调,制宪问题取得实质性进展,但直到规定期限截止前几日,涉及财产所有权、教育和劳资关系三方面问题未达成协议。经过艰苦的谈判,各方利益代表终于在最后一刻达成相同意见,新宪法获得通过。1997年开始逐步取代临时宪法。新宪法确认了三大原则——"统一的南非、法律面前人人平等、三权分立",虽然难以调和所有阶层和利益群体的意志,各种社会利益和社会阶层仍然有诸多分歧,但新宪法的实施仍然对新南非的民主进程和社会发展产生了巨大推动作用。

南非新政府成立之后,国际社会改变了以往的制裁态度,纷纷与新政府开展各领域的广泛合作,停止或废除了一切对南非制裁和抵制政策。新南非依靠其丰富的矿产储量发展工业、制造业、能源业、电力工业等推动经济快速发展,成为非洲大陆五十多个国家中经济实力最雄厚的国家,政治上也凭借民主平等的政治改革得到国际社会的认可,政治地位得到提升,国家综合实力迅速增强。而且新南非政府领导人具有国际眼光,放眼整个非洲,倡导非洲复兴计划,积极开拓非洲市场和国际市场。可以预见,南非将在国际事务中发挥越来越重要的作用。①

综观整个南非历史,白人与黑人、侵略与反侵略、统治与反统治、种族隔离与反种族隔离,构成近现代南非历史发展的主角和主线。② 殖民前的南非是与世隔绝的有着丰富、独特、灿烂辉煌的古代文化的南非,殖民时代的南非是从未停止过的抵抗殖民者侵略、争取平等自由权利的血泪南非,民族团结政府时期的南非是黑人统治下平等、民主、自由、统一的重新崛起的新南非。

---

① 参见郑家馨:《南非史》,北京大学出版社,2010 年,第 381～390 页。
② 参见卫灵:《艰难历程:南非反种族主义斗争始末》,世界知识出版社,1997 年,第 1 页。

第十四章　南非的文化变迁

从整个非洲大陆文化的视野来看,非洲漫长的原始社会使非洲土著人民在推动物质文明不断前进的同时,在精神世界也创造了异常灿烂的文化成果,岩壁画就是其中一个典型代表。非洲的岩壁画从时间上来看与欧洲史前岩画的时间差不多,根据一些岩壁画所描绘的已经灭绝的物种来判断,最早的岩壁画至今已有近三万年历史。这些岩壁画主要集中在非洲南部,已发现的数量就达上万个。之所以叫岩壁画是因为这些图画大多数是刻绘在露天岩壁上的,但也有一小部分刻画在洞穴中。从岩壁画的内容上来看,一般是反映原始非洲人的原始宗教或巫术、狩猎、饲养动物和日常生活等,展现其与大自然或崇敬、或畏惧、或服从、或反抗的关系,为后人了解和研究原始非洲文化提供了非常有价值的参考。除了岩壁画以外,原始非洲的雕塑艺术也非常生动形象,一些动物和人被活灵活现地塑造成较小的泥塑,反映了非洲原始人丰富的想象力和创造力,具有非常重要的文化意义。

第一节　前殖民时代的土著文化

欧洲殖民者到来之前,南非最早的土著居民是桑人、科伊人和后来南迁的班图人,他们在生产力水平极端低下的情况下与恶劣的自然环境进行着艰苦卓绝的长期斗争,也在不断迁徙和融合的过程中产生了丰富多彩的文化,他们才是南非真正的主人。

一、科伊桑人文化

科伊桑人是南非境内最古老的居民,桑人一般从事狩猎经济,并且他们的狩猎经济发展十分缓慢,直到最后消失都没有开始向畜牧经济过渡。这样极端低下的生产力使桑人的经济基础十分薄弱,社会发展十分缓慢,人口也十分稀少,这就使他们难以产生先进的文化,主要以宗教崇拜为文化的主要表现形式。桑人有两个部落,即昆人和格威人,宗教信仰都信奉两个超自然的神灵——造物主和权威较低但部分掌握生死疾病的神明。昆人和格威人相信灵魂但不祭祀祖先,这是与大多数班图人不同的地方。相对而言,科伊人主要以畜牧经济为主,狩猎为辅。这样的生产方式使他们逐水草而居,经过不断的长途迁徙和跋涉,使科伊人的语言、文化和生活方式与狩猎民族产生了巨大反差,生产力也得到了很大发展。随着人口不断增多,逐步发展成了酋长制的部落组织,随着荷兰殖民者的入侵,科伊人除部分改信基督教外,其余的人保持万物有灵的信仰,崇拜自然力和祖先,相信巫术。巫师被看成是最有魔力的人,他们法力很大,非常人所能及,他们有着特殊的魔力,不仅可以在人间行使魔法,还可以到阴间与鬼神往来。巫师一直以人与鬼神的媒介的身份出现在人们日常生活中。人们求得巫师的魔力,帮助自己解决棘手的实际问题。科伊人也十分崇拜月亮,每当新月与满月之时,他们就会特别激动,将月亮称为"统帅",整夜欢歌曼舞。

二、班图人文化

生活在东部的班图人也是南非境内最早的居民,班图人的文明程度相对于科伊桑人较高,他们的生活方式、文化习俗和语言等都不同于科伊桑人,由于已经熟练掌握铁器在农业中的应用,因此班图人的种植业非常发达。以刀耕火种为生产方式的班图人严重破坏了居住地的生态平衡,因此不得不大规模从东向南迁徙,与科伊桑人不断融合,并且将较为先进的铁器文明和农业经济带到了非洲南部,出现了农业经济和畜牧经济混合的民族大融合,班图人的畜牧业也得到了极大发展和进步,在农耕和畜牧过程中产生了丰富的词汇、谚语和故事,丰富了班图人的文化生活。此外,班图人能制作较高水平的各种动物皮制的服装,如围裙、披肩、鞋帽等。

在班图人中,盛行祖先神灵崇拜。每个父系大家族部崇拜自己的祖先,求祖先神灵保佑子孙们一生平安,全家每日有饭吃、有奶喝。逢有家人结婚、生子等喜事,班图人绝对忘不了膜拜祖先神灵,感谢神灵的恩典。班图人迷信所谓"先兆",认为无论好事坏事在发生之前都有各种先兆。为了避邪免灾,人们普遍佩戴护身符。猎人、战士、牧人的脖子上都挂着木制或骨制的珠子,或者是从巫师那里求来的饰物。他们相信,这些东西都有灵性,可以抵御危险和疾病,祛除鬼魔缠身。

班图人性格温和、待人友善,不到迫不得已的情况下不会与人发生冲突。无论男女老少、长幼尊卑,见面都会问候交谈,人际关系非常和谐。班图人有自己的"传授学校",主要教授青春期男孩性教育、部落的风俗习惯和历史文化,还要通过各种体能考验才能视他们为真正的成年男子。班图人另一大风俗是割礼,通过割礼,男孩成长为男人,可以参加战争并得到社会认同,成为强者。班图人的谚语和神话反映了过去的历史同时也是知识和技能的传播方式,一直流传和保存了下来。班图人的艺术水平也很高,特别是舞蹈,节奏感强、热情奔放,极具艺术表现力和感染力。

第二节 殖民时代的二元文化

一、白人移民文化的入侵

欧洲殖民者的入侵改变了南非的历史命运,新航路的开辟带来了殖民者对南非野蛮的侵略,但也同时带来了开化的文明,白人文化猛烈地冲击着土著黑人文化。

1687年,从荷兰逃亡来的两百多名法国新教徒通过与荷兰人通婚,在长期的共同生活中,他们的语言就形成了以荷兰语为基础并吸收了土著语言、法语和德语的新语种——阿非利卡语。同时,这些新教徒的许多文化和习俗也保留了下来,形成了一种具有殖民地特色的阿非利卡文化。阿非利卡文化以阿非利卡语为通用语言,以荷兰正教会为统一的宗教信仰。后来阿非利卡一词逐渐成为布尔的同义词。军事上的失败使布尔人更加在政治上、文化上强调自己的特性。当布尔人与当地人和英国人发生越来越多的冲突时,他们越来越多地称自己为阿非利卡人,强调自己是非洲人,是比英国人,甚至班图人更早来到这里的非洲人。早在1875年,在开普的布尔人中就出现了一个文化团体,自称"阿非利卡人会社",其宗旨是:在当时通行的已不同于荷兰语的布尔人的口语基础上,创造出一种新的文字——阿非利卡文字。在这以后,无论是在英国人统治区,还是在布尔人共和国内都出现了一些阿非利卡人组织。

阿非利卡人创造了自己的文字之后,又于1876年出版了第一份阿非利卡文的报纸《阿非利卡爱国者》,报纸以"要建立我们的语言、我们的民族、我们的国土"为口号,宣传民族主义思想。可见,阿非利卡人的民族性是非常强的,甚至将阿非利卡语规定为官方语言。阿非利卡人有着强烈的非洲本土意识,甚至强于南非土著黑人的本土意识,这种情况在移民者当中是非常罕见的。他们通常将自己视为地道的非洲人,与母国的联系早已割断,连语言都改变了。但他们一方面称自己为非洲人,另一方面又惧怕真正融入黑人的文化,因此倒向白人统治者一边,是种族主义的维护者和支持者。

外来的宗教也是影响撒哈拉沙漠以南的非洲文明的发展的重要因素,基督教、伊斯兰教和犹太教,都对撒哈拉沙漠以南的非洲的文明产生了非常重要的影响。最先抵达南非的葡萄牙殖民者将天主教带到南非,但葡萄牙人短暂的到来未能使天主教在南非得到传播,紧接着荷兰殖民者带来了基督教,但一开始基督教的传播受到了当地布尔人的阻挠,所建立的传教组织也被迫解散。直到英国殖民者占领开普敦并推行"宗教自由"政策,支持各新教派进行传教活动,至此,基督教得到广泛传播。大批传教士和传教组织向当地黑人进行传教,企图通过宗教控制黑人部落。随着英国人通过战争第二次占领开普敦,传教活动更加深入到南非内地,在更广阔的范围内向黑人传教,并举行宗教大会。基督教经过长时间对部落首领的宣传,使部落首领皈依基督教,并率领全部落都服从英国殖民者的统治。传教活动成为英国殖民者扩大殖民地、巩固殖民统治的有力武器。看到英国新教在南非传播如此迅速,其他国家的新教团也争先恐后来到南非进行传教,一时间南非聚集了众多基督新教团。与此同时,阿非利卡人的归正会受到了基督新教的冲击,他们的迁徙使归正会的传播范围扩大到开普敦以外的地区。基督新教在南非传播的如火如荼,也极力阻挠天主教重返南非,但天主教也不屈不挠地坚持传教活动,经过几十年的努力终于在开普敦占有一席之地。

基督教在南非的发展也经历了非洲本土化的进程。大批黑人接受了基督教的洗礼之后皈依了基督教,黑人神职人员要求黑人与白人平等地处理和领导教会事务,希望摆脱西方传教士对基督教会的控制。他们通过退出教会、自立门户的方式建立了一批黑人教会,并发展出了带有黑人特点的宗教礼仪和神学教义,不断发展壮大,发展成为独立教派运动。

亚洲也有宗教传入南非——印度教、佛教和伊斯兰教。伊斯兰教主要由马来人穆斯林集团和印度人穆斯林集团组成,并且穆斯林在南非建立古兰经学校。印度移民带来了印度教和佛教。犹太教也随着犹太移民的进入被带入了南非。

南非是一个宗教教派十分复杂的国家,但最主要的还是基督教。基督教的传教活动客观上为殖民者的殖民活动起到了先锋作用,但基督教在南非的传播和扎根并不全是负面影响。例如,各教派在对待种族主义制度的态度上是不一致的,有些教派如荷兰归正会是站在维护白人利益的立场上支持种族隔离制度的,然而也有许多基督新教的派别是坚决反对种族主义制度的,如圣公会和卫理会,它们利用宗教进行反种族主义斗争,在为黑人争取自由和平等方面起到了重要作用。可以说,在某种程度上,宗教推动了南非民主化进程,促进了民族团结,推动了种族平等。

二、奴隶制度下的种族隔离文化

从欧洲殖民者进入南非建立殖民地到新南非建立以前,白人殖民统治者一直推行种族歧视和种族隔离政策,黑人以及其他有色人种在各方面都饱受歧视和限制,种族主义思想泛滥。

严格的种族隔离政策使南非的黑人和白人受到了绝对的隔离和严密的控制,在文化上的表现亦是如此,特别是受到南非白人各阶层拥护和支持的斯托拉德主义所倡导的绝对性地区分黑白两种文化。来自欧洲的白人认为他们的文化具有纯洁性,必须与非洲黑人文化相隔离,而且是彻底隔离,要坚决避免和阻止任何吸收黑人土著文化的做法,保护其文化的完整性。但同时也有一部分白人主张同化黑人文化而不是完全隔离,他们希望用自己具有强大生命力的欧洲文化把南非土著黑人文化进行同化,使黑人完全融入白人社会体系和政治生活,接受白人的统治。严密的种族隔离政策最终以法律的形式确立下来,黑人的政治权利,特别是选举权和被选举权受到剥夺。

白人通常通过传教士、传教组织和宗教活动进行文化上的隔离和同化。传教士组织的教育系统是非洲人居住区内唯一的教育系统,提供小学到中学的学校教育,但在他们所用的教材中均不能涉及黑人的历史和文化。因此,由欧洲人撰写和讲授的南非历史与文化是扭曲的和不真实的,潜移默化地影响着黑人世界所固有的、潜意识的价值观。同时,大批黑人劳动力的迁移和流动,也影响和冲击着已经形成的黑人传统文化,对本就脆弱的黑人文化体系造成不小的冲击。随着种族主义政策的不断推行和白人对黑人的压迫不断加重,南非黑人被排斥在现代化进程之外,造成了黑白两种文化的冲突和种族关系的恶化,一些受过西方教育的黑人知识分子成为领导黑人民族解放斗争的领袖,带领广大黑人进行不屈不挠的民族解放运动。

第三节 黑人的反抗与斗争

一、白人的种族压迫与黑人的反抗

南非黑人社会在反抗种族歧视与种族隔离政策的道路上一直进行着长期曲折而艰苦的斗争,无论是零星的、分散的还是有组织的、大规模的,反对种族主义的活动从未停止过。虽然南非人民的反种族歧视和种族隔离的斗争得到了国际社会的广泛同情和支持,但南非当局坚持推行种族隔离制度,坚持种族不平等的信仰,认为黑人是劣等种族,只有白人才是上等种族,黑人无力改变自己的困苦处境,对人民的反抗斗争采取镇压或者欺骗的软硬兼施的态度。即便是在这种情况下,南非黑人的文化并没有被彻底消灭,而是通过与欧洲人的接触,主要表现为反抗种族主义隔离制度和政策、追求种族平等和自由,民族意识和政治意识日益觉醒并逐步加强,成为指导非洲黑人进行反种族主义制度斗争的指导思想和旗帜。曼德拉等新一代的黑人领袖强调必须依靠黑人自己的力量,广大黑人同胞团结起来进行不屈不挠的斗争才能获得最终的解放和自由。黑人的反抗斗争和白人的种族压迫是这一时期历史发展的主线,在不断的压迫和反抗、再压迫和再反抗的反复过程中,广大黑人的民族意识和爱国情感被不断激发出来,白人统治者为了维护殖民统治而进行更加严酷的种族隔离和种族歧视政策,南非的黑白两种文化在不断碰撞中逐渐形成了具有鲜明特色的黑白对立文化。

二、祖鲁人与恩德贝莱人的斗争

具有代表性的是祖鲁人对白人残暴的殖民统治和文化同化与毁灭政策的反抗。祖鲁人于1809年建立祖鲁王国,并实行政治改革,逐步建立起了规模庞大的祖鲁军队,并四处征战,统一其他部落联盟,祖鲁人的民族意识逐渐觉醒,最终形成了强大的祖鲁王国。1897 年,后祖鲁人被英国殖民者分散在十三个保留地内,祖鲁人为了保护自己的文化传统,开展了祖鲁民族文化解放运动,为保留传统黑人文化做出了重要贡献。

恩德贝莱人——原属于祖鲁部落联盟的一部分,和佩迪人一起(成立了部落王国)与布尔人进行殊死搏斗,因难以抵挡殖民者先进的武器而被分割并遭受残暴奴役统治,在饱受南非殖民统治者的种族隔离政策的残害的情况下,仍保持传统的宗教信仰和语言文化,但没有文字。

种族隔离制度是不符合历史发展要求的,南非人民最终战胜压迫,在黑人领袖的领导下成立了新南非,种族隔离制度终结。[①]

第四节 民主统一、种族平等的新南非

一、南非政治民主改革的进程

南非的政治民主改革进程持续了四年多,在长时间的曲折斗争中,南非人民始终把和平、民主、自由、平等和统一作为心中神圣不可侵犯的信念,百折不挠,英勇不屈,无数个南非人民抛头颅、洒热血,斗争了几个世纪终于通过举行全民大选结束了三百多年种族主义隔离制度的摧残和压迫,选举出了南非历史上首位黑人总统。新南非的成立意味着广大黑人不用再饱受世代奴役,获得了解放,获得了尊严、自由和权力,获得了各种族一律平等的地位,获得了最基本的人权。有趣的是,那个时代出生的人的名字也大多叫"解放""自由""平等"等,都反映了南非人民难以掩饰的喜悦和幸福心情。

二、新南非建立的意义

新南非的建立除了标志着广大黑人获得了平等的地位和自由的权力,

① 参见李金龙:《国家地理百科》,远方出版社,2005 年,第 52 页。

也标志着南非各民族和各地区政治对立和政治隔离的结束,民族团结政府代表着政治上的统一,代表着各民族的团结,为经济发展提供了和平稳定的环境,注入了新的活力,综合国力不断增强,国际地位获得大幅度提高。南非作为非洲的领头羊,为推动整个非洲的民族解放和和平发展做出了重要贡献,整个非洲大陆都进入了历史发展的新时期。

新南非的建立对南非人民来说是具有划时代的历史意义的,开启了南非发展和改革的新纪元,也预示着新南非的发展将在和平、民主、统一和自由的背景下腾飞。

第十五章　南非高等教育的演变

第一节　南非的土著宗教与高深学问

一、传统宗教与部落高深学问

在欧洲殖民者到来之前,南非人民已经有了自己信奉的传统宗教,非洲传统宗教与基督教、伊斯兰教和佛教等宗教不同,是指非洲黑人固有的、有着十分悠久的历史和广泛社会基础的宗教。这种传统宗教没有明确的经文、教规和组织,主要体现在家庭和部落的习俗、礼仪、禁忌等日常生活中,靠口头传说而代代传承。尽管各部族信仰的宗教各不相同,但它们都有较为明显的共同特征,即保持万物有灵的信仰并且相信有一种至高无上的神灵,即尊天敬祖。自然崇拜如桑人在求雨和庆祝丰收的仪式上崇拜一位好上帝,认为好上帝掌握着氏族公社的集体生活,他们还认为有一位邪恶的坏上帝给人们带来疾病、灾难和死亡。[①] 布什曼人对瞪羚和公牛有着神圣的图腾信仰,不准族人打死或食用它们。班图人各族都崇拜祖先,把雨水、丰收等福祉的降临与祖先联系在一起,他们在结婚、成人仪式、征战等重大活动开始前都要祭祀氏族、部落祖先和已故的酋长等。

在黑人传统宗教中,家园领袖和酋长掌管祭祀,称为祭司,是在神和人之间起沟通作用的专职人员,是神与人的中介,专门负责向人们解释神的

----

① 参见张象:《彩虹之邦新南非》,当代世界出版社,1998年,第366页。

"意志",具有很高的权威。祭司通常是世袭的,成为祭司之前要接受非常严格的训练,学会忍受苦难,学习宗教仪式等,时间长达数年。除了祭司之外,还有巫师、占卜师等专门传授神的知识和有关技艺的人员,他们主要负责占卜部落或者个人命运,偶尔也负责给人看病等。

非洲是一个多语言和多民族的大陆,但自己创造的语言文字却屈指可数,在欧洲殖民统治建立之前,非洲各部族形成了口承文化这种具有显著特点的既传承祖先智慧,又表达思想情感的方式。在撒哈拉沙漠以南的非洲传统社会中,各部族的历史文化、神话传说、祖先遗训和伦理道德等都通过口口相传,一代一代地流传下来,成为保留本民族祖先智慧和文化的重要手段。这种口承文化甚至还形成了专门职业,负责保存和传授工作的人被称为"歌手""游吟诗人"或"格里奥",这些人社会地位较高,有时兼任宫廷顾问等职务,有时主持祭祀、就职等重大活动。

二、教会学校与西式教育传播

在欧洲殖民者到来之前,南非的黑人教育一直属于部落教育。1658 年,荷兰殖民者在开普敦建立第一所学校,学生是从一艘葡萄牙船上抢来的一百七十名荷属东印度公司的青年黑奴,教授荷兰语和基督教义,灌输臣服白人的思想。18 世纪上半叶,荷兰传教士进入南非,开办了一些黑人学校,教授教义和荷兰语,同时教授从事农业生产的技能、做买卖和建立居民点的技巧和方法。随后,欧洲其他国家的传教士也接踵而至,教会几乎遍布黑人社区和土著人居住地。1806 年,英国人占领开普殖民地后,比较重视教育,将本国的教师、教育制度和英语教学引进南非,开办向各种族开放的学校。在白人殖民者侵略扩张的过程中,将教育作为平息反抗的工具和手段,为黑人教育提供了一些帮助。①

基督教在南非传播了西方文化和价值观念,具有双重效果。一方面,对

———————

① 参见张象:《彩虹之邦新南非》,当代世界出版社,1998 年,第 381 页。

殖民主义起到了促进和推动作用,是殖民者推行殖民活动的精神旗帜;另一方面,也给南非带来了近代的教育和文化,教会为了传教,办学校、建医院、办报纸,这些都在客观上促进了南非新文化事业的发展。在相当长的时期内,教会学校是黑人受教育的唯一途径。基督教会于1895年在格雷厄姆斯敦设立金斯沃德学院和女子高等学校。20世纪初,基督教会又在开普敦、纳塔尔和德兰士瓦等地开设儿童之家和孤儿院,在比勒陀利亚和伊丽莎白港设立老人之家。此外,天主教注重通过发展教育事业来促进教会发展,到20世纪80年代建立了三百多所学校,拥有八万七千多名学生,还有医院、药房、文化教育组织,并出版多种语言的报纸。有的教会还通过创造文字来推动传教活动的开展,这在客观上推动了文化的传承和发展。教会也为南非的文教卫生事业培养了大批的知识分子,包括几乎所有的民族主义运动领导人都接受过教会学校的教育。正是非洲人民在基督教教义中找到了反对种族主义和殖民统治的思想武器,促进了非洲人民思想解放和民族解放运动的开展。[①]

第二节　模仿英国与种族隔离:殖民时期的高等教育

南非高等教育的发展演变受到贯穿于南非历史的殖民主义政治冲突、种族冲突和社会文化分歧的深刻影响,因此南非的高等教育在质与量上都带有种族高度分化的明显特征。

一、南非现代意义高等教育的初步建立

19世纪初,英国殖民者在南非首先开展传教活动。出于进一步发展传教活动的需要,一些传教团体,如苏格兰长老会团、伦敦传教士协会等,认为有必要在南非建立培养牧师、教师和进行农业培训的高等教育机构。这些

---

① 参见张象:《彩虹之邦新南非》,当代世界出版社,1998年,第379页。

私立高等教育机构在政府的资助下得以成立。1829 年,在开普敦创办了模仿伦敦大学的南非学院;1879 年,在斯坦陵布什创办了维多利亚学院,这些学院都以英语为教学语言。早期殖民政府还在 1858 年成立了文学和科学公共考试委员会作为专门机构,对各学院的毕业生进行考试,并发放毕业文凭。1873 年,又成立了开普好望角大学,作为非教学机构接管了委员会的考试权力,只要通过大学的考试,毕业生即可获得国家承认的证书。

这个时期的南非高等教育是模仿其宗主国英国的高等教育模式而建立并发展起来的,以中等教育为主要内容,目的是为英国留学进行预备教育,以便向英国输出廉价劳动力。然而由于是殖民主义者建立的高等教育,南非高等教育在建立初期就带有种族隔离主义的特点,主要表现为因种族不同而教育有别。在这个阶段,殖民主义还颁布了《开普学校教育法》(1905年)、《史末资将军教育法》(1907 年)和《南非法案》(1909 年)等,这些法规中都有因种族不同而教育有别的规定。

南非的高等教育机构在最初建立之时就与宗教紧密结合,除了保存和传递文化的功能之外,主要目的是为统治阶级培养人才。因此,英国殖民者在南非进行殖民活动时,为满足进一步发展传教活动的需要,教会和传教团体开始建立以培训牧师和教师为目的的高等教育机构,即南非高等教育机构的雏形。高等教育是统治者维护统治的重要手段和工具,因此自南非成为欧洲殖民主义者的殖民地开始,其高等教育就注定是殖民主义者维护其殖民统治的工具。

此外,英国的高等教育传统古老而优秀,特别是 12 世纪中叶和 13 世纪初建立的牛津大学和剑桥大学更是有着优良的学术自治精神,而南非高等教育体系在建立之后很大程度上沿袭了这一传统,与英国本土的伦敦大学联系密切。但这种所谓的学术自治精神也只是在白人大学才有,政府给予白人大学的资金并不比大学自身的融资多,所以政府对白人大学的控制力也十分有限,而政府提供给黑人大学的财政拨款资金十分有限,而且黑人大学自身融资能力差,因此政府对黑人大学的控制相较于白人大学较为严密。①

二、南非联邦的高等教育进一步发展

1910 年,由开普省、德兰士瓦省、纳塔尔省和奥兰治自治州合并而成的南非联邦成立,成为英国自治领地,也标志着南非种族主义统治制度正式建立,自此开始了长达一百年的种族隔离和种族歧视的殖民统治。这一时期,关于大学的问题引起了南非国内的激烈讨论。早在一战以前,就有委员会提出了建立二元制联邦大学结构的设想和提议,但由于一战爆发,这些提议未能付诸实施。南非联邦成立以后,由布隆方丹的格雷大学学院、惠灵顿的雨格诺大学学院、皮特玛莉茨堡的纳塔尔大学学院、葛雷汉的罗德斯大学学院、比勒陀利亚的德兰士瓦大学学院和约翰内斯堡的金山大学学院六所学院组建成南非大学。1915 年,南非大学成为向所有种族开放的函授大学。1916 年,南非《大学法案》颁布以后,开普敦的南非学院升格为开普敦大学,维多利亚大学升格为斯坦陵布什大学。除了斯坦陵布什大学、比勒陀利亚的德兰士瓦大学学院和布隆方丹的大学学院是阿非利加语大学以外,其他大学均以英语为教学语言。1921 年,为了平衡英语大学和阿非利加语大学的比例,在博彻斯卓姆建立了以阿非利加语为教学语言的荷兰归正会基督教学院。

南非黑人大学的建立经历了较长时间的酝酿过程。1902 年布尔战争结束以后,南非著名的拉维戴尔布道团的詹姆斯·斯蒂瓦特博士认为非洲人非常渴望接受大学教育,为非洲人建立高等教育机构非常有必要。因此,1905 年,跨殖民地土著事务委员会强烈建议在各省的捐助下建立一所"中央土著学院或类似机构",训练土著教师,为非洲土著学生提供接受高等教育的机会。② 南非第一所土著黑人大学成立于 1916 年,由最初只有两名教师、

---

① 参见顾建新:《南非高等教育研究》,中国社会科学出版社,2010 年,第46 页。
② 同上,第32 页。

二十名黑人学生和两名欧洲学生的学校,变成培养了博茨瓦纳总统、莱索托总理、津巴布韦总统和南非总统等一批黑人政治精英;由最初只提供中等教育的学校发展为福特哈尔大学,发展道路虽然曲折,但其在南非高等教育历史上的地位是十分重要的。此外,南非大学和纳塔尔大学学院也招收非白人学生。金山大学和比勒陀利亚大学也是在这一阶段成立的。

随着经济的发展和种族隔离制度的强化,分化的高等教育难以为非洲黑人和非白人提供平等的教育机会和教育资源,高等教育管理体系也表现为高度分化的特征,从管理层面对白人大学和黑人大学分而治之。严重失衡的结构和管理方式表明了每个种族的教育机构只能由自己种族的教育管理机构负责,彼此分立,不容跨界。众多教育管理部门的高等教育模式缺乏规划性和系统性,造成教育资源极大浪费和成本过高。

此外,种族高度分化隔离状况下,南非高等教育机构分为大学和技术学院两类,大学以追求科学和真理为目的,技术学院以培养应用技能为目的,二者是并行的双轨体制,白人大学享有高度自治权,是白人的特权,而技术学院和各种职业类院校则受到政府的严密控制,大学与技术学院之间存在着严重的种族与性别上制度化的不平等。教育资源和权力过多地集中在白人大学上,这种种族隔离体制也造成了白人大学缺乏效率成本意识,挥霍和浪费手中的教育资源,而黑人大学多地处偏远地区,交通不便,基础设施不完善,大学多设置人文社会学科,成本较低,水平低下。

与高等教育资源和权力存在的严重不平等相对应的,种族间的就业资源和机会也存在着严重不平等。白人的职业多数为掌握权力和资源的管理者,而黑人则是为白人服务的劳动者。高速发展的工商业造成了技术型人才的短缺,为了填补劳动力的大量缺口,南非黑人大学在一定程度上加大了黑人的入学机会,享受教育资源,但仍不能满足经济发展的劳动力需求。况且严密的种族隔离制度注定难以培养出高素质的黑人精英,甚至黑人熟练技工也寥寥无几,种族隔离制度下的高等教育显然不能为经济发展提供充足的劳动力,特别是黑人熟练劳动力,虽然种族隔离和种族歧视并未在法律上予以规定,但高等教育迫切的发展要求受到种族隔离和种族歧视的显著制约。因此,高度隔离分化的种族制度,严重制约了南非高等教育的发展,使南非高等教育体制运行效率十分低下,远远难以满足经济和社会发展的需要。

三、种族隔离制度下走向分化的高等教育

南非高等教育开始走向分化始于1948年国民党执政以后实行阿非利加民族主义政策。阿非利加政府为了维护少数人的统治特权和利益,建立了漠视人权的强权政府,并通过一系列法律法规使种族隔离制度化,进一步强化种族隔离体系,教育,特别是高等教育也被当作种族隔离和种族压迫制度化的重要工具。

黑人教育的目的只是为白人服务,从事白人管理下的体力劳动。政府通过颁布教育法,剥夺了黑人与白人享有同等教育资源和教育机会的权利,因此黑人教育资源的严重短缺极大地影响了黑人学校的教育质量,也难以培养社会精英,进而就难以进行有效的反抗活动。这也是白人殖民者扼杀非洲人进步的撒手锏。[①] 1959年颁布的《大学教育扩充法》规定了22所大学的划分严格按照民族和语言标准,分为非洲人、亚裔或印度裔、有色人种和白色人种等不同种族的大学,对南非高等教育产生了深远影响。在种族隔离制度下,白色人种高等教育的主要目的是培养政治、经济、文化、社会所需要的人才,以确保白人集团始终掌握国家命脉;非白色人种高等教育的主要目的是培养其顺从和卑躬屈膝的态度,以更好地为白人服务,进行最基础的体力劳动。

随着1961年南非退出英联邦,成立南非共和国,种族隔离制度更加巩固,南非高等教育也进入快速扩张时期,一方面是因为经济的发展需要更多的黑人劳动力,另一方面是统治者需要培养一批管理和领导黑人的黑人领导者。1963年颁布的《有色人教育法》和1965年颁布的《印度人教育法》,

---

① 参见郑家馨:《南非史》,北京大学出版社,2010年,第274页。

使种族隔离的教育制度得到立法上的制度化和规范化。进入 20 世纪 70 年代,南非熟练技术工人出现短缺状况,社会反歧视运动持续发展,白人统治集团内部出现经济危机、政治分裂和意识形态冲突,矛盾和冲突不断激化。为了应付这种状况,一批培训熟练技术工人、特殊职业人员和管理人员的大学相继建立,包括南非医科大学、维斯塔大学、特兰斯凯大学、博普塔茨瓦纳大学和文达大学。

20 世纪 80 年代,南非掀起了倡导民主治理、建立一元制反种族主义教育体系和要求免费义务教育的"人民教育运动",成立了几百个教育领域的非政府组织,代表人民向学术界发声。然而这些非政府组织很快就从关注社会参与和民主权利转向强调绩效、效益、经济竞争力等方面,使全国教育大会(1992)和全国教育培训论坛(1993)开始参与制定教育政策,并提出了构建国家资格框架和课程改革的建议。[1] 与此同时,南非社会的反种族隔离斗争始终没有停息,加上国际制裁的压力,南非政府被迫实行一些非种族歧视的政策,如增加教育预算,增加黑人的教育机会,为本国公民提供免费义务教育等。

南非高等教育系统中的白人教育,即英语的自由教育,与阿非利加教育存在着语言和院校文化上的巨大差异,具有相对开放的氛围和招收少量黑人学生的传统,但这种自由是相对的,也是十分有限的,黑人学生在学校内部仍然是被隔离的群体,不能够与白人学生享受完全平等的教育资源。[2]

第三节　公平与效率兼顾:新南非高等教育改革

一、公平与效率:新南非高等教育的目标

南非西方殖民主义者在南非建立起来的高等教育体制,从娘胎里就带

---

① 参见顾建新:《南非高等教育研究》,中国社会科学出版社,2010 年,第 38 页。
② 同上,第 37 页。

有种族隔离和种族歧视的特性,并且在长期种族隔离制度的控制下,高等教育系统不能履行其基本职能,不同种族间的高等教育机构差异明显,责任不清,布局不合理,目标不明确,从而造成了整个高等教育系统极度不公和效率低下。①

南非高等教育的不公平主要体现在不同种族间享受的高等教育机会不公、高等教育资源分配不公、高等教育机构之间的差异性和高等教育系统结构性不公等方面,这些严重影响了新南非政治、经济的发展。因此,南非现代高等教育改革的首要问题是纠正过去的不公平和构建新的公平机制。

在1994年新南非政府成立之前,确保所有南非公民均有机会进入大学是反种族隔离斗争的核心诉求,黑人大学也随即成为反种族隔离斗争的主要战场,众多学生团体和管理组织积极为即将成立的新政府和高等教育改革建言献策。1994年发表的《教育与培训政策框架》提出了一系列教育改革计划,并组建一个国家委员会,即国家高等教育委员会,专门负责变革南非高等教育体系,标志着政府开始制定高等教育政策,并发表《国家高等教育委员会报告:变革框架》,明确提出"公平与矫正不公、民主、发展、质量、效益和效率、学术自由、高等教育机构自治、高等教育对社会需求的满足"为高等教育变革的基本原则,建立单一、协调的高等教育体系。随后《高等教育变革绿皮书》发布,作为对国家高等教育委员会报告的回应,提出了高等教育体制变革的目标、原则和远景等,反映了新南非政府对高等教育公平和民主的追求,为后来高等教育体制改革和高等教育法制化奠定了坚实基础。1997年,南非教育局发布《教育白皮书3:高等教育变革计划》,阐述了高等教育变革的必要性、核心要素和政策目标。② 南非高等教育改革过程中具有划时代意义的事件是1997年《高等教育法》的颁布,以法律形式将高等教育的原则、价值取向和具体政策制度化,最终构建起了南非高等教育体制改革的法律和政策框架。

---

① 参见顾建新:《南非高等教育研究》,中国社会科学出版社,2010年,第46页。
② 同上,第52页。

二、新南非高等教育改革的措施

南非高等教育改革的核心目标是追求高等教育系统的公平与效率,而且整个高等教育系统的改革也是围绕这两个关键词展开和推进的。以政府为改革的主导和核心力量,同时鼓励十分广泛的利益相关者参与到政策制定中来,实现了集中、协商与民主的紧密结合,使高等教育改革成效显著。同时,新南非政府十分注重法制建设,通过一系列的立法表明了新政府改革高等教育的决心和目标,一切改革都是在法律框架下完成的,这就为南非高等教育改革奠定了坚实的法律基础,为政府作为高等教育改革的主导力量推进改革政策的有效实施提供了法律依据,切实保证了改革的合法性和效率性。此外,政府对教育的财政拨款政策也全面体现公平与效率的理念。通过财政拨款这一经济手段的调节,实现校际公平、学科公平、弱势学生入学机会与享受教育资源权利的公平,以及弱势科研人员享受科研经费等的公平。在实现公平的基础上进行的高等教育改革一定是高效率的,由此形成了公平与效率的良性循环与共赢。

具体来说,南非高等教育改革正式施行以《国家高等教育规划》的发布为开端,随着一系列法律法规的出台而施行具体政策,调整高等院校的布局、提升院校研究能力、提高高等教育效率;通过成立专门机构如国家工作组等对各地高校进行实地调查来有序地合并高等教育机构,引入新的院校形式,实施院校合并计划;教育财政改变以往的按照高校成本开支制订拨款计划,而是按照教育部的批准计划,再根据各高校实际情况进行拨款,分为整合拨款和专项拨款两种方式,前者拨款方式促进了高等教育效率和效益的提高,而后者拨款方式则促进了高等教育公平的实现;修订预期入学计划,保持入学率稳步上升,并逐步调整学生专业和所学课程,确保学生成材率;此外,高等教育改革还涉及高等教育机构内部改革,制订三年滚动发展计划,实现高等教育内部的公平、效率的提高和整个高等教育体系的公平和效率。①

实现公平和提高效率始终是 1994 年新南非成立以来高等教育改革的首要目标和最终目的。经过多年变革,南非高等教育改革取得明显成效。第一,初步形成了单一的、协调的、分层的高等教育系统,主要表现在大刀阔斧地进行高等教育重组,合理合并高等教育机构,有序缩减高等教育机构数量,同时调整高等教育机构内部的治理结构,改善了大学与社会之间、师生之间、科研人员与学术人员之间的关系。

第二,政府对高校的规模和结构进行严密的规划,而不是交给市场任意支配,主要表现为招生人数和招生专业稳步上升和逐步协调,科学技术和商科的招生逐步上升,人文学科的招生计划逐步缩减,本科生和研究生的学业成功率提高,就业率上升,并由政府部门对高校进行评估和监督。

第三,高等教育公平得到了较大幅度改善,主要表现在入学机会渐趋公平,特别是黑人和女性入学率提高较快、学业成功率提高、就业率上升,高校教师的男女比例也趋于平衡,各个高等院校之间的差异也显著缩小,弱势的学生和教师也获得了支持和帮助。

第四,建立了以政府为主导的高等教育质量监督和保障体系,主要表现在成立专门机构,制定了专门法律法规对高等教育发展质量进行评估和保障,将高等教育质量保障纳入制度框架之内。

第五,高等教育财政拨款制度日益完善,主要表现在加大了对弱势院校和弱势学生、教师的财政拨款力度,在资金上支持其合并、学习和工作,以矫正以往的不公平现象。

三、总结

南非本土并没有孕育出独立的现代高等教育,而是殖民者从母国英国直接照样搬来的舶来品,最初建立高等教育的目的也是为了方便殖民者进

---

① 参见顾建新:《南非高等教育研究》,中国社会科学出版社,2010 年,第 55～57 页。

行传教活动,传教团体和传教士是南非最初高等教育的雏形;随着殖民统治的确立和殖民经济发展的需要,高等教育的主要目的从传教转变为维护社会政治稳定和为经济发展培养劳动力和技术人才;在严密的种族隔离制度愈加强化的情况之下,南非高等教育发展逐渐畸形,彻底沦为殖民者维护种族隔离制度、开展殖民活动和进行殖民统治的工具;最后,随着民主统一的新南非的建立,南非高等教育改革势在必行,1994 年新南非成立以来,高等教育领域的变革是史无前例、影响深远的。在这场旷日持久的变革中,经过新的民主团结政府的大刀阔斧的改革政策的实施,在公平和效率成为高等教育改革目标的背景下,政府始终居于主导地位,在政策制度上、法律保障上、财政支持上进行系统、全面、有序的变革,并使高等教育改革与其他各级教育改革保持同步,进而整个教育领域改革全面推进,实现整个教育系统的优化和整合。从改革的长远趋势来看,南非高等教育系统改革,将打破"强政府、弱高校"的局面,实现由政府集权指导向政府与高校相互协调转变;推动高等教育国际化与重视高等教育本土化相结合,在以开放心态接受与包容高等教育走向国际化的同时,尤其重视南非乃至整个非洲知识本土化。[①]

综观南非高等教育发展历史,虽然南非高等教育在产生之时是仿照英国高等教育模式建立的,并且一直被宗主国政府操纵而沦为种族隔离统治的工具,始终不具备独立性、公平性和效率性,但新南非政府在公平和效率理念的指导下对高等教育进行了从宏观到微观的大刀阔斧的系统性改革,从而彻底地提高了高等教育的社会和经济效益,更好地为经济发展培养人才,为社会进步提供动力,既实现了高等教育发展的效率,同时也较好地兼顾了公平。在这一点上,是非常值得我国高等教育体制改革深刻反思和借鉴的。

---

① 参见顾建新:《南非高等教育研究》,中国社会科学出版社,2010 年,第 322 页。

主要参考文献

1. 葛佶:《南非——富饶而多难的土地》,世界知识出版社,1994 年。

2. 顾建新:《南非高等教育研究》,中国社会科学出版社,2010 年。

3. 李金龙:《国家地理百科》,远方出版社,2005 年。

4. 卫灵:《艰难历程:南非反种族主义斗争始末》,世界知识出版社, 1997 年。

5. 叶兴增:《世界列国国情习俗丛书》,重庆出版社,2004 年。

6. 郑家馨:《南非史》,北京大学出版社,2010 年。

7. 张象:《彩虹之邦新南非》,当代世界出版社,1998 年。

结论与展望

一、金砖五国高等教育演变的历史文化基础

从历史发展的角度来看,金砖五国有非常相似的历史基础,即都经历过一段从苦难的殖民地或半殖民地历史,通过与殖民者的艰苦斗争获得民族独立,然后建构和引导国家力量来获得民族复兴的过程。巴西被葡萄牙人殖民过,俄罗斯被蒙古人侵略过,印度和南非都被英国人殖民过,中国则有一段半殖民地半封建历史。随后,佩德罗一世让巴西摆脱了葡萄牙的殖民枷锁,俄罗斯在 1480 年脱离了蒙古人的统治,印度也发生起义随即脱离英国统治,中国则在经历近百年半殖民地历史后获得民族独立,南非在 1961 年退出英联邦成立共和国。在这一段争取民族独立,挽救和摆脱国家落后面貌的历史中,较为稳定的制度化政治秩序和社会秩序尚未建立,政府必须保持对整个社会的控制与统摄能力,政府主导成为金砖国家近代史的一个关键特征。金砖国家的高等教育就是在这样一段历史中创立并发展的,金砖国家政府在其中发挥的作用无可比拟。

从文化变迁的角度来看,伴随着从被殖民到民族独立再到国家主义的历史进程,金砖国家的文化变迁也显现出一条类似的主线,即天然形成的本土文化随着殖民者的进入,受到外来文化的冲击,与外来文化交织共生。然后,在民族独立和国家建设的过程中,有目的地吸收西方文化来为民族富强提供文化给养。巴西在一千五百年以前是宁静的"红木之地",土著印第安人有着他们独特的部落文化。随着葡萄牙殖民者的到来逐渐形成了以欧洲

葡萄牙的文化为主的文化,同时又大量继承了印第安人的文化,还吸收了由奴隶贸易赎买到巴西的非洲黑人文化中的许多因素。所以在巴西民族形成的过程中,欧洲的移民、南美土著印第安人和非洲黑人的三大系统的文化因素彼此进行了长期接触、渗透和融合,才形成了今天的具有巴西民族特点的共同文化。俄罗斯的文化早期起源于东斯拉夫文化,随着蒙古鞑靼人的入侵植入了东方文化,随后转向西方文化,尤其是在彼得一世时期欧洲化达到高潮,苏联解体以后俄罗斯彻底拥抱了西方文化的自由主义,再次到来的西方文化与俄罗斯的千年传承的文化相互渗透与融合,不断形成了兼有俄罗斯和西方特色的当代俄罗斯文化。印度的传统文化则是以吠陀、佛教和伊斯兰教为根基,英国殖民者的到来带来了以盎格鲁-撒克逊为主导的西方文化,在独立后印度又开始效仿、吸收苏联和美国的双元文化。中国的文化源于儒家主导的传统文化,也有外来佛教文化的传入和周边游牧文化的激荡,随着鸦片战争近代西方文化的进入对中国传统文化造成巨大冲击,中国文化从器物层面到制度层面直至心理层面开始了相应的变迁。新中国成立后中国学习苏联,改革开放后学习美国,形成了多元文化交织共存的局面。南非在前殖民时代也有着丰富多彩的土著文化,随着欧洲殖民者的到来,白人移民文化开始入侵,并且随着种族隔离制度的建立形成了奴隶制度下的种族隔离文化,最后在新南非成立以后仿效英国,形成了独特的南非多元文化。

可见,金砖国家的高等教育在其创立初期多带有工具主义色彩,政府在其中发挥主导作用。文化的变迁使各国的高等教育作出相应的变革,在这个过程中广泛地吸收了较为现代的西方文化,例如采用了分权、市场化等这些在形态上非常类似于西方国家新自由主义和新公共管理主义使用的政策工具。但我们要注意的是,虽然在形式上非常相似,但两者在本质上有重大区别。西方国家的高等教育转型是循着"自下而上"的自发秩序来逐渐构建起现代大学的逻辑,而金砖国家则是通过"自上而下"的路径来达成自己的目标。其中的重大区别在于,前者反复强调要弱化政府的作用,而以金砖国家为代表的发展中国家却倾向于强化政府在高等教育转型中的作用。

二、金砖五国高等教育演变的异同比较

金砖国家高等教育演变的最大相似之处在于政府主导。这是五个国家历史承袭下来的文化形式和规章制度的核心特征,也许被许多"国家主义"的文献证实。"在一国之内,国家对于社会、政治和经济发展来说是一个重要的和独立的影响因素,尤其在面临社会压力和危机时,国家有它自身的利益以及政策偏好,而且还有将这些偏好强加于社会抗拒力量之上的冲动和能力,甚至是在违反主流民意的情况下,国家也有实行自我策划和推行政策的能力。"①而亚历山大·格申克龙(AlexanderGerschenkron)更是在其著作中证实,一个国家工业化的时机选择得越晚,则国家在推动这个过程中所扮演的角色就越重要。② 阿图尔·科利(Atul Kohli)的印度经济研究也得出了类似的结论,他说在"后发现代化国家"中这种现象非常普遍——在这些国家中,国家是发展的主要操作者。事实上,金砖国家正是发动工业化较晚的后发现代化国家。因此,无论是从历史承袭还是从当代的发展现实来看,国家及其代理人政府在金砖国家高等教育转型过程中发挥的作用无论在何种意义、何种程度上被凸显都不过分。

那么金砖国家的政府在其中是如何行动? 其行动逻辑何在呢? 按照"冲击-回应"理论的逻辑,20 世纪 80 年代以后,金砖国家的高等教育系统至少受到来自国内和国外两个方面的冲击。从国内来看,随着金砖国家的经济逐渐复苏,原本有限的高等教育机会已经不能满足民众的需要,因为大学学位意味着更高的工资回报和更广阔的职业前景。坚信高等教育能带来更高的经济回报可能不是政府和个人投资高等教育的唯一原因,但肯定是最重要的原因之一。因此,高等教育回报率的不断攀升从国内持续冲击着金砖国家转型中的高等教育系统,要求扩张传统的高等教育入学率,让更多的

---

① 葛传红:《经济转型中的国家行为研究》,2010 年,复旦大学博士学位论文。
② See Alexander Gerschenkron, *Economic Backwardness in Historical Perspective*: *A Book of Essays*, Harvard University Press, 1962, p. 3.

年轻人进入大学。从国外来看,知识经济在 20 世纪末正从根本上改变人类
的经济增长方式,导致经济和社会生活发生全面而深刻的变革,并带来全新
的经济思维和观念,推动经济理论的创新和经济科学的新发展。对于金砖
国家来说,虽然知识驱动的经济增长已初见端倪,但知识的生产、分配和使
用程度还远远不及发达国家。对知识经济的渴望从外部冲击着金砖国家的
高等教育系统,因为大学尤其是高质量的研究型大学是知识与技术创新、传
播与应用体系的核心构成。20 世纪 80 年代后期金砖国家高等教育收益率
的不断攀升从内部冲击了各国当时的高等教育系统,是推动四国政府努力
实现高等教育大众化的根本动力;全球化知识经济的到来则形成外部冲击,
推动四个发展中大国举国建设研究型大学,来保障一小部分精英大学的知
识生产和人才培养质量。

　　具体来看,金砖国家均已进入高等教育大众化或普及化阶段,培养的人
才规模增长迅速。根据马丁·卡诺瓦(Martin Carnoy)的估计,2005—2010
年从金砖国家四年制或五年制高等教育机构中毕业的大学生数量约为4000
万,这个数字庞大到足以让发达国家震惊。对于美国人来说,这相当于整个
加利福尼亚州的人口总量。这个数据还会得到进一步增长,根据英国文化
协会的统计数据,2020 年在中国接受高等教育的人数将达到 3700 万,印度
紧随其后将会达到 2800 万,美国为 2000 万,巴西为 900 万。数据显示,2020
年,中国各类高等教育在学总规模实际达到了 4183 万人,①巴西则在 2018
年达到了 952.4 万人,②南非的高等教育毛入学率在 2007 年就达到 16%,且
其教育部公布的《国家高等教育计划》设定在 2016 年要达到 20% 的目标。

　　与此同时,在政府主导的政策框架下,金砖国家的高等教育系统在扩张
过程中都形成精英大学和大众型大学分野的局面,这两类大学在资源获得、
自治权力和组织声望等方面都有显著的差异。如果将两类大学进一步分
层,则精英大学可以大致分为高度自治的顶尖大学和研究型大学,前者意指

---

　　① 参见中华人民共和国教育部:《中国教育概况——2020 年全国教育事业发展情况》,http://
www.moe.gov.cn/jyb_sjzl/s5990/202111/t20211115_579974.html2021-11-15。

　　② 参见联合国数据库,http://data.un.org/default.aspx。

每个国家内部位于院校分层金字塔顶端的特权大学,例如中国的清华大学和北京大学、印度的印度理工学院、俄罗斯的莫斯科大学和圣彼得堡大学、巴西的圣保罗大学和南非的斯坦林布什大学,这些大学都是各自国内享有绝对自主和充足资源的院校。研究型大学则概指除了上述大学的精英大学,如中国的"985"和"211"工程大学(北大、清华除外),俄罗斯的联邦大学和创新型大学等。这些大学都享有高度自治且获得了各国中央政府的巨额资助,是各国高等教育系统的中流砥柱。政府通过选择性资助和扩大自主权等方式,助力这些研究型大学的成长,以应对知识经济带来的挑战。

必须要看到的是,金砖国家的高等教育转型有一定共性,但也存在很多差异的地方。这是因为各个国家的地理位置、历史发展和文化变迁还是有很大的差异。首先,印度、巴西和南非是西方学者眼中的民主国家,而中国和俄罗斯则被归为威权国家,两种类型的国家在高等教育转型中的效率与公平的平衡上处理不同,整体来说民主国家比威权国家的政府要更担心民众切身的感受,尤其是南非在有很长一段种族隔离历史的情况下,尤为注意处理种族隔离遗留的族裔公平问题,可以说政体类型对高等教育转型的影响使我们在研究金砖国家高等教育转型过程中要特别注意的差异问题。此外,应该注意的是,金砖国家的原生文化和外来文化都有很大差异,而文化变迁和教育变革互为因果。具体来看,南非和印度更大程度上借鉴了英国的高等教育制度,因为后者都曾经在前两个国家殖民过。尤其是南非,几乎复制了英国的治理结构。巴西在地理位置上更靠近美国,因此其高等教育深受美国大学文化的影响。相比较来看,俄罗斯和中国都曾有过一段计划经济的历史,更加注重对高等教育计划和控制。

三、金砖五国高等教育发展的历史经验与模式创新

金砖国家是 20 世纪 80 年代后世界范围内崛起的五个最大的发展中经济体,其高速发展的背后离不开高质量科技人力资本的支持,也离不开其高等教育系统的深刻转型。这种转型是一种政府主导的自上而下的转型,与

西方发达国家的高等教育转型有本质区别。政府主导模式的形成有其历史和现实原因。从历史承袭的角度来看,金砖国家都经历过一段从苦难的殖民地或半殖民地历史,通过与殖民者的艰苦斗争获得民族独立,然后建构和引导国家力量来获得民族复兴的过程。而且金砖国家是世界范围内最大的五个发展中国家,而发展中国家的现实就是较为稳定的制度化政治秩序和社会秩序尚未建立,政府仍然要保持对整个社会的控制与统摄能力,尤其对于这些在全球政治经济格局中有重大影响力的国家。

如果考虑高等教育转型的政治逻辑,这种政府主导的模式也有其自身的必然性。政府是国家的代理人,政府主导则在一定程度上代表的是国家意志。许多传统的政治学研究都将发展中国家视为"依附性国家"或"掠夺性国家",如新自由主义主张最大限度地限制国家职能,而现代化范式则将发展中国家的转型视为一种被迫的和缺乏主体动力的追随学习西方国家的过程。事实表明,金砖国家正从"掠夺性国家"向"自主性国家"转型,五国政府扮演的并不是一个利益集团或某个特定阶级的利益工具,也不是仅会简单机械模仿西方社会的国家机器。它们已经具备从独立社会利益和外部压力出发来进行决策和变革,逐步转型成一种自主的、关注社会整体长远利益的政府。在高等教育转型过程中,五国政府已经深度嵌入,作为国家的代理人其本身成为一个有着自己独特价值偏好的独立行动者。对于现代社会的转型政府来说,通过君主世袭或暴力革命来维持长久稳定的社会秩序已不再可能,它必须依靠非暴力手段并同时让被统治者自愿地接受其统治。在达成这种目的的各种途径中,向民众提供高等教育是最重要的一种。接受大学教育是民众共享社会发展成果的一种途径,因为投资大学教育能够直接给民众带来丰厚的回报。此外,高等教育还是一个国家创新系统中最重要的子系统,其"知识生产"的职能可以让民族国家在知识经济时代占据先机,从而间接地让整个社会受益。因此,让民众接受到满意的高等教育,反馈给五国政府的恰恰是长久的"政治合法性",这也是金砖国家政府推动高等教育转型的根本动力。

必须要看到的是,金砖国家在高等教育转型中也频繁使用分权、市场化等措施,这些在形态上常类似于西方国家新自由主义和新公共管理主义使用的政策工具,但两者在本质上有着重大区别。如前所述,西方国家的高等教育转型是循着"自下而上"的自发秩序来逐渐构建起现代大学的逻辑,而金砖国家则是通过"自上而下"的路径来达成自己的目标。这种区别的结果在于,发达国家的高等教育系统在采用成本分担机制的同时自发衍生了一种学费补偿机制,来减少由于成本分担造成的教育不公平,因为减少社会不公也是"内生型"高等教育体系的重要职能之一。而在金砖国家的政府视野中,在可接受的教育公平范围内最大限度地达到"数量扩张"和"质量提升"的均衡,可能也是政府通过高等教育转型最大限度地获得政治合法性的最优途径。这种策略偏好导致政府将有限的公共资源集中投入给了少数的精英研究型大学,同时鼓励承担数量扩张主体任务的普通大学自力更生,甚至放任新建一些以营利为目的的私立大学。在给普通大学放权以激励其减少对政府资金依赖的过程中,五国的地方政府更是把保障普通大学的教育质量放在了数量扩张的背后。推行这些策略导致的最终结果是,普通大学(尤其是私立大学)的数量迅速膨胀,也如愿吸收了绝大部分金砖国家高等教育大扩张带来的绝大部分学生,但是原本就资金不充裕,加之不断强化的市场竞争,使得他们不断压缩生均成本,在转型过程中与精英大学形成分化之势。因此,虽然金砖国家在高等教育资源整合的过程中获得了成功,也最终形成了"量质并举"的局面,即数量上实现了高等教育大众化甚至是普及化,质量上实现了资源集中建设研究型大学并收效显著,但同时我们需要看到,绝大部分普通大学的教育质量令我们担忧。更为严重的是,正是这些普通大学承担了高等教育数量扩张的主体任务,绝大部分来自社会底层的弱势群体学生都进入了这些大学,在一定时间积累以后将会导致更为严重的教育不公平。随着金砖国家老龄化带来的高等教育适龄人口逐渐减少,以及民众在满足数量需求之后对教育质量的要求不断严苛,普通大学的教育质量问题已经摆上金砖国家政府的案头。新的转型已经开始,可以预见的是,提升普通大学的教育质量和减少不同社会阶级的学生在高等教育结果方面的不公平,将是金砖国家的高等教育系统在未来的转型目标,而其终极目的

与本书所研究的转型一样,是为了在新的形势下进一步获得民众所认可的
"政治合法性"。

综上所述,金砖五国的高等教育可能创新了一种政府主导模式,这种模
式以内外冲击为转型动力,以国家回应为转型机制,以政治合法性为转型目
的。虽然金砖五国在其高等教育转型中采取了与西方国家趋同的新自由主
义政策,但两种政策的根本目的、动力和机理都有本质区别,前者是一种原
生性的高等教育转型,后者则是一种外生性的高等教育转型,这导致形态上
异常相似的政策却产生了完全不同的结果。

四、21 世纪金砖国家高等教育的发展趋势与合作前景

世纪之交,金砖国家的崛起引起世界经济与政治格局的变化,这一过程
离不开高质量科技人力的支撑和高等教育系统的转型。实践证明,金砖国家
的高等教育在数量和质量上取得了关键性突破,但同时也蕴含着潜在的危
机。在政府主导的"赶超模式"中,金砖国家的高等学校形成了精英大学和大
众大学分野的院校结构,两者在资源获得、自治权力和组织声望等方面存在
显著的差异。在根据入学考试分数进行的教育分流过程中,精英阶层利用其
在文化资本上的相对优势让子女进入绝对少数的精英大学,接受了高质量
的教育,进而凭借文凭和职业使得该阶层的子女获得了相对固定的上层阶
级的位置。高等教育的这种不公平成为现有社会阶层固化的稳定剂,阻止了
弱势阶层凭借努力向上流动的机会和成功率。与此同时,在"赶超模式"的动
员下,政府集中资源举国建设少数精英研究型大学,使得其与普通大学的生
均成本不断加大,而这种资源分化过程中的最大受益者,正是基于不公平的
教育分流而得以进入研究型大学的精英阶层的子女。在上述两个过程的双
重作用下,高等教育对社会公平的影响可能不仅仅限于阶层固化,甚至即将
形成一种"阶层断裂"。在高等教育自身的领域,精英大学和普通大学的发
展正呈现出"马太效应",少数大学已经获得垄断性地位,院校分层谱系出现
固化和陡峭的趋势。如果不加以干预和处理,金砖国家的高等院校在资金

分配、自主权力和发展质量上也可能出现"分层断裂",这种现象作为数量和质量、规模和效率、理想和现实之间的一种张力存在,且越来越明显。可以说,在贤能主义和赶超模式的合法掩盖下,金砖国家高等教育的院校分层、教育分流和资源分化形成了"三分叠加"的过程,进而正在形成结构性风险。

由此可见,经济领域的"赶超模式"被运用到高等教育发展领域,确实在短时间内获得一定成效。但是在经济逻辑和政治逻辑主导的高等教育转型中,高等教育系统内生的一种教育逻辑往往被忽视,教育的人文关怀被丢弃。促进社会流动作为高等教育的一种内生职能,并未得到很好的发挥。可以预见的是,政府主导仍然是未来金砖国家高等教育转型的关键特征,而积极推进高等教育结构体系的多元化和实施积极的社会包容性政策,以扩大高等教育的入学机会和提升机会分配的公平性,可能是金砖五国政府推进高等教育变革的重要抓手。新的转型已经开始,可以预见的是,提升普通大学的教育质量和减少不同社会阶级的学生在高等教育结果方面的不公平,将是金砖国家的高等教育系统在未来的转型目标。

在推进教育公平、提升教育质量、破解结构性风险的转型道路上,金砖国家可以在政策、技术、资源等方面展开全方位的合作。

首先,可以在金砖国家合作框架机制内,形成以首脑峰会为核心,以部长级会议为支撑,以金砖国家大学论坛、研讨会等形式为辅助的国家间合作机制,共享创新型的高等教育政策,推进政策迁移,加强成员国大学之间的身份认同,扩充高等教育领域的合作机构,形成纲领性文件。其次,可以利用金砖国家新开发银行、金砖国家银行合作机制、金砖国家外汇应急储备基金等为金砖国家的高等教育发展提供资金保障。最后,探索各国高等教育发展战略的相同点,实现战略对接,缓和金砖国家内部高等教育竞争性,最大限度地寻求各自高等教育发展的利益契合点,充分挖掘互补性,从而发挥战略的聚合效应和规模效应。例如,在新冠肺炎疫情大流行期间,充分发挥各国的在线教育优势,推进开放大学合作,共享共建经典课程,可以为应对新冠肺炎疫情对金砖国家高等教育的冲击,提升普通大学高等教育的质量,以及缓解国家内部高等教育的群体间差异做出巨大贡献。

金砖国家教育大事记

2001 年,高盛集团前首席经济学家吉姆·奥尼尔首次提出"金砖四国"(BRIC)概念。

2003 年 6 月,印度、巴西和南非对话论坛正式举行,旨在促进农业、能源、文化、教育等方面的"南南合作"。

2005 年 3 月,高盛集团经济发展快报《技术、快乐度及基础设施》对"金砖四国"高等教育发展进行了分析。

2005 年 12 月,高盛集团"全球经济报告第 134 号"《"金砖四国"有多稳固》提出增长环境评分(GES),并将教育列为 GES 指标之一。

2006 年,金砖四国外长在联合国大会期间举行首次会晤,开启金砖国家合作序幕。

2009 年 6 月 16 日,在叶卡捷琳堡举行金砖四国领导人会晤,通过《俄罗斯叶卡捷琳堡会晤联合声明》,提出"我们重申愿加强科技和教育合作,参与基础研究和研发高技术"。

2011 年,南非正式加入金砖国家,成为"金砖五国",英文名称定为BRICS。

2011 年,在中国三亚举行的金砖国家领导人第三次会晤,提出建立"金砖国家——联合国教科文组织工作组",把教育放在国家级优先的位置上。

2013 年 3 月,习近平在南非出席金砖国家领导人第五次会晤时,提出金砖国家间开展"人文领域的大交流"的倡议。

2013 年 7 月 5 日,在金砖国家研究国际学术研讨会上,中国、俄罗斯、巴西、南非和印度"金砖五国"参会的著名高校共同倡议:发起组建"金砖国家大学联盟"。

2013年11月5日,首届联合国教科文组织——金砖国家教育部长会议在巴黎召开。

2013年11月6日,金砖国家教育部长应邀与联合国教科文组织总干事博科娃进行对话。

2014年7月15日,在巴西福塔莱萨举行的金砖国家领导人第六次会晤发表《福塔莱萨宣言》,第56条提出"鼓励建立金砖国家大学联盟的倡议"。

2014年,北京师范大学与莫斯科国立师范大学举办首届"奔向莫斯科"俄语奥林匹克竞赛。

2015年3月2日,第二届金砖国家教育部长会议在巴西利亚召开,通过《第二届金砖国家教育部长会议巴西利亚宣言》。

2015年7月9日,在俄罗斯乌法举行的金砖国家领导人第七次会晤发表《乌法宣言》,第63条提出"支持建立金砖国家大学联盟的倡议",金砖国家网络大学(BRICS Network University)正式成立。

2015年10月17—18日,首届金砖国家大学校长论坛在北京师范大学举行,主题为"创新、变革和大学责任",通过《金砖国家大学校长论坛北京共识》等文件。与会大学一致同意正式成立金砖国家大学联盟,大学联盟永久秘书处设在北京师范大学。

2015年11月18日,第三届金砖国家教育部长会议在莫斯科举行,签署了《第三届金砖国家教育部长会议莫斯科宣言》《关于建立金砖国家网络大学的谅解备忘录》等文件。

2015年12月,南非高等教育与培训部长布莱德·恩齐曼德(Blade Nzimande)与"金砖国家"教育部长们签署重要协议,许诺将支持联合研究项目的发展,促进更多的关于硕士、博士和博士后阶段的合作性项目的生成,合作出版"金砖国家"大学的研究成果。

2016年2月,华北水利水电大学与俄罗斯乌拉尔联邦大学联合举办的土木工程专业本科培养项目获教育部批复并于当年顺利招生。

2016年3月,华北水利水电大学与俄罗斯乌拉尔联邦大学联合成立"水工程与能源研究中心",分别在郑州和叶卡捷琳堡挂牌成立,这是由中国工程院王复明院士牵头,金砖国家大学组织框架下第一个跨国科研机构。

2016 年 4 月 16 日,北京师范大学与莫斯科国立师范大学举办"奔向莫斯科"俄语奥林匹克竞赛,成为落实金砖国家大学联盟及中俄教育类高校联盟框架下的机制化项目。

2016 年 9 月 30 日,第四届金砖国家教育部长会议在印度新德里召开,会议通过了《新德里教育宣言》。

2016 年 10 月 16 日,在印度果阿举行的金砖国家领导人第八次会晤发表《金砖国家领导人第八次会晤果阿宣言》,其中第 78 条提出与"金砖国家大学联盟"相关的内容。

2017 年 7 月 5 日,第五届金砖国家教育部长会议在中国北京举行,会议通过了《第五届金砖国家教育部长会议北京教育宣言》。

2017 年 7 月,金砖国家网络大学年会在河南郑州召开,主题是"务实合作与国际化办学"。修订并通过《2017—2018 金砖国家网络大学行动计划》《2017 年金砖国家网络大学年度会议郑州共识》等多个文件。

2017 年 7 月 12 日,第二届金砖国家青年科学家论坛在浙江杭州举行,交流讨论创办高水平的联合大学、研究中心、联合承担科研项目、实施科研规划等议题。

2017 年 8 月,金砖国家创客大赛、机电技能大赛分别在云南昆明和广西南宁举办。

2017 年 9 月 3 日,金砖国家领导人第九次会晤在福建厦门举行,会议通过《金砖国家领导人厦门宣言》《金砖国家图书馆联盟成立意向书》等文件,其中提到金砖国家教育合作取得的积极进展。

2017 年 12 月,华北水利水电大学与俄罗斯乌拉尔联邦大学联合申办的中俄合作办学机构——华北水利水电大学乌拉尔学院获教育部批复,是金砖国家大学组织框架下第一个合作办学实体。

2018 年 4 月 7 日,北京师范大学与莫斯科师范大学举办"奔向莫斯科"俄语奥林匹克竞赛。

2018 年 7 月 4 日,南非开普敦举行第三届金砖国家网络大学年会,会议通过《斯坦陵布什宣言》。

2018 年 9—10 月,2018 金砖国家未来技能挑战赛在南非约翰内斯堡举办。

2019 年 4 月 20 日,北京师范大学与莫斯科国立师范大学举办"奔向莫斯科"俄语奥林匹克竞赛。

2020 年 10 月 21 日,第七届金砖国家教育部长会议以视频方式召开,会议通过《第七届金砖国家教育部长宣言》。

2021 年 4 月 24 日,北京师范大学与莫斯科国立师范大学举办"奔向莫斯科"俄语奥林匹克竞赛。

2021 年 6 月 29 日,金砖国家网络大学国际理事会视频会议召开,就《金砖国家网络大学国际理事会宣言(草案)》进行修改讨论。

2021 年 7 月 6 日,第八届金砖国家教育部长会议以视频方式召开,会议通过《第八届金砖国家教育部长宣言》。

2022 年 4 月 20 日,金砖国家网络大学年会以线上线下相结合的方式在北京召开。此次年会的主题为"构建一流大学间伙伴关系,助力金砖国家可持续发展"。

2022 年 4 月 25 日,首场金砖国家智库国际研讨会以线上方式举行,由金砖国家智库合作中方理事会主办,对外经济贸易大学承办。对继续加强彼此间教育等"软"合作等议题进行了讨论交流。

2022 年 4 月 27 日,金砖国家职业教育联盟大会以线上线下相结合方式在北京召开,金砖国家职业教育联盟正式成立。

2022 年 5 月,金砖国家职业技能大赛在福建厦门举行。

2022 年 5 月 5 日,金砖国家网络大学国际管理委员会会议以线上线下相结合的方式召开,会议通过《金砖国家网络大学国际管理委员会会议北京共识》。

2022 年 5 月 26 日,第九届金砖国家教育部长会议以视频方式召开,会议通过《第九届金砖国家教育部长宣言》。

2022 年 6 月 27 日，澳门多个学术机构举办"澳门与金砖国家：愿景与挑战"线上座谈会，深入探讨澳门如何与金砖国家开展教育合作，以及应对后疫情时代所面临的挑战。

后 记

跨入 21 世纪后的第二年即 2001 年,美国经济学家吉姆·奥尼尔首次提出"金砖国家"这个概念,金砖"BRIC"一词,选取新兴经济体国家巴西(Brazil)、俄罗斯(Russia)、印度(India)、中国(China)四国英语单词的第一个字母,按顺序排列组合而成,与英语单词"Brick"的英语拼法相似,因此巴西、俄罗斯、印度、中国这四国被称为"金砖国家"。后来,南非(South Africa)加入"金砖国家"合作机制,单数的金砖"BRIC"就变成了复数的金砖"BRICS"。自 2009 年以来,金砖国家领导人已经进行了十三次会晤,通过了一系列宣言,在政治、经济、文化、教育等多个领域开展合作与交流,经过近二十年的发展,作为新兴经济体国家的代表,金砖国家不仅成为影响世界经济晴雨表的重要增长极,而且成为抗衡欧美发达国家的重要国际政治力量。在金砖国家的崛起过程中,作为培养高级专门人才的高等教育发挥了非常重要的作用。因此,研究、探讨金砖国家高等教育的发展、演变具有重要的学术价值与实践意义。

这部著作的问世是一个长期的探究过程,是不断积累、思考与沉淀的结果,从 2010 年开设研究生选修课到 2020 完成初稿,历经十年之久。为了探索不同于欧美发达国家的新兴经济体——金砖国家高等教育的独特发展道路,把握金砖五国高等教育演变的规律及其特征,我从 2010 年开始在南开大学高等教育研究所开设了研究生选修课"金砖国家高等教育研究专题",并指导研究生开展相关的研究。这部著作就是在这门课程的基础上不断充实完善而成。当时,选修这门课程的同学有我的硕士研究生赵雅静、赵兴晨,还有天津职业技术师范大学的硕士研究生赵学瑶。后来,我的博士研究生许伊娜、张琦参与了其中的一些工作。上述五位同学每人负责一个国家，并对各自国家的高等教育开展专题研究。其中，"三赵"即赵雅静、赵兴晨、赵学瑶三位同学还在她们各自专题研究的基础上完成了硕士研究生学位论文的写作。我的博士开门弟子孙伦轩以"高等教育转型中的国家行为——'金砖四国'之比较"为题完成了博士研究，并于2019年在中国社会科学出版社出版了其专著。在指导这些研究生学位论文的构思与写作的过程中，我深感仅仅梳理金砖五国高等教育演变的脉络，还无法厘清其区别于欧美发达国家的高等教育独特模式，也无法突破"中心-边缘"的二分框架与冲突及依附的主流范式，大有必要将历史研究与文化分析的视角引入金砖五国高等教育发展演变的探索中。于是，自2015年起，我们开始搜集这些国家的历史、文化资料，并力求寻找金砖国家的历史发展、文化变迁与高等教育演变之间的逻辑关系。又经过五年的打磨与凝练，最终呈现在大家面前的这本著作，采用了历史、文化、高等教育的三维立体视野来考察其高等教育发展变迁的历程，在历史发展与文化变迁过程中探讨了金砖五国高等教育演变过程及其特点，比较了金砖五国高等教育发展模式的异同，并探讨了新兴经济体不同于欧美发达国家的高等教育发展模式。不敢说这种探索具有多少创新性意义，但至少是一种新的尝试与探索。

　　这部著作是一个教学相长的产物，同时是一个集体智力劳动的结晶。无论是在讲授这门课程的过程中，还是在指导学生完成学位论文的活动中，以及在写作并发表相关论文的经历中，我与学生不断交流、碰撞、争鸣，终于形成了一个相对完整的逻辑结构与话语体系。在这部著作出版之际，首先，感谢五位学生的资料搜集与框架建构工作。赵雅静、赵兴晨、赵学瑶分别负责对巴西、俄罗斯、印度三国相关资料的搜集与整理，许伊娜、张琦则分别完成了对中国、南非相关资料的搜集整理工作，其中，许伊娜还负责完成了全书的第一次统稿工作；感谢孙伦轩博士对于著作总论第四节以及最后结论部分提出的修改意见，硕士研究生崔泽江则对著作中的相关数据进行了更新与完善。没有他们的辛勤劳动与热心相助，对于横跨亚、非、欧、美四大洲的拥有悠久历史与灿烂文化的占世界人口的42%的金砖五国高等教育演变开展深入的研究是不可想象的。其次,感谢南开大学周恩来政府管理学院领导与同事一直以来的关心与支持,学院把此书列入"南开公共管理研究丛书";本书的出版得到了南开大学亚洲研究中心的经费资助,在此向杨龙教授及中心深表谢意;荣幸请到北京大学陈洪捷教授与中国人民大学周光礼教授为本书作序,感谢他们的高度评价与中肯建议;感谢天津人民出版社责任编辑王佳欢女士为本书出版付出的辛勤劳动。最后,向本书涉及的所有注释、参考文献作者致以谢意!

本书出版之际,金砖国家领导人第十四次会晤于 2022 年 6 月 23 日在中国举行,谨以此书向本次会晤献礼,为"构建高质量伙伴关系,共创全球发展新时代"的金砖国家教育合作与交流贡献一份力量。"始生之物,其形必丑",拙作必有不少缺点错误,敬请各位同仁和读者斧正!

2022 年 6 月 23 日于南开大学

"南开公共管理研究丛书"书目

1.《公共行政研究(第二版)》   沈亚平◎主编

2.《灾害应对组织网络及其适应性研究》   闫章荟◎著

3.《公共服务视角下的地方政府财政支出》   杨慧兰◎著

4.《高校科技成果转化中的政府职能研究》   张健华◎著

5.《当代中国法院管理研究》   郝红鹰◎著

6.《服务型政府及其建设路径研究》   沈亚平◎主编

7.《共生理论视域下政府与社会组织关系研究》   刘志辉◎著

8.《利益分析视阈下内蒙古生态市建设研究》   王瑜◎著

9.《综合配套改革中的公共服务创新研究》   闫章荟◎著

10.《政府公共服务质量评价体系研究》   沈亚平◎主编

11.《历史文化视野中的金砖国家高等教育演变研究》 陈·巴特尔◎著